拡張的学習の
挑戦と可能性

いまだここにないものを学ぶ

ユーリア・エンゲストローム
山住勝広［監訳］

新曜社

STUDIES IN EXPANSIVE LEARNING
Learning What Is Not Yet There
by Yrjö Engeström

Copyright © 2016 by Yrjö Engeström
Japanese translation published by
arrangement with Cambridge University Press
through The English Agency (Japan) Ltd.

まえがき

　拡張的学習の理論（Engeström, 1987）は、その提唱以来、ますます研究者と実践者の関心を呼び起こしている（Roth & Lee, 2007）。この理論を最初に提示した本はながらく絶版状態であったが、ケンブリッジ大学出版局は、新しく包括的な序章を加えた新版『拡張による学習（*Learning by Expanding*）』の刊行を決定した。

　複雑な理論は、実証的に適用し、さらに概念的・方法論的に発展させてこそ、生きたものになる。本書は、同僚や大学院生たちとそうした作業に取り組んだ成果をまとめたものである。したがって本書は、新版『拡張による学習』の内容を実質的に押し広げる姉妹編として読み、使っていただけるだろう。

　本書は10章からなっているが、大きく3つの部分に分けることができる。最初の3つの章は、拡張的学習の理論を学習科学と関連づけ（第1章）、このアプローチの学習プロセスに関する理論としての特徴を詳しく述べ（第2章）、世界中の様々な場所で行われた拡張的学習の研究をレビューする（第3章）。2番目の部分である第2章から第8章は、多様な種類の組織現場での実証的な研究を扱っている。そこで取り上げられている組織現場は、銀行、ハイテク製造会社、一次医療保健センター（第4章）、ミドルスクール（第5章）、病院の外科手術室（第6章）、大学図書館（第7章）、そして再度、2つの一次医療保健センター（第8章）である。本書の第三の部分は最後の2章で、新しい挑戦と可能性に向けて書かれている。つまり、緩やかにしか結びついていないにもかかわらず急速な広がりを見せる「野火的活動（wildfire activity）」（第9章）と、拡張的学習を引き起こし、支援することを目指す形成的介入（formative intervention）の方法論（第10章）から生じる挑戦と可能性である。

　各章では、拡張的学習の理論を豊かにし前進させている、概念的ないし方法論的な発展が述べられている。そうしたアイデアが相まって、拡張的学習アプローチの最近接発達領域（zone of proximal development）〔訳注：ロシアの心理学者・教育学者・文学者・記号学者レフ・ヴィゴツキーの学習・発達理論の中で最も有名で影響力のある概念。その定義については、本書の第3章を参照されたい〕を旅していくために必要なロードマップをなしている。

　第1章は書き下ろしである。他の章は、2007年以降に公刊された論文をもとにしている。私は、各論文の単著者か第一著者である。それらを本書に収録するにあたっては、繰り返しを避け、参考文献を更新し、必要であれば章と章の間を橋渡しするために加筆・修正を行った。

各章の初出は、第2章がエンゲストロームとサニーノ（Engeström & Sannino, 2012）、第3章がエンゲストロームとサニーノ（2010）、第4章がエンゲストローム（2007a）、第5章がエンゲストローム（2009a）、第6章がエンゲストローム、カヤマ、ケロスオ、ラウリラ（Engeström, Kajamaa, Kerosuo & Laurila, 2010）、第7章がエンゲストローム、ランタヴオリ、ケロスオ（Engeström, Rantavuori & Kerosuo, 2013）、第8章がエンゲストローム、ケロスオ、カヤマ（Engeström, Kerosuo & Kajamaa, 2007）、第9章がエンゲストローム（2009b）、第10章がエンゲストローム（2011）である。

　共著者である次の方々が重要な貢献を果たしてくれたことに、心から感謝の意を表したい。アナリサ・サニーノ（第2・3章）、アヌ・カヤマ（第6・8章）、ハンネレ・ケロスオ（第6・7・8章）、パイヴィ・ラウリラ（第6章）、ユハナ・ランタヴオリ（第7章）。アナリサ、アヌ、ハンネレ、ユハナは、ヘルシンキ大学活動・発達・学習研究センター（Center for Research on Activity, Development & Learning: CRADLE）のメンバーである。また、パイヴィは、CRADLEが長年にわたって協働関係を続けているオウル大学病院の医師である。

　CRADLEというコミュニティ、そして文化・歴史的活動理論（cultural-historical activity theory）に取り組む仲間たちの国際的なネットワークの存在は、本書で報告する拡張的学習理論が強力に発展し、実践の中で具現化し続けていく上で決定的であった。

　アナリサとユリ・エンツォに本書を捧げる。

目　次

まえがき　i

第1部　舞台を準備する ―――――――――――――――― 1〜79

第1章　はじめに ── 拡張の入り口にある学習科学 ―――― 3
学習科学の歴史的展望　3
矛盾の地平　7
拡張の諸次元　8
最近接発達領域の輪郭　9
本書の構成　10

第2章　学習のプロセス理論において何が起こったのか ―― 13
ポスト行動主義者による3つの学習のプロセス理論　16
学習への活動理論的アプローチ ── プロセス理論の再活性化　23
結論 ── 学習のプロセス理論の有用性と限界　32

第3章　拡張的学習の研究 ── 基盤、知見、今後の挑戦 ―― 35
新しい種類の学習への社会的・歴史的な要求　38
拡張的学習概念の理論的ルーツ　40
拡張的学習理論の中心理念　45
対象の変革としての拡張的学習　49
最近接発達領域における運動としての拡張的学習　53
学習行為のサイクルとしての拡張的学習　56
境界横断とネットワーク構築としての拡張的学習　58
分散的で不連続な運動としての拡張的学習　62
形成的介入　64
拡張的学習への批判　67
今後の挑戦　75

第2部　精緻化と応用　　　　　　　　　　　　　　　　　　　　81〜186

第4章　拡張的学習理論を豊かにする ── 協働構成に向かう旅からの教訓　83
- 事例1：銀行　84
- 事例2：ヘルスセンター　87
- 事例3：ハイテク企業　92
- 作業仮説を豊かにする ── 学習と仕事の複合道具　94
- 作業仮説の修正 ── 橋渡しとして経験する　98
- 結論　101

第5章　学習環境と実行から活動システムと拡張的学習へ　103
- 願望的・イデオロギー的な抽象概念としての学習環境　103
- 静的で階層的な抽象概念としての学習環境　104
- 真正さにかかわるジレンマ　105
- 学習環境研究の循環的デザイン　108
- それらに代わる活動システム　108
- 実行から拡張的学習へ　111
- コンピュータの導入
  ── ヤコマキ・ミドルスクールにおける拡張的な学習　112
- 結論　118

第6章　プロセスの強化か、コミュニティの構築か
── 拡張的学習を通じて二分法を超える　119
- プロセス効率、コミュニティ構築、それらの対立　120
- 資源としての活動理論　123
- 事例研究の文脈とデータ　124
- プロセス効率介入　126
- コミュニティ構築介入　129
- 新しいモデルの長期的な結果　134
- プロセス−コミュニティの二分法を超える　135

第7章　図書館における拡張的学習
── 行為、サイクルと指示の意図からの逸脱　139
- 研究課題としての拡張的学習　142
- 場面と介入　145

データと方法　149
　　　拡張的学習行為　150
　　　学習プロセスの循環性　153
　　　指示の意図との逸脱　158
　　　結　論　163

第8章　不連続を超えて ── 拡張された組織学習再び ── 169
　　　連続性と非連続性　169
　　　組織変化と拡張的学習　172
　　　フィールドワークとデータ　174
　　　分析の段階　175
　　　主な知見　177
　　　2つの事例における組織学習プロセス　181
　　　結　論　184

第3部　未来の展望 ── 187〜239

第9章　野火的活動 ── 流動性と学習の新様式 ── 189
　　　流動性の再概念化　189
　　　野火的活動の意味と重要性　192
　　　菌根としてのコミュニティ　194
　　　認知的形跡と遭遇　198
　　　学習の新たな可能性　202

第10章　デザイン実験から形成的介入へ ── 205
　　　デザイン実験‐デザイン研究　207
　　　社会学的介入研究からの教訓　211
　　　ヴィゴツキーの二重刺激法　212
　　　論証的文法に向けて　216
　　　チェンジラボラトリー　223
　　　病院の外科ユニットにおける対象の再捕捉　224
　　　形成的介入の階層的な特徴　234
　　　文法に立ち返る　236

訳者あとがき　　241
注　　249
文　献　　251
索　引　　271

装幀＝新曜社デザイン室

第1部
舞台を準備する

第1章
はじめに ── 拡張の入り口にある学習科学

学習科学の歴史的展望

　学習科学（learning sciences）という考え方が出てきたのは、比較的最近のことである。アメリカの認知科学者グループが『学習科学雑誌（*Journal of the Learning Sciences*: JLS）』を創刊したのは、1991年のことだった。その最初の編集者だったジャネット・コロドナーは、発刊の経緯を次のように述べている。

　　1989年夏のこと、ロジャー・シャンク、アラン・コリンズ、アンドリュー・オートニーが、新しい雑誌の創刊に着手した。認知科学界の多くが、新しい雑誌を始める時期に来ていると感じていた ── 学習と、それが現実世界でもつ意味を理解することに主眼を置いたもので、この領域の大きな構想や領域を超えて未知の領域を切り開く仕事の公刊に開かれた雑誌である。雑誌の出版は、LEA（ローレンス・エールバウム・アソシエーツ）が引き受けることになり、先の3人は、編集者を見つけることに乗り出した。1989年の認知科学会議の折、雑誌づくりに関するほとんどの仕事がなされたのだった。（Kolodner, 2000, p.1）

　この10年ほど後に、国際学習科学会（International Society of the Learning Sciences: ISLS）が設立され、定期的に国際会議が開催されるようになった。今日、学習科学という考え方は、15年早く確立された認知科学といくぶん同じように、学問の世界に比較的よく定着している。
　学習科学の研究は、始まりからその大部分が、学校における学習や他のフォーマルな教授場面に焦点化したものだった。しかしながら、すでにJLS創刊号の巻頭論文においてコロドナーは、より幅広い視野が必要であるとの指摘を行っていた。

　　教育や訓練の問題に迫ろうとする場合、現実世界の状況における学習がどのようなものかについて、いろいろなモデルを開発していくことが求められる。自然な状態で人はどう学ぶのかを発見できたとき、私たちはより学習に導くことので

きる教育環境を創造できるのである。加えてそうした知見は、より有効に博物館の展示をデザインしたり、より興味をもってもらえるよう本を書いたり、自然な学習を促すしかたで友だちや子どもたちと相互作用したりすることを助けるものになるだろう。(Kolodner, 1991, p.2)

こうした方針にもかかわらず、学習科学の守備範囲を教室外の学習も含むように広げるのは、困難であった。コロドナーは19年間編集者を務めたが、2009年の退任にあたって、巻頭論文で次のように記している。

> 公刊された論文のほとんどが、現在でも、教室における学習に焦点化している。しかしますます、本誌の読者や著者は、学校外、すなわち仕事の現場、家庭、サマーキャンプ、博物館、様々にあるインフォーマルな学習環境などにおける学習を研究している。(Kolodner, 2009, p.2)

同じ号で、後任の編集者であるカーファイとフメロ - シルバーは、創刊時の方針を次のように再表明した。

> 科学・技術・工学・数学教育と幼稚園から高校までのフォーマルな教育における学習、そしてテクノロジーに対するもともとの焦点化を継続しながらも、インフォーマルな場面や生涯学習に関する研究をもっと含めていくことが必要である。(Kafai & Hmelo-Silver, 2009, p.4)

このように新しい編集者たちは、学校外の学習を重視することに乗り出したのだった。そして4年後、新しい編集者たちに交代した。おそらく驚くことではないが、次の編集者たちも、同様の意向を述べたのだった。

> 私たちは、高等教育を含むすべての学年・学校段階での学習はもちろんだが、しかし、それだけでなく、コミュニティの様々な場面、仕事の現場、家庭生活、博物館、遊び場での学習について取り上げた研究もまた、期待している。さらには、拡張し続けるオンラインやバーチャルな世界の中での学習研究も待たれるところである。そのような世界においては、数年前には想像だにできなかった方法で人々が社会的に交わり、創造し、探究し、学習しているのである。(Tabak & Radinsky, 2013, p.5)

これらの声明の間には、22年にも及ぶ期間がある。活動理論の概念枠組みから

すれば、ここには持続的なジレンマが表明されていると解釈できるだろう。最近、私たちはジレンマの概念を、次のように定義した。

> ジレンマは、それが人と人の間であれ、1人の人間の中での議論であれ、相いれない複数の評価の表明ないし交換である。それは通常、「一方では ⋯ だが他方では ⋯ 」や「その通りだが、しかし」のような、曖昧な発言やためらいとして表明される。議論が進行していく中で、ジレンマは典型的に、しばしば否定や言い換えをともなって、解消されるというよりも繰り返される。(Engeström & Sannino, 2011, p.373)

こうした「その通りだが、しかし」の構造が、コロドナーの次の記述に見事に表れている。「公刊された論文のほとんどが、現在でも、教室における学習に焦点化している。しかしますます、本誌の読者や著者は、学校外、⋯ における学習を研究している」(Kolodner, 2009, p.2)〔訳注：傍点部は原文ではイタリック体による強調。以下同様〕。タバクとラディンスキーもまた、このような言い方を踏襲している。「私たちは、高等教育を含むすべての学年・学校段階での学習はもちろんだが、しかし、それだけでなく、コミュニティの様々な場面、仕事の現場 ⋯ について取り上げた研究もまた、期待している」(Tabak & Radinsky, 2013, p.5)。「一方では ⋯ だが他方では ⋯ 」の構造は、カーファイとフメロ - シルバーの次の記述が例示している。「科学・技術・工学・数学教育と幼稚園から高校までのフォーマルな教育における学習、そしてテクノロジーに対するもともとの焦点化を継続しながらも、インフォーマルな場面 ⋯ に関する研究をもっと含めていくことが必要である」(Kafai & Hmelo - Silver, 2009, p.4)。

繰り返しジレンマが起こっているということは、彼らが依って立つ活動に、体系的な矛盾が発展していることの現れとして読み取ることができよう。学習科学の発展の歴史的な分析にさらに深く切り込むことはせずに、この研究分野の内的矛盾についての仮説を、活動システムの一般モデルを使って提示してみたい（図1.1）。

ある活動システムが、危機的な葛藤やダブルバインド〔訳注：人が、2つの矛盾したメッセージの間で逃げ場がなくのっぴきならない、決定不能の宙づり状態にあること。文化人類学者のグレゴリー・ベイトソンによって提起された概念〕には至らないが、基本的に継続するジレンマに悩まされるとき、その活動システムの発達のサイクルは基本的矛盾の段階にある、ということがうかがわれる。基本的矛盾は、何か問題がある居心地の悪さとして現れるが、不可避的に変革的な行為や抜本的にデザインし直すことを要求する危機にはまだ至っていない。図1.1では、こうした学習科学の仮説的な基本的矛盾を、活動システムの各構成要素における2つの選択肢

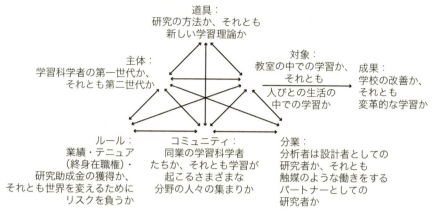

図1.1　活動システムの一般モデルを用いてとらえた、学習科学の内的矛盾

のかたちで描いた。たとえば、構成要素の1つ「対象」では、「教室の中での学習か、それとも生活の中での学習か」である。

「それとも（or）」という言葉は、普通、互いに相いれない選択肢を意味する。しかし、ここでは、互いに相いれない対立からなるわけではないような、方向性の選択をする必要の高まりを指し示している（明らかに教室は生活の一形態でもあり、それらは互いに相いれない対立ではない）。ここで問題なのは、馴染みの心地よい領域にとどまるのか、それともそこから離れ、リスクはあるが新しい、最近接発達領域（Vygotsky, 1998, pp. 202-204; Engeström, 1987, p.174）と呼べるものに向かって進むのか、の選択である。

矛盾に関する活動理論的検討（Engeström, 1987）においては、現代の活動システムのどのような基本的矛盾も、それを資本主義の社会経済的編成の一般的な基本的矛盾、つまり、商品における使用価値と交換価値との間の矛盾の特定のバリエーションとして見る。では、図1.1に図式的に表された学習科学の基本的矛盾は、資本主義の一般的な基本的矛盾とどのように関係するのだろうか？ 実際のところ、そうした結びつきに気づくのは、それほど難しくない。図1.1に描かれた構成要素のうち、ルールを取り上げてみよう。心地よい領域内にあるルールは、直接的な交換価値である。出版せよ、テニュア（終身在職権）を得よ、研究助成金を獲得せよ。言い換えれば、研究を行うとき、外的な成功のしるしに目を向けているということである。最近接発達領域にあるルールは、使用価値であることが同様に明らかである。世界を変えるためにリスクを負え。言い換えれば、研究を行うとき、人々のニーズに目を向けているということである。

矛盾が扱いにくいのは、単純に一方を選んで他方を切り捨てることができないか

らである。両者を取り上げ、それらの間の相互作用やひっきりなしの衝突に対処せざるをえない。そこから脱出する拡張的な方法は、質的に新たな開口として現れる基盤を発見し、発展させることであり、二項対立を乗り越えることである。

矛盾の地平

　道具やルールが外から新たな対象として活動システムの中に入るとき、基本的矛盾は徐々に姿を変え、さらに悪化した第二の矛盾となる。それは、ますます深刻さを増していく撹乱や葛藤として現れ、活動システムが機能するしかたと応えるべきニーズとの間のミスマッチが高まっていることを示している。

　学習科学でも、そのようなミスマッチの徴候を、仮に指摘できよう。おそらく、その中で最も重要なのは、教育の商業化、民営化、商品化の急速な進行に、学習科学が他の分野に比較して、対処できていないことである（たとえば、Cooper, 2004; Macpherson, Robertson & Walford, 2014; Ravitch, 2014; Shumar, 2013; Tilak, 2008）。教育のこの強力な趨勢は、知識を私的な利益を生み出す所有物として扱う。この傾向は、知識がますますあらゆる人々に利用できるようになり、ウェブや種々のデジタルなソーシャルメディアで、実際に誰でも知識を生み出し、それを無料で効果的に広める可能性が増大しつつあるという、同じぐらい強力な傾向と衝突する運命にある。逆説的なのは、この両方の傾向が、ともに学校や学校的な知識の周囲を守っている壁を壊しつつあることである。第一の傾向は、それを、企業関係の人々や実践を学校に持ち込み、生徒と教師を学校の壁を超えて市場志向の実践に巻き込むことで行っている。第二の傾向はこれを、生徒と教師をWeb 2.0やソーシャルメディアの巨大な仮想世界に吸い込むことで行っている。

　他の可能性のあるミスマッチの徴候は、私が「制御不可能対象（runaway objects）」と呼んできたものが、学習科学のディスコースに比較的欠けていることである。「制御不可能対象」あるいは「ハイパー対象（hyperobjects）」(Morton, 2013) は、気候変動や世界的な流行病のように、時間的、空間的に、地域性を超えて大規模に拡散された対象である。制御不可能対象は、地球的なスケールの影響へとエスカレートし、拡大する潜在力をもつ。それは誰もうまくコントロールできず、広範囲に及ぶ、予測できない結果を招く。そうした対象は、しばしばモンスターである。それら自身が自らの生命をもっているかのようであり、私たちの安心や安全を様々に脅かすのである。制御不可能対象は、競い合う対象でもあり、対立と論争を生み出す。それはまた、強力に人々を解放しうる対象でもあって、発達と福祉の根底的に新たな可能性を切り開きもする。もし私たちが制御不可能対象に意味あるものとしてか

わっていくことを学ばないならば、人類はその未来を危険にさらすことになる。

　ありうるミスマッチの徴候の第三は、学習科学が社会運動を学習の場や主体として十分に認識していないことである。多くの社会運動が持続的な文化的変革や新しいタイプの組織をもたらしてきはしたが（Rao, Morill & Zald, 2000）、それらは概して短命に終わっている。そのため、学習科学者たちは、社会運動をひとときの流行にすぎないものとして捨て去ることになりもしただろう。しかし、それは重大な誤りだろう。ソウル（Soule, 2012）が指摘するように、「社会運動の組織は、閉じられた統一体ではない。むしろそれは、（社会運動の内外の）他の諸組織とのつながりの網の目の中に埋め込まれている」（p.1721）。この埋め込まれているということこそが、社会運動が一見して思われているよりもはるかに永続する理由である。

　もし学習科学者のコミュニティがこうしたミスマッチや影響力に対処しようとするならば、彼らの心地よい領域から外に踏み出す必要がある。これがまさに起こっていると、論じる向きもあるかもしれない。しかし私が考えるに、現実はもっと混在しており、矛盾している。たとえば、『ケンブリッジ学習科学ハンドブック（*Cambridge Handbook of the Learning Sciences*）』の新版（Sawyer, 2014）では、最終部のタイトルが「学習科学の研究を教室の中へ」（強調を付加した）となっている。私には、教室こそが、学習科学が創設以来ずっと居座ってきた場所であったと思える。

拡張の諸次元

　拡張的学習の鍵となる徴候は、学習という努力にかかわる活動システムの対象を拡張するところにある。この対象の拡張には、次のような3つの重要な次元を取り出せるだろう（Engeström, 2000, 2001b）。(1) 社会的‐空間的次元、(2) 時間的次元、(3) 政治的‐倫理的次元。第一の次元は、活動に加わる人々や状況の範囲を広げていくことである。第二の次元では、活動の時間的展望を未来と過去へと拡張することである。第三の次元は、活動が人間や社会にもたらす当たり前のこととされてきた影響をあらためて可視化して問い直し、そのような影響に対して、行為者としての責任を引き受けていくことである。

　これらの3つの次元は、学習科学がその最近接発達領域に立ち向かっていくにあたって、具体的にどのような挑戦となるだろうか。

　社会的・空間的次元は、2つの挑戦となるだろう。そのうちの第一は、要約すれば、「学習しているのは誰か？」ということである。ここでの挑戦は、個人の学習者に限定的に焦点を合わせるのではなく、集団も学習者として包摂するよう、見方を変えることである。第二の挑戦は、「学習はどこで起こるのか？」という問いと

して表せるだろう。その挑戦は、教室という場所への制限された焦点化ではなく、それ以外の状況やコミュニティを学習の場として包摂していくことである。

　時間的次元は、おそらく、「学習の時間的な枠組みは何か？」という問いに置き換えることができる。そこでの挑戦は、授業や単元の中での学習に限定された焦点化をするのではなく、より長期的な学習のプロセス、そして異なる学習のリズムを包摂していくところにある。

　拡張の政治的−倫理的次元もまた、2つの挑戦に言い換えることができるだろう。第一は、「何が学ばれるのか、それはなぜか？」という問いに要約される挑戦である。これは、所定のカリキュラム内容に限定された焦点化から、様々な行為者による問いかけや斬新な内容の創造を包含していくことへの挑戦である。続く第二の挑戦は、「学習の社会的影響はどのようなものか？」という問いによって表せるだろう。これは、学習者をもっぱら習得者、参加者として見るのではなく、自ら変化を起こす能動的な担い手（agent of change）としてとらえていく挑戦である。

　以上の5つの挑戦は、学習科学の分野で刊行されている諸論文や研究されているトピックスがどのように発展しているのかを見るための、レンズの役割を果たすだろう。

最近接発達領域の輪郭

　次世代の学習科学にとって効力のある、最初のアイデア、あるいは「胚細胞」（Engeström, Nummijoki & Sannino, 2012）にたとえられるものになりうるものは何だろうか？　最近の論文の中で、ジェームズ・グリーノと私は、拡張性（expansivity）の考え方がそうした胚細胞になるアイデアであると提起した。少なくともベイトソン（Bateson, 1972）の挑発的な理論化以来、質的に異なる学習レベルないしタイプ間の移行という発想が、研究者に影響を与えてきた。移行というアイデアは、ある活動システムにおける学習が、その範囲においても、影響力においても、根底から拡張する可能性をもつことを意味している。このような拡張の可能性ないし拡張性は、活動における学習の重要な特質である（Greeno & Engeström, 2014, p.132）。

　　私たちは、拡張という考え方には、未来を生み出す可能性が組み込まれていることを指摘した。
　　新しい技能や概念の学習は、それらが「何を？」や「どのように？」という問いに答える孤立した行為として扱われるのではなく、活動システム全体の構造と未来を心に描き、構築することの中に埋め込まれているとき、すなわち、「な

ぜ？」や「どこに向かって？」という問いに答えるときに、根本的に高まるだろう。(Greeno & Engeström, 2014, p.133)

　もし学習の本質的な拡張性が正当に取り上げられるならば、学習をコントロールされたプロセスと見る考え方自体が、揺さぶられることになる。拡張性を認めることは、学習が教授者の手を離れて、学習それ自身によって方向づけられていく可能性を受け入れるということである。
　間違いなく、拡張性は二通りに解釈可能である。1つは、拡張性を主に認知的な質の点から見るものである。ブルーナー（Bruner, 1974）の表現を言い換えるなら、それは、与えられた情報を超えていく学習者の潜在力としてとらえられる。もう1つは、より根源的な方法で拡張性を理解し、主として事物や文化の観点から見るものである。つまり拡張性を、新しい物質的な対象、実践、そして活動のパターンを生み出す学習の本来的な潜在力として見る。この第二の見方を、私は本書で推進していく。「いまだここにないものを学ぶ（learning what is not yet there）」というタイトル〔訳注：本書のサブタイトルである〕は、集団生活の新しい物質的な形態の生成を意味し、学習者の心の中に新しい考えを構築することだけを示しているのではない。

本書の構成

　本書の第2章では、学習の特別なタイプ、すなわち学習のプロセス理論としての拡張的学習の理論の性質について論じる。この章で、生産的な学習のプロセス理論であるための基準を提起し、その基準に照らして拡張的学習の理論を検証する。第3章は、拡張的学習の理論にもとづく研究を概観し、今後の研究と理論の発展を展望する。
　第4章から第8章までは、拡張的学習の理論にもとづく一連の実証的研究である。それぞれの研究は、概念をめぐる特定の挑戦課題や理論的問題に取り組んでいる。
　第4章では、銀行、一次医療保健センター、ハイテク製造会社の3つの仕事場における拡張的学習の取り組みを検討している。この章では、拡張的学習の理論を豊かにする2つの重要な理論的アイデアを取り出している。すなわち、仕事と学習の媒介者としてのマルチレベルの複合道具（multi-level instrumentalities）に関するアイデアと、拡張的学習において、デザインと実行の間に橋を架けるものとしての、体験すること（experiencing）というアイデアである。
　第5章は、学習科学における鍵となる可能性をもつ概念として広く行き渡った学

習環境（learning environment）という考えを取り上げる。この概念を批判的に検討し、フィンランドのミドルスクールで試みられた集団的な変革の取り組みに関する分析と結びつけて、学習環境の見地から研究を組み立てると分析を制限することになりがちであり、研究の場面を活動システムの点から検証していく方が研究者に益があるという結論を導いていく。

　第6章は、フィンランドのある大学病院外科部門における拡張的学習プロセスを分析している。組織を変える取り組みでは、プロセス強化（process enhancement）とコミュニティ構築（community building）という概念的な出発点が、共通して、対立とまではいかなくても、二者択一と見なされる。ここでは、この病院で実施された形成的介入の分析にもとづいて、拡張的学習によってこの二元論を乗り越えることを目的としたモデルが導き出される。

　第7章は、フィンランドのある大学図書館で実施されたチェンジラボラトリーでの介入で展開した拡張的学習プロセスの研究である。この章では、次の3つの鍵となる概念に焦点を合わせる。すなわち、拡張的な学習行為、拡張的な学習サイクル、そして教え手の側の意図からの予期しない逸脱である。ここでの分析は、第2章で提起した生産的な学習のプロセス理論の基準の適用として読めるだろう。これはまた、様々な場面における拡張的学習の段階的な動きをさらに綿密に研究するための、方法論的なモデルでもある。

　第8章は、拡張的学習の持続性と長寿命性という挑戦的な問題に取り組む。ここでは、およそ10年以上前にフィンランドの2つの一次医療保健センターで試みられた拡張的学習の取り組みのその後を追跡し、分析する。これら2つのプロセスの比較にもとづいて、中断による妨げを余儀なくされる連続性の概念が導き出される。そのような中断は、次の2つのいずれかであるだろう。つまり、橋渡しによって修復可能な日常のありふれた非連続性か、拡張的学習のサイクルを典型的に消失させたり崩壊させたりする、方向性をもった不連続性かである。

　第9章と第10章は、拡張的学習を理論化し実践するための、さらなる未来を志向した展望を切り開く。第9章では、緩やかにしか結束していないが、急激に広まっていくような活動について叙述し分析する、野火的活動（wildfire activities）の概念を提案する。そうした活動は、新しい学習の可能性を提示している。

　第10章では、拡張的学習のダイナミックスを促進し理解することにねらいを定めた形成的介入（formative intervention）研究の、方法論的な枠組みの概略を示す。形成的介入の方法論は、二重刺激法（double stimulation）、抽象から具体への上向の原理にもとづいて構築され、これらの原理は合わさって学習の結果として変革力のあるエージェンシー（transformative agency）〔訳注：エージェンシーとは、エージェント、すなわち行為の担い手が、自らの生活や未来を自らの力で築いたり創り変えたりする

ような、行為の主体性や能力、能動的な働きを意味する〕をもたらし、それに決定的な質をもたせる。本書の最後の章は、理論的には野心的で、実証的には厳格であり、実践的には重要な、学習科学のための介入者の方法論を樹立する共同的な努力への開かれた誘いである（Engeström, Sannino & Virkkunen, 2014 も参照）。

第2章
学習のプロセス理論において何が起こったのか

　学習の研究と議論においては、「学習のプロセス」あるいは「学習プロセス」という概念が浸透している。しかし「プロセス」という用語はたいてい、それ自体の理論的な検討がなく用いられている。この状況は、ヴァイダ、マッケイ、エグヘンター（Vayda, McCay & Eghenter, 1991）の所見と一致する。

> 　多くの社会科学者は「プロセス」という言葉を不正確かつ無分別に用いている…事象の何らかの認識可能な結果の面をプロセスと称しているが、事象それ自体とそれらの間のつながりはほとんど知られていない、あるいは理解されていないにもかかわらずなのである。(p. 319)

　ヴァイダ、マッケイ、エグヘンター（1991）は、プロセスが社会科学において、あたかも「それ自体の生命をもち、人間とは独立した存在であるかのように」共通して用いられていると指摘する（p. 320）。このような具象化は容易に、プロセスに因果的な力を帰する分析を導いてしまう。そのような分析は、「事象や行為が、何らかの理解できるやり方で結びついたとき、プロセスを構成する」（p. 318）という事実を無視している。
　学習と教育の権威ある教科書においても、学習のプロセスの本質的で熟考された概念化を見つけるのは驚くほど難しい。『教育・人間発達ハンドブック（*The Handbook of Education and Human Development*)』（Olson & Torrance, 1998）の索引にも、『人はいかに学ぶか（*How People Learn*)』（Bransford, Brown & Cocking, 2003）の索引にも、「プロセス」「学習プロセス」「学習行為」「学習事象」といった言葉はない。最新の『ケンブリッジ学習科学ハンドブック（*Cambridge Handbook of the Learning Sciences*)』（Sawyer, 2006b）には、「学習に含まれる諸プロセス」という項目があるが、これらは「初心者から熟達者のパフォーマンスへの移行」「事前知識を用いる」「足場がけ（scaffolding）」「外面化と明確化」「振り返り」「具体的な知識から抽象的な知識の構築」といった見出しのもと、導入部で取り上げられている。いずれも、一定の理解可能なしかたで結びついている特定の事象や行為の系列によって論じられてはいない（Sawyer, 2006a, pp. 10-13）。

野心的な学習のプロセス理論とそれにもとづいた研究は、学習科学の主要な学術雑誌や著作においてはほぼ失われてしまった。学習のプロセスないし段階理論の包括的なレビュー論文は、最も新しいものでも20年前になる（Shuell, 1990）。プロセス理論は、学習状況（たとえば、Lave & Wenger, 1991）、学習環境（たとえば、Jonassen & Land, 2000）、あるいは学習対話（たとえば、Mercer & Littleton, 2007）というレンズを通して学習のエッセンスをとらえようとするアプローチや理論に置き換えられ、上に挙げた3つの研究においても、「学習プロセス」という用語は索引にないのである[1]。

　十分に開発されたプロセス理論は一定の条件を満たす（Vayda, McCay & Eghenter, 1991）。まず第一に、一定の普遍性をもつとされる行為と事象の継起を描写している。第二に、なぜ行為や事象が一定の順序で互いに続くのかを説明する普遍的な理由や原理を提示する。第三に、ある行為や事象から次の行為や事象への移行を生み出す、因果的メカニズムを提示する。

　学習のプロセス理論は常にある程度、規範的である。それは、何らかの意味で最適と考えられる学習行為、事象、段階の継起を提唱する。厳密に説明的継起と称するものでも仮定や仮説であって、その仮定の影響のゆえに、現実になりうるいくらかの傾向をもっている。おそらくこのような理由から、オーサーとベアイスワイル（Oser & Baeriswyl, 2001）のような研究者は、古典的なプロセス理論に厳しい評価を与えている。

> 　ヨハン・フリードリヒ・ヘルバルトは1833年に、学習段階の循環する継起を最初に仮定した。… 最初は、後継者たちによって根本主義的な形式論と見なされ、すべての教師に用いられるべき正しい段階の継起からなると見なされた。ジョン・デューイの有名な問題解決段階（すべての学習は問題解決であるという彼の信念にもとづいている）は、同じ種類の正統派的な考え方である。（p.1031）

　プロセス理論は、それが提起する継起が普遍的であり、唯一の可能な望ましいものであるととられると、正統な方に向かう傾向がある。シュエル（Shuell, 1990）の学習の段階理論のレビュー論文がよい例である。一連の学習の認知段階理論をレビューして、彼は一見して普遍的な3つの段階を提示して、理論をまとめようとしている。多様な質的に異なる種類の学習の豊かさは、失われている。

　他方で、オーサーとベアイスワイル（Oser & Baerisyl, 2001）自身が示しているように、教授の背後には常に避けがたく、しばしば暗黙にではあるが、何らかの種類の学習のプロセス理論がある。これは、逆向きにもまた言える。クリューガーとトマセロ（Kruger & Tomasello, 1998）、そしてトマセロ（1999）は、人間の学習が大部

分、意図的な教授に依存していることを強く論じている。クリューガーとトマセロ（1998）は、非公式から公式に至る連続体に沿った3つのタイプの意図的な教授による学習、すなわち、「期待された学習」「ガイドされた学習」「デザインされた学習」を挙げた（p.377）。私たちの見方では、この議論の重要なところは、人間の学習は広く、規範的な文化的期待によって形成されるということである。このような期待は非常に多様であり、歴史的に変化する。したがって、人間の学習プロセスも大変多様であり、絶えず変化している。人間の間には、学習するための、単一の生物学的に決定された、普遍的な、適切で良いやり方というものはないのである。

以上から、十分に展開された学習のプロセス理論に対する、4番目の必要条件が明らかになる。そのような理論は、普遍主義を廃し、まさにどのような種類の学習を実際に記述し、説明し、促進しようとしているのか——そしてどのような歴史的文化的基礎に立脚しているのか——を、特定しなければならない。普遍主義者の正当性に陥るのを避けるためには、このような理論は自らの理論の限界を明らかにし、他の学習プロセスの理論と比較対照することに乗り出すべきである。

人間の学習が大部分、意図的な教授と織り交ぜられているという理解は、さらなる帰結を生む。学習と教授が、ともに回復されねばならない。サッター（Sutter, 2001）が指摘するように、「学習と発達のアイデアを把握するためには、教授のより良い概念を手にしなければならない」（p.13）。認知主義は学習から教授を分離すべくベストを尽くしたが、この分離は、対立ではないにせよ、多くのポスト認知主義の理論化において根強く続いた。こうして、レイヴとウェンガー（Lave & Wenger, 1991）は、「この（状況に埋め込まれた学習という）視点は、学習と意図的教授を基本的に区別する」と強調する（p.40）。

人間の学習が意図的教授の性質をもつことを重く受け止めることは、ヘルバルト派の学習に対する教授による完全なコントロールの考えに立ち戻るべきということを意味するわけではない。研究と介入において、完全な教授によるコントロールの仮説は知らず知らずに、自己成就的予言（self-fulfilling prophecy）のかたちをとってしまう。もし学習プロセスの強い普遍理論をもっているなら、それを自分のデータや事例に当てはめがちとなり、その結果、自分の理論が実践の中で機能すると確認する証拠を実際に発見することになる。同様に、介入を導く学習の最適なプロセスについての強い普遍的な理論をもっているなら、それを学習者に押しつけようとしがちになるだろう。両方のケースとも、求めるものを手に入れることになりがちとなる。

しかし学習に対する教授による完全なコントロールという仮説は、誤りである。実践において、そのようなコントロールは実現可能ではない。学習者は常に、教授者や研究者、介入者が計画し、実行しよう、やらせようとするところから異なって

進んでいく。教授者や研究者、介入者は、この理論への抵抗とそれからの逸脱を無視しなければ、望むものを手にすることはできない。

　それゆえ私たちは、教授と学習 —— 学習者の行為と同じく、教授者の計画と行為 —— を弁証法的に絡み合ったものとして見る必要がある。これは、教授者が実行しようとしている処方され計画されたプロセスは、学習者によって実行された実際のプロセスと比較・対照されなければならないことを意味している。両者は決して完全に一致することはないだろう。両者のギャップ、葛藤、交渉、時折の融合は、エージェンシーの形成プロセスとしての学習プロセスを理解する、鍵となる資源として考える必要がある。これが、よく発達した学習のプロセス理論の5つ目の必要条件である。

　著名な学習のプロセス理論は、上に述べた5つの必要要素をどのように満たしているであろうか。そのような学習のプロセス理論の短所はどのようなもので、それはどう学習のプロセス理論の退場を説明するであろうか。プロセス理論が無視されたときに何が失われ、再び取り入れたときに得られるものは何であろうか？

　まず、ポスト行動主義者による代表的な3つの学習のプロセス理論について、その長所と限界を考察する。その後、学習理論と研究の現在の風景を大いに豊かにするであろうプロセス理論として、ダヴィドフの学習活動の理論とエンゲストロームの拡張的学習理論を検証する。

ポスト行動主義者による3つの学習のプロセス理論

　ポスト行動主義の学習理論の中には、いくつか重要なプロセス理論の例がある。認知主義あるいは学習の情報処理理論の文献では、ラメルハートとノーマン（Rumelhart & Norman, 1978; Norman, 1978, 1982）の蓄積、構造化、調整の3段階モデルがよい例である。デューイ、レヴィン、ピアジェから着想を得たより折衷的なコルブ（Kolb, 1984）の経験学習のサイクルモデルが、もう1つの例である。より最近の知識創造アプローチの中では、暗黙知と形式知の間の移行に基礎を置く野中・竹内（Nonaka & Takeuchi, 1995）のモデルが、学習のプロセス理論のよく知られた3つ目の例である。[3]

　ラメルハートとノーマン（1978）はオリジナルの論文で、学習プロセスの3つの質的に異なる段階を明らかにすることに着手した。ノーマン（1982）は、その3段階を簡潔にまとめている（p.81）。

1. **蓄積**（accretion）　蓄積は、既存の記憶スキーマに新しい知識を加えることで

ある。枠組みは存在するが、新しいデータが入る。蓄積は学習の最も普通に見られるモードである。
2. **構造化**（structuring）　構造化は、新しい概念的構造、新しい概念化の形成である。既存のスキーマがもはや十分でなくなり、新しいスキーマが形成されなければならない。構造化のモードはまれにしか起こらず、通常大きな努力と苦闘がともなう。しかし構造化は、おそらく最も重要なモードである。
3. **調整**（tuning）　調整とは、課題に対して知識を微修正することである。適切なスキーマが存在し、その中に適切な知識がある。しかしそれらの知識は、目的に対してあまりにも一般的であるか、要求される特定の使用に適合しないため、非能率でありすぎ、したがって課題に対して調整されねばならず、常に修正する必要がある。練習は調整を達成する1つの方法である。エキスパートを特徴づける調整の段階に達するには、数千時間の練習が必要であろう。調整はおそらく学習の中で最も遅いモードであるが、それはトピックについての単なる知識を、エキスパートのパフォーマンスに変えるものである。

ノーマン（1978）は、理論の継起的側面について論じ、図2.1のようにまとめている。

注意すべきなのは、ノーマンは図2.1を「仮説的な」という言葉で性格づけていることである。彼は、学習の3段階の継起の順序は仮のものでしかないことを明確にしている。

> 学習のそれぞれのモードは必ずしも順序どおりに起こるのではない。おそらく、生徒がトピックのある一面についての知識を蓄積しつつ、同時に他の側面についての知識を再構造化しながら、もしかしたら第三の側面についての知識の使用を調整するというように、同時に起こりもする。それでも人は、特定のトピックについての学習の行程で、学習のモードが基本的に1つの形態であるような局面があるだろうと期待する。…　しかし複雑なトピックを学習することには明確な出発点も明確な終着点もないのであるから、おそらくいつでも、3つすべての学習モードが存在しているのである。（Norman, 1978, p.42）

言い換えれば、理論は、学習の3つのモードが普遍的であるとしているようであるが、それが現れる特定の順序は変化するということである。

ラメルハートとノーマンの理論は、かなり広く引用されてきた。Google Scholar（2012年1月13日時点）は、原典引用が723件あるとしている。1982年のテキストにおいてノーマンは、この理論の将来性についてまとめている。

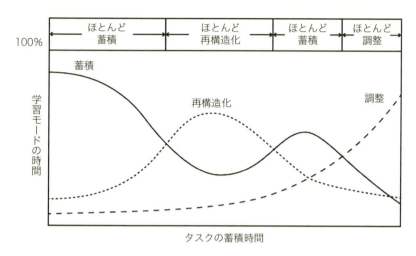

図2.1 複雑なトピックの学習における3つの学習モードの取り組みの仮説的な時間区分
（Norman, 1978, p.43）

　蓄積、構造化、調整は、初心者の状態から熟練した行為者へと前進する3つの基本的モードであると考えられる。これらの学習の諸段階において生ずる事柄は、正確に何なのであろうか。残念なことに、この答えはわかっていないが、しかし研究は始まっている。現在、いくつかの有望な研究の線に沿って、世界で研究がなされている。（Norman, 1982, p.89）

　ノーマンは、理論がどのように検証され、深められるのかについては述べなかった。いずれにしても、ノーマンの予測は、多分に楽観的すぎたようである。彼の理論を引用しているいずれの論文・著書においても、1つとして、彼の理論を基礎にした実際の研究をレビューし、そのような研究にもとづいて理論を最新のものにしたものはない。実質的にノーマンの理論を引用したすべての著作が、自分自身の何らかのアイデアを支持したり、理論に触発されたことを示すためにそうしている。直接彼の理論に従う研究は、ほとんど蓄積されていない。おそらくこの理由の大部分は、著者あるいは理論が異なる先端領域に移っていった（ラメルハートは並行分散処理に、ノーマンは人間と物質的人工物の間に分散された認知に）という事実にある。

　蓄積、構造化、調整の理論がそこそこの支持を得てきたとすれば、コルブの経験学習理論は成功物語として特徴づけられるだろう。Google Scholar（2012年1月13日時点）は、コルブの主著（1984）に少なくとも16936件の引用があるとしている。この理論の著者は、1970年代からずっと理論の普及、適用、発展を続けている。

最近のこの理論の変形版に、経験学習の対話的知識創造としての解釈（Baker, Jensen & Kolb, 2002）や、理論への「学習空間」概念の導入などがある（Kolb & Kolb, 2005）。

　コルブ（1984）によると、「経験学習のプロセスは、4つの適応的学習モード、すなわち具体的経験、省察的観察、抽象的概念化、能動的実験からなる4段階の学習サイクルとして示すことができる」（p.40）。彼の理論は図2.2のようにまとめられている。経験学習サイクルにおけるモードからモードへの移行のダイナミックスは、個々の学習者による体得（apprehension）vs 了解（comprehension）、伸張（extension）vs 意図（intention）という両極の間の選択にもとづいている。学習の最も高いレベルは、個人が4つの学習モードのすべてを組み合わせ、バランスをとることができたときに到達する。

　驚かされるのに十分だが、この理論に関するコルブの主著は、4つのモードの循環的継起と順序の理論的根拠について、これ以上何も言っていない。4つのモードがいつも同じ順序で挙げられ、図2.2の矢印が1つのモードから次へと一方向に示されているが、コルブの主著では、継起の順番が無意味ではないまでも、任意であるとしている。

> 　… いかなる瞬間における学習プロセスも、これらの同時に相互作用しているプロセスの1つあるいはすべてによってコントロールされているだろう。時間とともに、学習プロセスのコントロールは、これらの学習の構造的基礎の1つから他へと移行するだろう。このように、学習の構造モデル（図2.2）を楽器に、学習プロセスは時間とともに楽器によって奏でられる音符の継起と組み合わせを記した楽譜に、たとえられる。単一の楽譜のメロディとテーマが個人ごとに独特のパターンを形成し、それを私たちは学習スタイルと呼ぶのである。（Kolb, 1984, pp.61-62）

　コルブの1984年の著書の主要部分は、個人の学習スタイルの測定と分類の基礎としてのモデルの使用に当てられている。言い換えれば、最初にプロセスモデルとして提示されているものは、実際には基本的に分類モデルになっている。より正確に言えば、ミエッティネン（Miettinen, 2000, p.55）が指摘しているように、この理論はもともと、コルブが1960年代に開発した測定道具である「学習スタイル目録」の有用性の論拠を提供するために作られた。この理論が提示された最も初期の著作（Kolb, Rubin & McIntyre, 1971, p.28）で、既存の目録を実証するという目的が明確に述べられている。この分類という出自と理論の利用とは、モードの継起を意味のないものにしている。

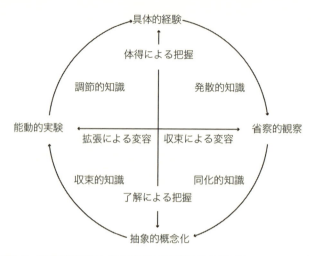

図2.2　経験学習プロセスの基礎にある構造的次元（Kolb, 1984, p.42）

　段階は分割されたままである。それらは、どんな有機的あるいは必要しかたでも、お互いにつながっていない。コルブは段階をお互いに連結するであろう、どんな概念も提示していない。(Miettinen, 2000, p.61)

　コルブの理論は、学習と知識の4つのモードの類型論を提示している。その中から個人は、自分に合うものを選択する。レビュー研究に言及してコルブとコルブ（2005）は、レビューされた大部分の研究が経験学習理論を「支持した」と宣言している（p.196）。理論がプロセス理論というより分類手段として理解されるなら、このような楽観主義者の確認的な物言いに立ち戻るのも容易である。

　一部の学者（たとえば、Vince, 1998, p.305; Galer & van der Heijden, 2001, p.856）は、コルブの理論を主として循環プロセスモデルとして解釈してきた。彼らはおおむね、図2.2に提示したコルブのオリジナルの図を独自に簡略化して描いている。彼らの楽観的なプロセス志向のバージョンでは、構造的次元（図2.2の直線座標軸）は典型的に削除され、外側のサイクルだけが描かれる。この興味深いよくある簡略化は、真にダイナミックな学習のプロセスモデルを発見したいという広く行き渡った願望を証言している。それは明らかにコルブの理論と、基本的に分類手段としてのその実際の使用を適切に反映しているとは言えない。

　コルブの理論が学習のモードの継起に対する首尾一貫した理論的根拠を欠いているのに対して、3つ目の例である野中・竹内（Nonaka & Takeuchi, 1995）の知識創造のSECIモデルは、非常に明快な継起に対する理論的根拠の上に作られている。こ

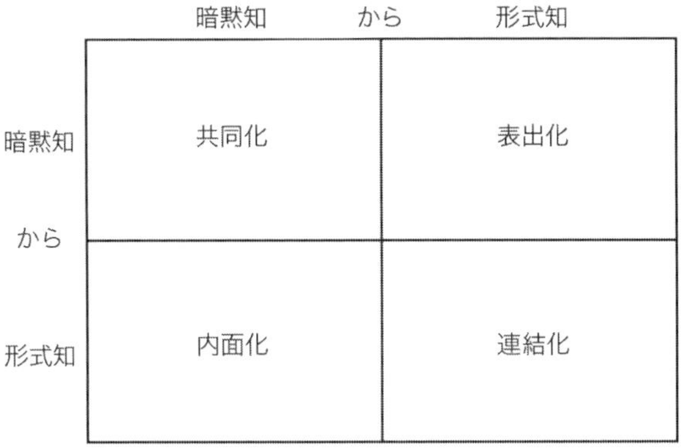

	暗黙知　から　形式知
暗黙知 から 形式知	共同化　　表出化 内面化　　連結化

図2.3　野中・竹内の知識変換の4つのモードモデル（Nonaka & Takeuchi, 1995, p.62）

の根拠は暗黙知と形式知の間の交互運動である。この理論はまた、3つの理論の中でも最も引用されているものでもある。Google Scholar（2012年1月13日時点）は、この理論が取り上げられている野中・竹内の主著（1995）に対して24931という、かなり著しい数の引用があるとしている。

野中・竹内（1995）の理論の中核は、知識変換の4つのモードモデルにある（図2.3）。著者たちはこれらのモード —— 共同化、表出化、連結化、内面化 —— を、知識創造プロセスの「エンジン」であると言っている（p.57）。これは疑いなく、段階と継起の順序が明確に定義された、ダイナミックなプロセスモデルである。

十分明らかでないのは、なぜ、どのような因果的理由で、これらの移行がまさにこの順序で起こらねばならないのか、ということである。グーレイ（Gourlay, 2006）は、移行のスタート地点と継起順序は、野中・竹内（1995）で提示されたモデルとはまったく異なる可能性があると論じている。他の論者（Tsoukas, 2005; Collins, 2010）は、暗黙知から形式知への「変換」というアイデアそのものとその可能性に、疑問を呈している。

野中・竹内の理論は、普遍的な用語で提示されている。著者たちは、理論が、他の種類の学習と対照して、まさにどのような歴史的・文化的に特殊な種類の学習を説明しようとしているのかについて論じていない。しかし著者たちは、知識創造の成功はマネジメントによって生み出される「促進要件」に依存する、と指摘している。これらの要件には「組織の意図」「自律性」「ゆらぎと創造的カオス」「冗長性」「最小有効多様性」が含まれる。これらに加えて野中たち（Nonaka, Toyama & Byosiére, 2001）は、のちに「場」、すなわち知識創造の土台と空間を加えている。ある意味でこれらの促進要件は、クリューガーとトマセロ（Kruger & Tomasello,1998）が広く定義している意図的教授の質を特徴づけたものとして読むことができる。

表2.1 ポスト行動主義の3つの学習のプロセスモデルの特徴

	事象や行為の継起	継起の理論的根拠	移行のメカニズム	学習の普遍性vs.複雑性	学習と教授の関係性
ラメルハートとノーマン蓄積、構造化、調整	蓄積、構造化、調整の3段階	初心者から熟達者への進歩	既存のスキーマとタスクに取り組む受容との間のミスマッチ	学習の普遍的モード、連続の複雑性	教授とは切り離された学習
コルブ経験学習サイクル	具体的経験、省察的観察、抽象的概念化、能動的実験の4段階	経験の把握と変換を通じた知識の創造	両極の間の継続的選択	学習の普遍的モード、連続の複雑性あるいは自由裁量性	教授とは切り離された学習
野中・竹中知識創造のSECIモデル	共同化、表出化、連結化、内面化の4段階	暗黙知と形式知、個人的知識と組織的知識の変換による知識と変革の創造	暗黙知と形式知の間の必要とされる変換	知識創造の普遍的スパイラル、組織における知識創造の促進要件の大きな違い	マネジメントによって生み出される促進要件への学習（知識創造）の依存

　ここで、これら3つの影響力ある学習のプロセス理論の、鍵となる特徴をまとめよう（表2.1）。

　表2.1が示す通り、3つの理論は最初の3つの必要条件をよく満たしている。それぞれの理論は、ある程度の普遍性があるとされる行為や事象の継起を記述している。また、なぜ行為や事象が互いに特定の順序で続くのかの説明を意図した、理論的根拠や原理を提示している。そして、ある行為や事象から次のものへの移行を生み出すとされる何らかの種類の因果メカニズムも提示している。もちろん欠点もある。たとえば第三の必要条件では、野中・竹内の理論はいくぶんトートロジーである。すなわち、提案されている暗黙知と形式知の変換は、なぜかという議論なしに、必要なものとして提示されている。

　第四、第五の必要条件については、3つの理論は説得力に欠けるように見える。第四の必要条件において、3つの理論はすべて、普遍性を共有している。理想であり普遍的に望ましいものと見なされる1つの学習プロセスのモデルを提示している。彼らはそのモデルの文化的・歴史的な限界については議論せず、他のタイプの学習プロセスモデルとの比較・対照もしない。これは、これらの理論にとって最も重要な問題の根源となりそうである。

　3つの理論に共通する他の弱点は、学習と意図的教授が分離されていることである。野中・竹内の理論のみが、一般的な組織的知識創造の促進要件のかたちで、教授の役割を間接的に用意している。3つの理論のいずれも、教授と学習の間の弁証

法的関係に焦点を当てることで乗り越える必要のあるジレンマとしての、自己成就的予言の潜在的なパラドックスについて議論していない。

　3つの理論はまた、プロセス理論を捨て去れば失われるであろう強みももっている。第一に、プロセスという概念そのものが、事象や行為が時間的に単一の状況を超えて拡大していく継起であることを示唆している。言い換えれば、プロセスは時間を必要とする。ブルーナー（Bruner, 1974）は昔、学習の実験研究は典型的に、即時的結果に限定されていると指摘した。もし私たちが意味のある学習について理解したいなら、［実験対象の］「生命体をもっとずっと長くキープしなければならない」（p.233）。同様に、レヴィンソールとマーチ（Levinthal & March, 1993）は、生命体の学習は彼らの言う「時間的近視眼」に悩まされていると論じた。すなわち、「学習は短期のために長期を犠牲にしがちである」（p.110）。上に見た3つのプロセス理論は近視眼的ではない。それらは研究者や実践家に、長期的スパンで学習を見ることを勧めている。この長期的な可能性は、野心的な学習のプロセス理論が見捨てられれば失われると思われる。

　最適な継起を探究するという点では、学習のプロセス理論は本来的に理想主義的で介入的である。それらは、包括的で生産的な学習プロセスが可能であることを立証しようとしている。この大胆な未来を作る志向は、良い教育研究には不可欠である。記述的・実証的アプローチに取って代わられれば、この介入主義の可能性は容易に失われるであろう。

学習への活動理論的アプローチ ── プロセス理論の再活性化

　影響力が増しているにもかかわらず（Roth & Lee, 2007, p.188）、文化・歴史的活動理論はいまだ学習研究の中で比較的知られていない枠組みである。この伝統の中で、学習のプロセス理論は卓越した役割を演じている。[4]

　ガリペリン（Gal'perin, 1957, 1969）は、詳細な学習のプロセス理論を文化・歴史学派の中で定式化した最初の1人であった。彼の精神的行為の多段階形成理論とその幅広い実証的研究を、タルイジナ（Talyzina, 1981）、のちにアリエヴィッチ（Arievitch, 2004; Arievitch & Haenen, 2005）やハエネン（Haenen, 2001）が詳細にレビューしている。ガリペリンは精神的行為の形成の5段階を提案した。すなわち（1）課題とその条件の慣熟化（しばしば行為の定位的基礎の形成とも呼ばれる）、（2）物質的対象や物質的表象、記号の助けによる行為の習熟、（3）物質的対象からの直接支援なしの音声言語の支援による行為の習熟、（4）声にしない自らへの外言の支援による行為の習熟、（5）内言を用いた行為の習熟、である。

これは基本的に、文化的に与えられた内容の内面化の理論である。ガリペリン（1967）自身、これを「計画された内面化」と呼んでいる（p.30）。文化的に新しい内容の創造として理解される外面化については、何も明示されていない。またそれは文化的・歴史的限界を考慮することなく、学習の最適な継起を明らかにし、実行しようとする普遍主義理論でもある。ハエネン（2001）は、「次第にガリペリンは、教授−学習プロセスにおける厳密な段階の継起というアイデアを捨てていった」（p.161）と論じている。残念なことにハエネン（2001）は、このようなガリペリンの思考の変遷を記している参照文献を何も提示していない。事実、より最近の論文でアリエヴィッチとハエネン（Arievitch & Haenen, 2005）は、ガリペリンは「精神的行為がその発生においてたどる必要な段階」を明らかにしたと書いている（p.155）。

この普遍主義の問題に、ダヴィドフ（Davydov, 1990, 2008）が彼の学習活動の理論で取り組んだ。エンゲストロームは彼の拡張的学習理論において、ダヴィドフの研究の上に立って、理論によって特定された学習のタイプの文化的・歴史的特殊性の扱いを拡大した（Engeström, 1987; Engeström & Sannino, 2010）。以下では、学習のプロセス理論を再活性化する可能性のある出発点として、この2つの理論を検証する。そして次に、提案した5つの必要条件のそれぞれについて議論しながら進めていく。

事象・行為の継起

学習活動は特定の認識的行為、ないし学習行為を通して達成される。ダヴィドフ（2008）によると、理想的−典型的な学習活動の継起は、以下の6つの学習行為からなる。(1) 学習対象がもつ普遍的な関係性を明らかにするために、課題の諸条件を転換する、(2) 取り出された関係性を物質的、図式的、あるいは文字的なかたちでモデル化する、(3) 対象の諸特性を「純粋なかたち」において研究するために、関係性のモデルを転換する、(4) 1つの一般的なやり方で解決される特定の課題のシステムを構築する、(5) 先行する行為のパフォーマンスをモニターし評価する、(6) 与えられた学習課題の解決から結果として生ずる一般的なやり方の同化について評価する（p.125-126）。

ダヴィドフの理論は、学校における教授・学習を変革するために構築された。そのためある程度、文化的に与えられた内容の同化（assimilation）と占有（appropriation）としての学習という概念に限定されている。

> 学校の生徒は社会道徳の概念、イメージ、価値や規範を作ったりはせず、学習活動のプロセスにおいてそれらを占有する。しかし、その活動を実行するとき、

生徒たちはその行為に適切な思考の行為を生み出すのである。そうした思考行為こそ、精神的文化の産物を歴史的に発達させたものである。（Davydov, 2008, p.121）

　ダヴィドフの理論が、カリキュラムの内容が前もって大人によって決められた教室という制限の中での学習活動にもとづいているという事実はおそらく、彼の言う学習活動が、一方で与えられた内容を批判的に問う行為を、他方で実践の中で新しい概念を実行し統合する行為を含んでいない理由を物語っている。これらは、実際の文化的に新しいアイデアと実践の構築を意味する行為だからである。

　拡張的学習理論は、人間とその集団は年齢にかかわらず、新しい文化の創造者であると論じる。子どもの創造する潜在力は一般的に、反抗や単なる遊びや空想だとして無視されるが、時にブレークスルーを起こし、目に見えるものとなる。『拡張による学習』（Engeström, 1987, pp.161-163）では、12歳から17歳の7人の若者によって始められた核武装解除に向けたキャンペーンの例が議論されている。この本ではまた、新しいかたちの遊びが子どもの間での拡張的学習の力強い新たなリソースを生み出すかもしれないことが指摘されている。「逆説的ではあるが、遊びが商品化されるにつれて、かえって、抽象的な社会的実践に切り込み、想像的な実践を創造することのできる道具をもつことにもなる」（Engeström, 1987, pp.136-137）。今日私たちは、これがインターネットや、モバイルデバイスや、ソーシャルメディアによって起こっているのを目撃している（たとえば、Prensky, 2008; Silva, 2007 参照）。

　拡張的学習理論は、学習のまさに主体が個人から集団的活動システム、あるいは活動システムのネットワークへと転換していく学習プロセスに焦点を合わせている。最初、個人が自分たちの活動について、そこにある既存の秩序や論理に疑問を抱き始める。より多くの当事者たちが参加するにつれ、協働による分析と最近接発達領域のモデル化が開始され、実行される。拡張的学習は新しい、拡張された対象と、その対象に向けられた活動パターンの形成を導く。

　拡張的学習は特定の認識的行為、ないし学習行為を通じて達成される。これらの諸行為はともに、拡張的サイクル、あるいはスパイラルを形成する。拡張的サイクルにおける理想的－典型的な認識的行為の継起は、次のようになる。

- 第一の行為は、問いかけである。すなわち、一般に認められた実践や既存の知恵のある側面に疑問を投げかけ、批判し、拒絶していくことである。
- 第二の行為は、状況を分析していくことである。分析は、原因や説明メカニズムを発見するために、状況を、精神的、言説的、実践的に転換することを含んでいる。分析の1つのタイプは、歴史的・発生的なものである。そこでは、状況の起源と進化をたどることによって、状況を説明しようとする。もう1つの

分析のタイプは、実際的・経験的なものである。ここでは、状況の内側にある諸関係のシステムを具体的に描き出すことによって、状況を説明しようとする。
- 第三の行為は、新たに発見された説明可能な関係性について、公けに観察可能で伝達可能な媒体を用いてモデル化することである。
- 第四の行為は、モデルの動態とポテンシャルと限界を完全に把握するために、モデルを走らせ、操作し、実験することによって、モデルを検証していくことである。
- 第五の行為は、実践的適用、改良、概念的拡大によって、モデルを実行することである。
- 第六の行為は、プロセスを内省することと、評価することである。
- 第七の行為は、プロセスの成果を実践の新しい安定した形態の中に統合していくことである。

継起の理論的根拠

　ダヴィドフの学習活動の理論と、エンゲストロームの拡張的学習理論の両方で、その学習行為の継起の理論的根拠原理は抽象から具体への上向である（Il'enkov, 1982; Kosík, 1976 参照）。この方法は、内的矛盾の出現と解決を通して、その発達と歴史的な形成の論理を理論的にたどり、再生産することによって、対象の本質をつかむ方法である。1つの理論的なアイデアあるいは概念は、最初、抽象のかたちで、つまり「胚細胞」にたとえられるような単純な説明的関係性において生み出される。こうした最初の抽象は、一歩一歩豊かにされ、絶えず発達していく多面的な現れの具体的なシステムへと転換される。学習活動において、最初の単純なアイデアが複雑な対象や新しい形態の実践へと転換される。
　学習活動あるいは拡張的学習は、理論的概念、すなわち理論的に把握された実践、そしてシステムとしての豊かさと多面的な現れをもつ具体化をもたらすのである。（Engeström, Nummijoki & Sannino, 2012）。この枠組みでは、抽象は、具体的な全体から分離された部分を指す。比較と分類にもとづく経験的思考においては、抽象は、恣意的で単に形式的に相互連結された諸特性をとらえているにすぎない。抽象から具体への上向にもとづく弁証法的－理論的思考においては、胚細胞の抽象は、精査している全体が機能的に相互につながったシステムの、最小で最も単純な、発生的に最も基本的な単位をとらえる。

移行のメカニズム

ダヴィドフの理論では、ある学習行為から次のものへと移行するメカニズムは基本的に教授的ガイダンスであり、それは徐々に学習者によって内面化される。したがって、移行メカニズムは合理的で随意的なものとされる。

> 学校の子どもたちはもちろん、独力で学習課題を定式化したりそれを解決する行為を起こしたりすることはできない。当面教師はそれができるように助けるが、徐々に生徒自身が対応する能力を獲得する。（Davydov, 2008, p.126）

拡張的学習の理論は移行のメカニズムを、学習の対象、すなわち転換される活動に固有の矛盾が段階を追って進化する中に見る。拡張的学習プロセスのそれぞれの段階において矛盾は、(1) 活動システムのそれぞれの、そしていずれかのノードにおいて創発する、潜在的な基本的矛盾として現れる。これらは問いかけという最初の学習行為を生み出す。(2) 2つかそれ以上のノード（新しい対象と古い道具など）間の、誰の目にも明白な第二の矛盾として現れる。これらは分析、モデル化、モデルの検証という第二、第三、第四の学習行為を生み出す。(3) 新しく形成された活動のモードと既存の活動のモードの間の第三の矛盾として現れる。これらは実行と内省という第五、第六の学習行為を生み出す。(4) 新しく認識された活動とその隣接する活動システムの間の、外的な第四の矛盾として現れる。これらは統合という第七の学習行為を生み出す。ジレンマ、葛藤、ダブルバインドが矛盾の表出として分析されるだろう（Engeström & Sannino, 2011）。

矛盾は客観的な、歴史的に蓄積された力であるが、自動的なものではない。それらは当事者が立ち現れる新しい対象を認識し、動機へと転換するようなしかたで扱うとき、拡張的学習の実際の推進力になるのである。「欲求が対象と出会うために特別な行為が必要である」（Leont'ev, 1978, p.54）。集団的活動の動機が個人にとって有効なものとなるのは、人格的な意味付与（personal sense）によってである。「意味付与は、活動の動機が行為の直接的な目標とどのように関係しているのかを表している」（Leont'ev, 1978, p.171）。

学習の普遍性 vs 複数性

ダヴィドフは、「学習活動」と「学習」は同じものではないと繰り返し指摘している（たとえば、Davydov, 2008, p.115）。学習活動は、理論的一般化の形成に向けた

特殊なタイプの学習である。特に学校におけるような歴史的に支配的なタイプの学習は、対象の外的特徴の比較・分類を基礎にした経験的一般化の形成を意図している。事実、ダヴィドフの主著では、最初の200ページが、経験的一般化を意図した教授と学習の特質と限界についての批判的検討に当てられている。

> 認知の経験的レベルと理論的レベルの間の相互関係はどのようなものであろうか。歴史的に、前者が後者を先導し、今でも人間の日常経験の普通の形式である。経験的思考は対象の純粋な記述の段階で停滞している知識の特定の枝々に保持されている。特に、教育心理学と教授法は今日まで、学校における教授の一斉実践を指導する中で、この種の思考のモデルに導かれてきた。(Davydov, 1990, p.256)

理論的思考はそのルーツを実践的生産活動、特にその実験的側面にもっている。「確かに、理論的思考が産業と科学の歴史的発展のプロセスの中で主導権と今日的な形態を獲得するには、相当な時間が必要であった」(Davydov, 1990, p.257)。

ダヴィドフにとって、学習活動は決して学習の普遍的形態ではない。それは歴史的に新しいタイプの学習であり、いまだ形成されつつあるプロセスであり、比較的まれにしか実践の中で観察されないものである。

経験的一般化に向けての学習と、理論的一般化に向けての学習活動の対比は強烈である。しかし、それは学習の過度に単純化された二分法的視点へと導くおそれがある。ダヴィドフはこのリスクを認識し、それを乗り越えるための歴史的研究を要請している。

> 芸術活動、学習活動などのような形態の活動の発端と歴史的発展を扱った研究は少ない。さらに、文化的発展の異なる時期における、所定の学習形態の相互関係を扱った特別な研究はない。(Davydov, 2008, p.207)

拡張的学習の理論は多様なタイプの学習のアイデア、特にベイトソン(Bateson, 1972)による学習レベルの分析に基礎を置いている(Engeström, 1987, pp.140-144参照)。拡張的学習はベイトソンの「学習Ⅲ」に似たものとして定義される。このような拡張的学習はまれであり、リスクをともなう。「レベルⅢでの取り組みであっても危険でありえるし、失敗する者もいる」(Bateson, 1972, p.305)。

拡張的学習の歴史的創発は、『拡張による学習』で詳細に議論されている(Engeström, 1987, pp.92-137)。内的矛盾と拡張的学習が創発する可能性の3つの歴史的な系統、すなわち学校教育における学習、労働活動の中での学習、科学と芸術における学習、がたどられている。歴史的分析の結論はこうであった。「個体発生上、

[拡張的]学習活動が現れるのは、少なくとも現代の資本主義社会においては、かなり高い確率で、成人期か青年期であるだろう。それは主体が、彼や彼女にとって主導的な活動 ── 労働、学校教育、科学や芸術 ── の中で、歴史的、個人的に切迫した内的矛盾と直面するときである」（Engeström, 1987, p. 137）。拡張的学習の歴史的創発は、社会のすべての側面でますます加速している生産、仕事と組織の全体的な概念の変化と結びついている（Pihlaja, 2005）。拡張的学習は、活動システム全体の急激な変質に適した学習プロセスなのである。

　実証的研究においては、学習のプロセス理論の普遍化の傾向と戦う1つのやり方は、1つの同じデータセットを用いて2つ以上の異なるプロセス理論を用いて分析し、自分の好みの理論と他のものを比較対照することである。このような分析が、拡張的学習理論と野中・竹内（1995）の知識創造の理論を並行して用いた、2つの製造業チームのミーティングにおける革新的な学習プロセスを調査した研究においてなされている（Engeström, 1999; Engeström 2008, pp. 118-168; Virkkunen, 2009 も参照）。

　　　2つの理論は、相互背反的であるとか、敵対的であると見なす必要はない。野中・竹内が強調するのは、知識の代替的な表出様態であり、それらの間での移行は重要な洞察を提供するが、それは拡張的学習の理論の中では看過される可能性がある。他方で、抽象から具体に上向する弁証法にもとづく拡張的学習の理論は、協働的に遂行される行為が進む中で、構築中の対象、媒介する人工物、参加者の異なる視点の相互作用を分析する新たな枠組みを提供する。（Engeström, 2008, p. 167-168、邦訳 p. 271）

学習と教授の関係性

　ダヴィドフの理論は発達的教育と呼ばれる、学校カリキュラムの新しいタイプと教授実践の新しいタイプの構築と実行をガイドするために作られた。先に述べたように、ダヴィドフの理論の中では、ある学習行為から次のものへの移行は、当初は慎重な教授ガイダンスによって達成され、続いて学習者の意識的計画と自己決定によって達成される。カリキュラム、教授と学習は、計画されガイドされるプロセスからの逸脱が起きないよう、緊密に結びつけられている。これは学習者のエージェンシーを、教授者の意図に従って学習され内面化された自己決定へと縮減するものである。この自己成就的予言のパラドックスは大きくのしかかる。

　拡張的学習理論の枠組みの中では、教授の典型的な形態は、チェンジラボラトリーと呼ばれる介入である（Engeström, 2007; Engeström, 2011）。チェンジラボラトリーのプロセスは、組織（あるいはいくつかの協働組織）の参加者が、彼らの活動

システムの歴史、矛盾や最近接発達領域を分析し、新しいモデルをデザインし、モデルの実行に向けた段階を経る一連のセッションで構成される。チェンジラボラトリー・セッションは通常、分析のための豊かで総合的なデータを獲得するため、ビデオ録画される。

チェンジラボラトリーのプロセスは通常、事前に注意深く計画される。それぞれのセッションは、いくつかの特定の拡張的学習行為を生み出すことを目指している。介入者が従うよう努める台本がある。介入者の台本とセッション中の実際の出来事と行為の展開の比較によって、常に両者のギャップが明らかになる。以下に2つの例を示す。

例1：ミドルスクールにおけるチェンジラボラトリー（Engeström, Engeström & Suntio, 2002a）

ヤコマキ・ミドルスクールにおいて、私たち研究者は、フィールド・データが3つの主要な問題領域を示していると考えた。それは以下のように定式化される。
1. 生徒たちの家庭と生活環境に関する教師たちの知識の少なさが、学習とその帰結のためのリソースの利用を阻害している。
2. 生徒たちの卒業後のキャリアに関する教師たちの知識の少なさと、その後の教育の入学要件に関する生徒たちの知識の少なさが、リソースの利用を阻害している。
3. 生徒にとっての物理的な作業環境としての学校の貧困が、リソースの利用を阻害している。

しかし、私たちが教師たちに何が鍵となる問題と見るかを自身で定式化するよう求めると、まったく異なるものが言及された。
1. 無関心に対する戦い－仕事の喜び。
2. 一緒に計画し準備するための平穏な時間。
3. 生徒のマナーと言葉の使い方の変化。

私たち研究者がトラブルの源泉に焦点を合わせようとしている一方で、教師たちの問題は変化への目標ないし要請として、すでに定式化されていた。蔓延する問題としての生徒の無関心という考えは、この時点での教師たちのディスコースの中心であった。この2種類の問題セットは、その後のチェンジラボラトリーのプロセスの相補的な共鳴板であり続けた。教師たちはそれらの相違を心配していないようであったので、私たちも心配すべきではないと決めた。

（Engeström, Engeström & Suntio, 2002, pp.212-213）

このギャップは、サニーノ（Sannino, 2008）によるその後の分析に示されているように、参加者のエージェンシーにもとづく行為のための、かなりの余地を提供したようである。

例2：銀行におけるチェンジラボラトリー（Engeström, Pasanen, Toiviainen & Haavisto, 2005; Toiviainen & Engeström, 2009）

　投資マネジャーの今後の仕事に関する研究者のビジョンは、「交渉された全体としての資産マネジメント」として定式化された。私たちは彼らの仕事の歴史の諸層と現在の矛盾を分析することによって、実践者が一段一段このビジョンに開かれていき、具体化し、胚細胞モデルに転換することが明らかにできると期待していた。…（Engeström, Pasanen, Toiviainen & Haavisto, 2005, p.64）

　多くの投資マネジャーに交渉された全体としての資産マネジメントの概念と、── 彼らが見たように ── 活動の現在の概念への新しいサービスの導入について質問した。…チェンジラボラトリーの開始時において、現在の収益論理のもろさ、さらには収益性のなささえもが示されていたという事実にもかかわらず、サービスの強化が支持を得た。このエピソードは、参加者の次のコメントに集約されている。

　投資マネジャー1：…もし私たちがこれらの問題に集中して、現在の要素ができるだけ最良の方法で機能させる方法を探すなら、私は確実にこのプロジェクトにもっと興味をもつでしょう。すでにオファーをいただいているポートフォリオ・マネジメントであれ追加のサービスであれ、出し抜けに新しいことを創案しなきゃいけないと考えるよりは。…新しいことを探すより、現在（の活動）をもっと効果的にすることでしょう。私たちはすでに基本的な要素はもっているんですから、いっそうより良くできる正しいこと（をやっているんです）。

　チェンジラボラトリーの参加者は、働き方を強化し向上させるための、サポートと同僚間の平等な「スパーリング」（練習試合）のアイデアを発展させ始めた。これは最終的に、当初介入者－研究者によって提示された、交渉された全体としての資産マネジメントに向かう中間段階としての、「スパーリング的働き方」を発展させることにつながった。（Toiviainen & Engeström, 2009, p.103）

2つの例は、学習者がいかに、教授者や介入者によって計画され実行された台本から大きく逸脱する行動をとるかを示している。最初の例では、プロセスのごく最初に、学習者は彼らのアジェンダを、介入者によって提案されたものとは異なって定義した。2つのアジェンダはプロセスを通して共存し、部分的に融合した。2番目の例では、介入者のアジェンダは最初は受け入れられたが、のちに異議を申し立てられ、より実践的で短期的向上を目指す探究に転換された。

　最近のチェンジラボラトリーの中での介入者の台本と学習者の行為のギャップのシステム的分析（本書第7章参照）から、行為レベルの逸脱と対象レベルの逸脱の2つのタイプの逸脱が特定されている。前者の行為レベルの逸脱は、学習者が台本から逸脱する1つ以上の行為をするエピソードに縛られているが、その後プロセスは初期の台本に戻っていく。後者の対象レベルの逸脱は、学習者が初期に計画された学習努力の対象を再定義し転換する行為を起こし、プロセスの全体的なコースを変え、介入者に台本を再定義するよう強いるエピソードである。上に提示した2つの例は両方とも、対象レベルの逸脱である。重要なのは、これらの逸脱は、拡張的学習を遮ったり無効にしたりはしないということである。

　教授意図と学習者の実際の行為の間のギャップに関する厳密な研究は、いまだ揺籃期にある。論争、交渉、二重対象の形成、「第三空間（third space）」の形成のような、ギャップを明確にし橋を架ける様々な方法の分析（Gutiérrez, Baguedano-López & Tejeda, 1999）は、特に有望な研究の方向性である。この線での研究は、参加者のエージェンシーの形成を拡張的学習の中心に置くであろう。

結論 ── 学習のプロセス理論の有用性と限界

　私たちはポスト行動主義の代表的な3つの学習理論が、十分に展開された学習のプロセス理論の5つの必要条件をどのように満たしているかの検証に乗り出した。私たちはこれらの理論の中心的な欠点として、普遍主義と、教授と学習の分離という2点を発見した。これらの欠点は、容易に自己成就的予言のパラドックスを導いてしまう。これらの欠点は、学習科学の中心的な位置から学習のプロセス理論が消失したことを大いに説明するだろう。この消失とともに、野心的なプロセス理論に固有の、長期的で介入志向の推進力もまた失われるだろう。

　学習のプロセス理論の再活性化を求めて、私たちは文化・歴史的活動理論へと向かった。その中で、私たちはダヴィドフとエンゲストロームの2つの重要なプロセス理論を検証した。検証の結果は、表2.2にまとめられている。

　2つの文化－歴史的理論の強みは、その普遍主義の拒絶にある。拡張的学習理論

表2.2　2つの学習の文化・社会的プロセス理論の特徴

	事象や行為の継起	継起の理論的根拠	移行のメカニズム	学習の普遍性vs.複雑性	学習と教授の関係性
ダヴィドフ：学習活動の理論	6つの学習行為における	抽象から具体への上昇	教授ガイダンスとその後の学習者の自己決定	2つの歴史的・理論的に異なるタイプの学習、1つは経験的、もう1つは理論的一般化を志向	緊密に織り合わさった学習と教授；両者のギャップは検証されていない
エンゲストローム：拡張的学習の理論	7つの学習行為における	抽象から具体への上昇	最初から4番目の矛盾へと変換される、活動の内的矛盾の進化	複数のタイプの学習（ベイトソンのレベル）、活動システムの変換と関連する歴史的に新しいタイプの拡張的学習	弁証法的につながり合った学習と教授：両者のギャップは中心的重要性をもつ

もまた学習と教授を、2つのプロセスの間のギャップと相互作用の分析に焦点を合わせることで、弁証法的な関係に持ち込もうとしている。実証的研究において、これは実際の学習者がとる行動が、教授者や介入者の計画、意図、行為と同様、両者間の一致を想定することなく、詳細に検証されることを意味している。

　教授者と介入者は常に、学習の望ましい、あるいは最適な契機に関する何らかの概念を基礎に働いているので、学習のプロセス理論は必要である。学習のプロセス理論を再活性化するためには、研究者は明示的にも暗黙的にも普遍主義を放棄し、好みの理論の歴史的・文化的特異性と限界を認める必要がある。これは異なるプロセス理論間の建設的な比較・対照をも可能にするだろう。学習プロセスの多様性は受け入れられ、称揚されるべきである。

　再活性化の第二段階は、学習と教授の間の密接な関係性の認識と、この関係性への弁証法的アプローチである。学習と教授の間のギャップは、創造的逸脱とエージェンシーの源泉である。ギャップは真剣に受け止められ、詳細に分析される必要がある。

第3章

拡張的学習の研究 ── 基盤、知見、今後の挑戦

次のような、学習をめぐる2つの複雑な挑戦について考えてもらいたい。

(1) ヘルシンキ市の公的在宅介護では、様々な種類の医療を必要とする高齢者を支援している。在宅介護のケアワーカーたちは、担当のクライアントを訪ね、薬の投与や、入浴、食事の準備などの日常的な家事をいろいろと行う。在宅介護のマネジャーとケアワーカーたちは、現在、次のような困難な諸問題に対応していくために、自分たちの仕事やサービスをどのように再定義するかをめぐって格闘している。つまり、ますます増えていく孤独や社会的排除、寝たきり、そして認知症などの問題である。この挑戦は複雑化してきている。というのも、フィンランドの人口はきわめて急速に高齢化の一途をたどっており、能力のある在宅介護のケアワーカーを採用したり雇用し続けたりすることも、ますます難しくなってきているからである。在宅介護のマネジャー、ケアワーカー、そしてクライアントは、そのような新たなニーズに応え、社会が必要なサービスを提供できるような仕事のやり方を、どうすれば学んでいくことができるだろうか？

(2) 雑誌も本も、ますますインターネットを通じて手に入るようになってきた今、研究者は大学図書館に体を運ぶ必要はほぼなくなってきた。大学図書館は、一方で、研究者にとっては、デジタル情報の自動化された仲介者になりつつある。他方、学生にとっては、物理的な書庫であったり、閲覧室であったりしている。これらのことは、図書館員の専門的な力量や職務を危機にさらしている。ヘルシンキ大学図書館のマネジャーと図書館員たちは、自分たちの仕事やサービスをどのように再定義するかをめぐって格闘している。そのような再定義は、研究者のグループとともにパートナーシップを構築し、柔軟性のある協働の実践を創り出して、情報管理の包括的なデザインとメンテナンスの必要性に応えようとするものである。図書館員と研究者のグループは、こうした新たなあり方を実行に移すために、どのように学ぶことができるだろうか？

こうした2つ例は、いずれもが拡張的学習の試みである[1]。学び手は、自らの活動の対象と概念について、それを根本的に新しく、より広がりがあって複雑なものとして構築し、実行することにかかわっているのである。

アンナ・スファード（Sfard, 1998）は、今日、学習に関して、優位を争う2つの基本的なメタファーがあると指摘した。獲得メタファーと参加メタファーである。こうした二元論は、たとえば認知の計算主義と状況論の説明の間におけるように、最近の論争の中でも再現されている。しかし、そのような二元論は、有益なものというよりは、結局のところ、私たちを誤解させかねない過度の単純化なのである。

スファードの二元論の基礎にある鍵となる次元は、次のような問いから生じている。学び手は、基本的に個人と解されるべきか、それともコミュニティとして解されるべきか。これは重要な次元であり、主として、レイヴとウェンガー（Lave & Wenger, 1991; Wenger, 1998）の実践コミュニティの考えによって触発されたものである。しかしながら、理論を識別・分析・比較するときに、1つの次元だけの概念空間を構成するなら、必然的に学習という領域がもつ複雑性のあまりに多くをふるい落とすことになる。拡張的学習理論の潜在力と重要な意義（Engeström, 1987）は、より多次元的な問題の論じ方を求めていくところにある。

拡張的学習理論を学習理論の概念的領域の中により適切に位置づけるために、さらに次のような3つの次元を有効に用いることができるだろう。

- 学習は基本的に、文化の伝達と維持のプロセスであるのか、それとも文化の変革と創造のプロセスであるのか？
- 学習は基本的に、有能さを測るある画一的な尺度に沿って垂直的に上達していくプロセスなのか、それとも異なる文化的な文脈や有能さの基準の間で交流し、ハイブリッド化していく水平的な運動のプロセスなのか？
- 学習は基本的に、経験的な知識と概念を獲得・創造するプロセスなのか、それとも理論的な知識と概念の形成をもたらすプロセスなのか？

拡張的学習理論は、コミュニティが学び手であること、文化を変革し創造すること、水平的運動でありハイブリッド化を起こすこと、そして理論的知識を形成することを第一に置く。フェルステッドたち（Felstead et al., 2005, p.362）は、拡張的学習理論は単に参加メタファーを拡大したにすぎないと書いているが、この理論は、スファード（1998）が提起した2つのメタファーのいずれにも適合しない。実際のところ、拡張的学習の観点からすれば、獲得にもとづくアプローチと参加にもとづくアプローチは、いずれも同じ保守的な傾向の多くを共有しているのである。両者はともに、文化の変革と創造についてはほとんど語らない。獲得にもとづくアプロー

チも参加にもとづくアプローチも、後者では特にオリジナルの正統的周辺参加の枠組み（Lave & Wenger, 1991）では、学習を基本的に有能でない状態から有能な状態への一方向的な動きとして描き、水平的な運動とハイブリッド化に対してはまともな分析をほとんど行っていない。獲得にもとづくアプローチは、表面上は理論的概念に価値を置いているかもしれないが、このアプローチのまさしく概念についての理論はと言えば、まったく一様に経験論的であり、形式論なのである（Davydov, 1990）。参加にもとづくアプローチは共通して理論的概念の形成に、敵対的とは言わないまでも疑念をもっている。主として、こうしたアプローチもまた、理論的概念を、もっぱら形式的で「書物的（ブッキッシュ）」な抽象であると見なしているからである。

そこで、拡張的学習理論は、それ自身のメタファーに拠って立たなければならない。それは、拡張である。その中核にあるアイデアは、獲得とも参加とも質的に異なっている。拡張的学習の中で学び手は、いまだここにない何かを学ぶ。言い換えれば、学び手は、自分たちの集団的活動の新しい対象と概念を構築し、その新しい対象と概念を実践の中で実行するのである。このメタファーの移行は、パーヴォラ、ハッカライネン、リッポネン（Paavola, Hakkarainen & Lipponen, 2004）が、知識創造は新しい第三のメタファーであると指摘した際に言及している。また、フェンウィック（Fenwick, 2006b）も、参加と拡張と翻訳が、仕事にもとづく学習を理論化する上で適切な代替となる補完的メタファーであると提案して、メタファーの移行について指摘している。

本章で私たちは、拡張的学習理論にもとづいて行われた諸研究について検討していく。この理論が最初に定式化されたのは、ほぼ30年前のことである（Engeström, 1987）。特にここ10年ぐらいの間に、拡張的学習理論は、広範囲にわたる様々な研究や介入において用いられてきた。そのトピックスは、職場における大人の数学学習（FitzSimons, 2003）やハイブリッドな教育のイノベーション（Yamazumi, 2008）から、ICT改革が教師教育にもたらす影響（Rasmussen & Ludvigsen, 2009）にまで広がっている。また、紛争監視ネットワークの発達に関する研究（Foot, 2001）、製造業において関連し合う複数の組織の間で変化を起こす試みの研究（Hill & al., 2008）、そして学習のプロセスとしてのバイオガス生産の立ち上げについての分析（Pereira-Querol & Seppänen, 2009）の中で、拡張的学習理論が使われている。こうした研究はまた、排除の危険にさらされた子どもたちや特別支援教育が必要な子どもたちにかかわる、異なるエージェンシー間での仕事における、そしてそれらの仕事のためになされる学習（Daniels, 2004）、eラーニングにおけるウェブログの使用（Makino, 2007）、様々な雇い主や組織とサービス契約する「ポートフォリオ・プロフェッショナル」として働く看護師と成人教育者の間での学習（Fenwick, 2004）を扱っている。拡張的学習理論は、大学における看護教育での模擬的な臨床体験の研究

(Haigh, 2007)、学校と大学のパートナーシップにおける境界横断としての学習の研究 (Tsui & Law, 2007)、そして学校と職場の間で新しいタイプの学習の転移を促進することに関する研究 (Konkola et al., 2007) の中でも、枠組みとして用いられてきた。グティエレスと共同研究者たちによってなされた、学習とリテラシーの発達のための拡張された「第三空間」に関する研究もまた、拡張的学習理論の影響を受けたものである (Gutiérrez & Larson, 2007; Gutiérrez, 2008; Gutiérrez & Vossoughi, 2010)。以上のリストは必ずしも完全なものではないが、拡張的学習理論は、伝統的ではなく、ハイブリッドで、多様な組織の間で起こる学習について分析するときにとりわけ有効であることが示されている。

　拡張的学習理論が最も体系的かつ累積的に用いられてきたのは、ヘルシンキ大学活動理論・発達的ワークリサーチセンター (Center for Activity Theory and Developmental Work Research; 2009年の初めからは、活動・発達・学習研究センター: CRADLE と呼ばれている。以下、ヘルシンキ・センターと言う) で行われた諸研究である。本章では、このヘルシンキ・センターで1995年から2010年の間に生み出された25の博士論文という実例を、主なデータとして使うことにしたい。また、分析を豊かにするために、それ以外の研究を検討することも行う。こうした研究に焦点を合わせるのは、拡張的学習理論を固定化された不動の体系として扱うのではなく、むしろその枠組みそのものの潜在力と進化の問題に深く入り込んでいくことができるからである。他方、この焦点化が意味しているのは、教育研究の広範囲に及ぶ文化・歴史的活動理論の援用をカバーすることはできないということでもある (そうした広範なレビューについては、Roth & Lee, 2007 を参照。また、生きた運動としての活動理論の簡潔明瞭な紹介については、Sannino, Daniels & Gutierrez, 2009a を参照)。

　次節では、拡張的学習の必要性が生じてきた歴史的・社会的な情勢について、概略を手短に述べる。そして、このアプローチの理論的なルーツを検討する。その後、拡張的学習理論の中心にあるアイデアについて明らかにしていく。続く7つの節は、それぞれ、この理論の特定の側面を取り上げたものであり、関連する博士論文と他の互いに補い合う研究における分析と成果を通して、検証を行ったものである。最後の2つの節は、拡張的学習理論の批評と今後の挑戦を扱っている。

新しい種類の学習への社会的・歴史的な要求

　『拡張による学習』の中では、拡張的学習活動を、仕事の歴史的な転換の結果として生じてきたものととらえている。

ますます強まっている仕事のプロセスの社会的性質、その内的な複雑性や相互の結合、資本や生産能力の量的な巨大化から明らかになってきていることは、少なくとも激しい混乱と集中的な変化の時期には、たとえ全体のコントロールと計画が形式的には経営陣の手中にあったとしても、誰ひとり仕事の活動を全体として完全には掌握していないということである。このことは、「グレーゾーン」や真空地帯、あるいは「無人地帯」と呼びうる何かを創り出す。そこでは、企業の階層秩序のうち、実質どのレベルからのものであれ、新たな取り組みや確固たる行為が予期せぬ結果をもたらしてしまうということが起こりうるのである。
（Engeström, 1987, pp.113-114）

　資本主義的な生産と仕事の組織における内的矛盾は、依然として、拡張的学習研究の中心に位置する。ヘルシンキ・センターではこうした研究を、発達的ワークリサーチ（最も初期の研究については、Engeström & Engeström, 1986 と Toikka, Hyötyläinen & Norros, 1986 を参照）と名づけられた研究プログラムの中で進めている。ヘルシンキ・センターの研究者たちによってやり遂げられた実証的研究と介入の大部分は、職場という状況の中で実施されてきたものである（近年の代表的な論集としては、Engeström, 2005 と Engeström, Lompscher & Rückriem, 2005 を参照）。
　基本的な議論は、学習の伝統的なモードは、学ばれる概念が学習の様々なプログラムをデザインし、管理し、実行する人々によって、あらかじめよく知られている課題を扱っているということである。そのような学習の伝統的なモードは、仕事のプロセスや組織など、集団的な活動システムの全体が、それ自身を再定義する必要性に迫られたとき、不十分である。何が学ばれるべきなのかを正確に知っている者はいない。新たな活動をデザインすることと、それが要求する知識・技能を獲得することは、ますます絡み合っていく。拡張的学習活動においては、それらのことが1つに融合する（Engeström, 1999a）。
　ピヒラヤ（Pihlaja, 2005）の博士論文は、この議論に対して、仕事のプロセスにおいて歴史的に変化する一般化のタイプという重要な側面を付け加えている。一般化は学習の根本をなすものである。それは、変動するものに同一性を見出し、コントロールすることにもとづいている。大量生産においては、異なる労働者が同一の課題を遂行するよう、変動をコントロールすることが必要だった。このことは、鍵となる行為ならびに行為の継起の標準化をもたらすことになった。現代の柔軟な大量生産あるいは「リーン生産」〔訳注：リーン生産とは、「ぜい肉がなく引き締まった」という意味の英単語、lean（リーン）から名づけられた生産管理手法で、ムダがなく活力のある生産を目指し、製造工程の全体にわたってトータルコストを系統的に削減す

ることをねらいにした生産方式〕では、コントロールが必要なものは、最適かつむだなく合理化されたプロセスからの逸脱となるような中断、撹乱、浪費といった変動である。これがもたらすのは、継続的な最適化のプロセスである。

今日、製品、生産、ビジネスの全体に関する概念の寿命サイクルは、急速に短くなってきている。それに応じて、概念のレベル全般における変革のリズムが加速されている。言い換えれば、コントロールが必要なのは、製品、生産、ビジネスの概念を常に別のものに移し変えていくような変動である。このことは、もはやバラバラの行為やプロセスを技術的に最適化するというやり方では達成できない。仕事や組織において加速させられた概念のレベルでの変化は、学習者の視野と実践的な把握を集団的な活動システムのレベルまで拡張する、一般化と学習を要求している。

このように拡張的学習に対する社会的必要性に重みを加える要因が、さらに2つある。1つは、社会的生産やピア・プロダクション（Benkler, 2006）が、インターネットあるいはウェブ2.0の相互作用のポテンシャルを活用することで台頭し、拡大していることである。このことは、リナックスやウィキペディアのように、巨大な拡張的ポテンシャルをもつ新しいタイプの活動と使用価値の形成へと向かう可能性の領域を切り開いている。

2つ目の要因は、地球温暖化、新しい世界的流行病、そして世界金融危機に例示されているような、グローバルな脅威やリスク、あるいは「制御不可能対象」（Engeström, 2008）の発生と多発である。このことは、どんな単一の学問や職業や組織の境界をも超えた規模での概念の形成と実践のデザインへの、巨大な挑戦の場を広げている。

拡張的学習概念の理論的ルーツ

拡張的学習理論は、ロシアの文化・歴史学派の要となる4人、すなわちヴィゴツキー、レオンチェフ、イリエンコフ、ダヴィドフによって提唱された基礎となるアイデアの上に築かれている。これらの学者たちによって発展させられた6つのアイデアが、拡張的学習理論の概念的な基礎をなしている。さらに2つのルーツとして付け加わるのが、ベイトソンとバフチンの仕事である。こうした8つのルーツのそれぞれについて、簡潔な特徴づけを行っていきたい。

（1）ヴィゴツキーにとって、分析単位となるのは媒介された行為（mediated action）である（Zinchenko, 1985）と言えるだろう。レオンチェフ（Leont'ev, 1981）は、コミュニティの内部における分業の発生がどのように行為と活動の分離をもたらしたかを明らかにしている。たとえば、原始時代の狩猟では、あるグループが

獲物を、別のグループが待ち伏せているところまで追いつめる。そして、待ち伏せていたグループが獲物を仕留めるのである。これら2つのグループは、異なる行為（追いつめる、仕留める）を、狩猟という集団的活動の中で遂行している。1つの行為の半減期は有限である。つまり、行為は決まった始まりと終わりをもつ。他方、集団的活動は、あらかじめ決められた終点はなく、表面上は同じように見える行為を何度も繰り返し生み出しながら、その活動自体を再生産する。しかしこの活動には絶えざる変化と、時には劇的で連続しない変化が現れる。拡張的学習という考えは、まさに、この理論的に重要な意味をもつ、行為と活動の区別にもとづいて構築されている。拡張的学習は、諸行為から活動への運動なのである。

　　［拡張的］学習活動の本質は、問題になっているそれに先立つ活動の内的矛盾を表している諸行為から、客観的に、社会的に新しい活動構造（新しい対象や道具を含む）を生み出すところにある。［拡張的］学習活動は、諸行為から新しい活動への拡張をコントロールすることなのである。伝統的な学校教育は基本的に教授科目を生産する活動であり、伝統的な科学は基本的に道具を生産する活動であるのに対し、［拡張的］学習活動は、活動を生産する活動である。（Engeström, 1987, p.125）

（2）ヴィゴツキーの最近接発達領域の概念は、拡張的学習理論のもう1つの重要な根源である。ヴィゴツキーは、そのような領域を、「1人で行う問題解決によって決定される現下の発達水準と、大人の案内のもとで、あるいはより有能な仲間との協働によって行う問題解決を通して決定される潜在的な発達水準との間の距離」（Vygotsky, 1978, p.86）と定義した。『拡張による学習』においては、ヴィゴツキーのこうした個人主義的傾向をもつ概念を再定義し、次のように集団的活動のレベルで学習と発達を扱えるようにした。

　　それは、個人による現在の日常的な諸行為と、そうした日常的な諸行為の中に潜在的に埋め込まれているダブルバインドの解決として集団的に生み出される社会的活動の歴史的に新しい形態との間の距離である。（Engeström, 1987, p.174）

こうして実際上、最近接発達領域は、諸行為から活動への拡張的移行のための空間として再定義されたのである（Engeström, 2000）。
（3）拡張的学習理論は、活動理論の応用であり、基本的に対象に方向づけられた理論である。

本来、対象（Gegenstand）の概念は、まさに活動の概念にすでに暗黙の了解として含まれている。「対象なき活動」という表現は、何の意味もなさない。… 活動の対象は二通りのかたちをとる。第一は、それ自身に従い主体の活動を変革していく独立した存在としてである。第二は、対象のイメージ、すなわち主体の活動として実現される、心理的に反映された特質の産物としてである …。(Leont'ev, 1978, p.52）

　言い換えれば、対象は、抵抗力のある生の素材であり、また未来に向かう活動の目的でもある。対象は、活動の動機にとって真の媒体となるのものである。こうして、拡張的学習活動においては、動機や動機づけが個人としての主体の内部にまずもって探し求められるということはない。つまり、動機や動機づけは、変革され、拡張されるべき対象の中にある。レオンチェフ（1978, p.186）が指摘するように、動機を教えることはできず、ただそれは、学び手の「現実の生きた関係の内容」を発達させることによって育てることしかできない。拡張的学習は、生きた関係の物質的な変革のプロセスなのである。

　(4) 活動理論は、弁証法的な理論であり、矛盾についての弁証法的な概念が理論の中で決定的に重要な役割を果たしている。イリエンコフ（Il'enkov, 1977, 1982）に依拠するならば、拡張的学習理論は、矛盾を現実の活動システムの中で見出され、取り組まれる、歴史的に進化する緊張関係ととらえる。資本主義においては、あらゆる商品に内在する使用価値と交換価値の間の矛盾が蔓延する根本的な矛盾になっており、生活の全領域が商品化に従属したものとなっている。このような蔓延する根本的な矛盾は、歴史の各段階やそれぞれの活動システムによって、異なったかたちをとり、特殊な内容を備えもっている。最も重要なことは、矛盾が変革の原動力になるということである。活動の対象は常に、その内側に矛盾をもっている。対象を運動させ、動機を起こさせるものにし、未来を生み出していくターゲットにしていくのは、その矛盾にほかならない。拡張的学習は、学び手の活動システムの内的矛盾を明確化し、それに実践的にかかわっていくことを必要とする。

　(5) イリエンコフの弁証法は、ダヴィドフ（1990）によって、最もパワフルに学習理論へと移し変えられた。ダヴィドフは、抽象から具体への上向という弁証法の方法にもとづき、学習活動の理論を発展させたのである。この方法は、内的矛盾の出現と解決を通して、その発達と歴史的な形成の論理を理論的にたどり、再生産することによって、対象の本質をつかむ方法である。1つの理論的なアイデアあるいは概念は、最初、抽象のかたちで、つまり「胚細胞」にたとえられるような単純な説明的関係性において生み出される。こうした最初の抽象は、一歩一歩豊かにされ、絶えず発達していく多面的な現れの具体的なシステムへと転換される。学習活

動において、最初の単純なアイデアが複雑な対象や新しい形態の実践へと転換される。学習活動は、理論的概念、すなわち理論的に把握された実践、そしてシステムとしての豊かさと多面的な現れをもつ具体化をもたらすのである。この枠組みでは、抽象は、具体的な全体から分離された部分を指す。比較と分類にもとづく経験的思考においては、抽象は、恣意的で単に形式的に相互連結された諸特性をとらえているにすぎない。弁証法的・理論的思考では、抽象から具体への上向にもとづくことによって、最も小さく、最も単純でありつつ、全体として機能する相互連結的なシステムの発生的に原初的な単位が、抽象物としてとらえられる（Il'enkov, 1977; Davydov, 1990 参照; Bakhurst, 1991; Falmagne, 1995 も参照）。

　抽象から具体への上向は、認識あるいは学習の特別な諸行為を通して達成される。ダヴィドフ（1988, p.30）によれば、理念的－典型的な学習活動の継起は、次のような6つの学習行為からなる。(1) 学習対象がもつ普遍的な関係性を明らかにするために、課題の諸条件を転換する、(2) 取り出された関係性を物質的、図式的、あるいは文字的なかたちでモデル化する、(3) 対象の諸特性を「純粋な装い」において研究するために、関係性のモデルを転換する、(4) 1つの一般的なやり方で解決される特定の課題のシステムを構築する、(5) 先行する行為のパフォーマンスをモニターする、(6) 与えられた学習課題の解決から結果として生ずる一般的なやり方の同化について評価する。拡張的学習理論では、ダヴィドフの学習活動概念をさらに発展させ、学校や教室の外での学習の挑戦を扱うようになっている。

　(6) ヴィゴツキーと彼の共同研究者たちは、人間心理の働きの本質が、文化的なツールや記号による行為の媒介性にあると見ていた。伝統的な実験の方法では、文化的媒介性はほとんど分析から排除されていた。しかし、被験者は、ひとまとまりの心理的道具を、常に実験状況の中へ「持ち込む」のであり、実験者はそれを、いかなる固定した方法でも、外的にコントロールできない（Van der Veer & Valsiner, 1991, p.399）。

> 　人は、事物や刺激の力を使いながら、それらを通して、それらをグループ分けしたり結合したり選別したりして、自らの行動をコントロールする。言い換えれば、意志の重要な独自性は、人間が、自らの行動に対して事物がもつ力の他に、自らの行動に対する力をもっていないということにある。しかし、人間は、自分自身を、行動に対して事物がもつ力に従属させるのである。そうして、事物を自らの目的に役立つようにし、自らが欲するように事物の力をコントロールする。人間は、外的活動を使って環境を変え、そのような方法で、行動を自分自身の権限に従わせながら、自分自身の行動に影響を及ぼす。（Vygotsky, 1997b, p.212）

言い換えれば、主体のエージェンシー、すなわち彼や彼女の世界と自分自身の行動を変えていく能力が、中心の問題になってくる。ヴィゴツキーは、こうした洞察に立脚して、彼が介入の方法論とする二重刺激法を構築した。ヴィゴツキーは、被験者にただ解決すべき課題だけを与える代わりに、大きな努力を要する課題（第一の刺激）と「中立的」あるいは多義的な外的人工物（第二の刺激）の両方を与えたのである。被験者は、そのような外的人工物に意味をもたせ、それを自らの意志的な行為を増強し、課題の組み立て直しを潜在的にもたらすような、新しい媒介的記号へと変えていくことができるだろう。拡張的学習は、典型的に、二重刺激法の原理にもとづく形成的介入を要請する（Engeström, 2007）。

　上述のようなロシアの活動理論家とならんで、拡張的学習は、人類学者グレゴリー・ベイトソン（Bateson, 1972）の革新的思考に多くを負っている。学習のレベルについての彼の概念化、特に学習Ⅲという考えと、それに関連したダブルバインドの概念は、拡張的学習理論の7番目の理論的ツールとされねばならないものである。ベイトソンの言う学習Ⅲは、拡張的学習活動と基本的に変わらない。拡張的学習理論の中で、ベイトソンのダブルバインドの考えは、次のように解釈されるだろう。つまり、それは、「社会的な、個別の個人的な行為だけでは解決できない社会にとって本質的なジレンマであるが、その中にあって一緒になって行う協業的行為ならば歴史的に新しい活動の形態を創発させることができる」（Engeström, 1987, p.165）。

　（8）最後に、多声性（multi-voicedness）、あるいは異種混交（heteroglossia）についてのミハイル・バフチン（Bakhtin, 1982）のアイデアを拡張的学習理論のルーツの中に含める必要がある。

　　拡張的学習と拡張的研究に適用すれば、これは次のことを意味する。精査している活動システムにおける様々なグループや階層の衝突し合い補完し合っているすべての声が含まれ、役立てられねばならない。バフチンが示しているように、これは明らかに、一般の人々の声と、学問的ではないようなジャンルを含む。それゆえ、単一の学問的な言葉遣い（speech）のタイプの内部での古典的な議論の代わりに、私たちは異質な言葉遣いや言語のぶつかり合う火花を見るのである。
　　（Engeström, 1987, pp.315-316. 強調は原著）

　拡張的学習は、本質的に、論争、交渉、交響的編成（orchestration）といった多声的なプロセスなのである。

拡張的学習理論の中心理念

　拡張的学習理論は、学習のまさに主体が孤立した個人から集団やネットワークへと転換していく学習プロセスに焦点を合わせている。最初、個人が自分たちの活動について、そこにある既存の秩序や論理に疑問を抱き始める。より多くの当事者たちが参加するにつれ、協働による分析と最近接発達領域のモデル化が開始され、実行される。そしてついには、こうした活動の新しいモデルを実行していく学習の努力は、集団的活動システム（図3.1）のすべてのメンバーと要素を包含するのである。
　図3.1において、対象を囲んでいる円は、対象が活動の焦点であることを示すと同時に、対象がもともと多義的であることも示している。対象は、解釈、人格的な意味付与、そして社会的変革を誘うのである。その際、歴史的に進化する活動システムの一般的な対象と、ある時点の所与の行為において特定の個人に対して現れる特殊な対象とを区別することが必要である。一般的な対象は社会的な意味と結びつき、特殊な対象は人格的な意味付与と結びついている。たとえば、医療の仕事では、一般的な対象は、社会的な挑戦としての健康と病気であるだろう。他方、特殊な対象は、特定の患者に特別であるような健康状態あるいは症状であるだろう。
　活動システムがますます相互連結し相互依存するようになっているので、拡張的学習に関する最近の多くの研究は、対象を部分的に共有する2つ以上の活動システムの集まりを分析単位としている。そうした相互連結する活動システムは、生産者とクライアントの関係性、パートナーシップ、あるいは多くの活動の協働を形成するものであったりするだろう。再度、本章の冒頭で提示した、学習に対する複雑な挑戦について考えてみよう。

　　在宅介護のケアワーカーの活動システムは、近年、訪問介護の間、かなり多くのバラバラな日常的課題をこなすことに方向づけられている。クライアントの生活活動は、孤独、寝たきりや自立的に振る舞える能力の喪失、そして一般には認知症として知られている記憶の問題といった脅威と闘いながら、意味深く威厳のある家庭生活を維持することを目指している。2つの活動システムは絡み合っており、在宅介護のサービスを生み出すためには、両者が一緒になって行為せねばならない。だが、まだ両者の間ではそれぞれの対象が大変異なっており、緊張関係も増大している（図3.2）。こうした事態の悪化は、拡張的学習のプロセスを手立てにして変えることができる。そこでは、2つの側の関係者が共有活動のために、新しい共有された対象や概念を一緒に生成していくのである。

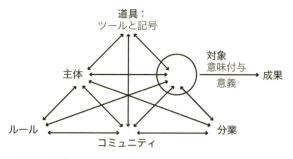

図3.1 活動システムの一般モデル（Engeström, 1987, p.78）

明らかにこうした分析単位の拡大は、それぞれの活動システムにおける実際の生身の主体を特定したり、その主体に声をもたらしたりすることに対する、いっそう難しい作業を求めるものとなる。拡張的学習理論を、具体的な人間主体を欠いた抽象的な組織の学習に還元することはできない。システムの観点と主体の観点の間を行き来することは、次のようにきわめて重要である。

　組織をシステムとしてみる観点は、研究者が拡張的学習を手立てにして質的な変化を理解し促進しようとする際、明らかに不十分である。変化は、現実の識別可能な人々、個々人、そして個々のグループによって始められ、育まれねばならない。介入を基礎に置く研究者は、活動システムの内側で、自分自身の情動、道徳的関心、意志、課題をもった生身の人間を対話の相手として見つけることが必要である。組織は、必ず、人間の存在する仕事場に戻して解釈されなければならない。（Engeström & Kerosuo, 2007, p.340）

活動システムにおける矛盾は、拡張的学習のエンジンとして必要なものではあるが、十分なものではない。拡張的学習のプロセスの異なる局面において、矛盾は、次のようなかたちで出現すると考えられる。(a) 活動システムのそれぞれ、あるいはいずれかのノードにおける潜在的な第一の矛盾、(b) 2つ以上のノード（たとえば、新しい対象と古いツール）の間で公然と現れる第二の矛盾、(c) 新たに確立された活動モードと以前の活動モードの遺物との間の第三の矛盾、(d) 新たに再編成された活動とそれに隣接する活動システムとの間の外面的な第四の矛盾。葛藤、ジレンマ、撹乱、局所的な変革は、矛盾の表面への現れとして分析できるだろう。実質的には、葛藤の経験と、発達の上で意義のある矛盾との間には違いがある。前者は、短期的な行為のレベルで生じるものである。後者は、活動や活動間のレベルで

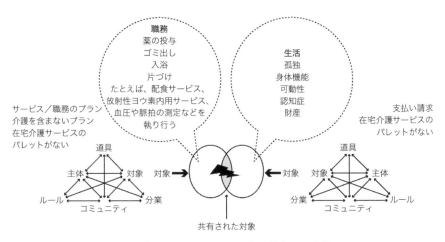

図3.2 在宅介護とそのクライアントの相互依存する活動システム
(Nummijoki & Engeström, 2009, p.51)

生じ、前者よりもはるかに長く持続するサイクルをもっている。それらは、分析の異なる2つのレベルでそれぞれ見出されるものなのである。葛藤のルーツは、それが生じる行為レベルから矛盾が生じる活動レベルへと移動することによって探索可能となる（Sannino, 2005, p.169）。

矛盾が拡張的学習の実際の原動力となるのは、新しい対象の創発に気づき、動機へと変わっていくように扱われるときである。「欲求が対象と出会うために特別な行為が必要である」(Leont'ev, 1978, p.54)。集団的活動の動機が個人にとって有効なものとなるのは、人格的な意味付与によってである。「意味付与は、活動の動機が行為の直接的な目標とどのように関係しているのかを表している」(Leont'ev, 1978, p.171)。

拡張的学習は、対象に向かう活動の新たに拡張された対象やパターンの形成をもたらす。そこには、新しい活動についての理論的概念の形成も含まれている。それは、「胚細胞」、すなわち出発点となる単純な関係について把握しモデル化することにもとづいており、そこから新しい活動が引き起こされ、その様々な具体的な姿が生成されていく（Davydov, 1990）。拡張された活動対象とそれに応じた活動パターンの形成は、集団的で分散型のエージェンシーを必要とし、またそれを生じさせていく。それは、既存の活動における制約に疑問を投げかけ、そこから離脱し、最近接発達領域という未踏の領域を横断する旅に乗り出していくことである（Engeström, 1996, 2005）。言い換えれば、拡張的学習が「何であるのか」を構成するものは、次の三つ組であると言える。つまり、拡張された活動パターン、それに応じた理論的概念、そして新しいタイプの変革力のあるエージェンシーである。

第3章　拡張的学習の研究──基盤、知見、今後の挑戦

抽象から具体への上向は、特定の認識行為、あるいは学習行為を通して達成される。そうした諸行為が一緒になって拡張のサイクル、あるいはスパイラルを形成する。拡張的サイクルにおける理念的－典型的な認識行為の継起については、次のように描くことができるだろう。

- 第一の行為は、一般に認められた実践や既存の知恵のある側面に疑問を投げかけ、批判し、拒絶していくことである。簡略化のため、この行為を問いかけと呼ぶ。
- 第二の行為は、状況を分析していくことである。分析は、原因や説明メカニズムを発見するために、状況を、精神的、言説的、実践的に転換することを含んでいる。分析は、「なぜ？」という問いや説明原理を呼び起こすのである。分析の1つのタイプは、歴史的・発生的なものである。そこでは、状況の起源と進化をたどることによって、状況を説明しようとする。もう1つの分析のタイプは、実際的・経験的なものである。ここでは、状況の内側にある諸関係のシステムを具体的に描き出すことによって、状況を説明しようとする。
- 第三の行為は、新たに発見された説明可能な関係性について、公けに観察可能で伝達可能な媒体を用いてモデル化することである。これが意味するのは、問題状況の解決策について説明し提案する新しいアイデアについて、明確で簡易化されたモデルを構築することである。
- 第四の行為は、モデルの動態とポテンシャルと限界を完全に把握するために、モデルを走らせ、操作し、実験することによって、モデルを検証していくことである。
- 第五の行為は、実践的適用、改良、概念的拡大によって、モデルを実行することである。
- 第六と第七の行為は、プロセスを内省することと評価すること、そしてプロセスの成果を実践の新しい安定した形態の中に統合していくことである。

　こうした諸行為は、ダヴィドフ（1988; 前節を参照）によって提唱された6つの学習行為に近似している。しかしながら、ダヴィドフの理論は、教室内に閉じられた学習活動に向けられたものであり、そこではカリキュラム内容がより知識のある大人によってあらかじめ決定されている（Engeström, 1991）。そのため、彼の理論には、批判的な問いかけや拒絶という第一の行為が含まれていない。また、実行することと統合することという第五と第七の行為が、彼の理論では、「特定の課題を解決するシステムを構築すること」と「評価すること」というように別のものになっている。このようにダヴィドフが挙げている行為は、実際の文化的に新しい実践を構築

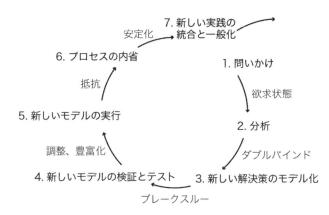

図3.3　拡張的学習のサイクルにおける学習行為の継起（Engeström, 1999b, p.384）

することを意味しない。最近の分析が示しているのは、特に問いかけという第一の行為が、ものの見方との出会いやそれらの間の衝突の多様な形態を含むものでありうるということである（Sannino, 2010a）。

　拡張的学習のプロセスは、つぎつぎと進化していく矛盾の明確化と解決として理解されねばならない。理念的－典型的な拡張的サイクルの全体は、図3.3のようなかたちで図式的に描写できるだろう。拡張的学習のサイクルは、局面や段階からなる普遍的な公式ではない。実際、理念的－典型的なモデルの通りにきちんと整った集団的学習の具体的プロセスが見られることはないだろう。このモデルは、抽象から具体への上向の論理に由来する、発見のための概念装置である。毎回、このモデルを用いて潜在的な拡張的学習プロセスを検証したり、あるいは促進したりするたびごとに、このモデルの理論的なアイデアがテストされ、批判され、そして願わくは、豊かにされていく。こうした観点からすれば、拡張的学習のモデルは、たとえばクルト・レヴィン（Lewin, 1947）によって提案された「解凍、移動、再凍結」という非常に一般的な継起よりも、さらに詳細であることが必要となるのである。

　拡張的学習理論の鍵となるアイデアは、実証的研究と介入研究の中でさらに豊かにされ、開発される。以下、そうした研究において発展した一連のアイデアについて検討していくことにしよう。

対象の変革としての拡張的学習

　伝統的に私たちは、学習は主体の変化、すなわち学習者の行動や認知の変化として現れると期待する。拡張的学習は、何よりも、集団的活動の対象における変化に

現れる。成功を収めた拡張的学習においては、これは最終的に、その活動システムにおける全構成要素の質的な転換となる。

カルッカイネン（Kärkkäinen, 1999）は、教師チームに関する博士論文で、対象における変化を質的なターニングポイントとして分析した。彼女は、テーマにもとづく新しい種類のカリキュラム単元をデザインし実施するための学習プロセスに着手した、小学校教師のチームを追跡した。このカリキュラム単元は、複数の教科を横断し、教室と学校の物理的な境界を超え、普段の単独の授業よりも長く続くものだった。

カルッカイネンは、「地域コミュニティ」と名づけられた、テーマにもとづく単元のデザインと実行について分析した。そこでの対象の進化には、3つの局面があった。教師チームによる会合の最初の4回では、教科を横断するテーマに関する作業についてのアイデアが生み出された。次に続く何回かの会合では、「地域コミュニティ」のテーマでのプランが練られた。そして、会合の最後5回では、プランの実施を観察し、今回のテーマがどうであったのかと、より一般的に、テーマに関する作業がどうであったのかの両方に関して評価が行われた。それぞれのターニングポイントは、言説的障害（誤解、不一致、葛藤、また軽度のジレンマ）の集まり、異なる声や視点からの問いかけとその集中という局面によって特徴づけられた（Kärkkäinen, 1999, pp. 111-116）。

カルッカイネン（1999, pp. 117-126）は、対象の構築における8つのターニングポイントを見出した。こうした局面とターニングポイントを経由しながら、対象は教科横断的な「テーマ作業」についての一般的な考えから、地域コミュニティに焦点化した特殊なテーマへと進化した。そして、最終的に対象は、メインテーマとサブテーマからなる、かなり複雑で、多面的なテーマ群へと進化したのだった。次のことに注意することが重要である。特定のテーマへの焦点化は、教師たちの対象である「テーマ作業」という一般的なアイデアに取って代わるものではなかった。特定のテーマと一般的なアイデアの両方が同時に焦点化され続けており、ともに練り上げられていったのである。カルッカイネン（1999, pp. 140-141）によれば、対象の性質に関するこのような2つのレベルは、このプロセスがもつ大きな拡張的潜在力を説明するものと考えられる。つまり、教師たちは、特定のものと一般的なものとの間を、どちらか一方に拘泥することなく行き来した。

対象の拡張は、複数の次元で進んでいく。エンゲストローム（2000）とハス（Hasu, 2000）は、4つの次元を区別している。つまり、社会的・空間的（「他に誰が含まれるべきか？」）、予測的・時間的（「どのような先立つ段階と、きたる段階が考えられるべきか？」）、道徳的・思想的（「誰に責任があり、誰が決めるのか？」）、システム的・発達的（「これは活動の未来をどのようにかたちづくるのか？」）の次元で

ある。エンゲストローム、プオンティ、セッパネン（Engeström, Puonti & Seppänen, 2003）は、一方で社会的・空間的次元に、他方で時間的次元に、それぞれ焦点化した拡張的学習に関する3つの研究を比較した。そこでの結論は、空間と時間ですべてを語ることはできないというものである。つまり、権力や責任にかかわる道徳的・思想的次元もまた、常に問題になってくるのである。この第三の次元については、プオンティ（2004）が、経済犯罪の捜査に関する博士論文の中で議論している。

　捜査中の事件は、犯罪とその捜査の間の絶えざる相互作用から構成される。事件は、しかしながら、単に独自なものとしてあるというわけではない。つまり、捜査中の事件は、一般的な経済犯罪の一部なのであり、その捜査は、経済犯罪を防止するための一環として行われるのである。犯罪とその捜査の間の相互作用については、2つのレベルで検討することができる。すなわち、特殊な事件のレベルと、一般的なレベルである。拡張は次のような二重の動きである。つまり、犯罪は犯罪者によって拡張され、捜査官は自らの捜査の中で対象を拡張する機会をもつ。この対象の自己運動は、拡張のための潜在力を生成する。しかし、捜査の対象を拡張しようとする努力は、不十分なまま続くのである。…

　拡張は、一般には肯定的な発達と理解される。しかし私が実証しようとする場面は、それだけでなく、拡張のダークサイドも示している。拡張は、矛盾した現象が1つの発達的局面からもう1つ別の局面へと移り変わることと見られるだろう。犯罪者と当局の間には、絶えざる戦いがある。つまり、どちらが発達の最初の局面から次の局面へと動いていけるのか？　捜査は単に捜査官の手中にあるのではない。それだけでなく、犯罪からの「反撃」があって、それによって捜査官は、行為の新しいやり方を採用せざるをえないのである。（Puonti, 2004, p.82）

プオンティは、こうした拡張の二重の動きを、示唆に富む図式（図3.4）でとらえた。これは、次のような事実に注意を向けることに役立つ。つまり、拡張は、解放やエンパワーメントをねらいにした学習者の努力に単純化できるものではない、という事実である。拡張は、対象の内側からも生成される。そのプロセスは、決して無害のものというだけではない。

　対象の拡張がどのようなものであるかは、その拡張の次元が特定されるとき評価できるようになる。フィンランドのあるミドルスクールの教師たちの間での拡張的学習についての研究（Engeström, Engeström & Suntio, 2002a）において、学習の中心となっていた挑戦は、道徳的・思想的な性質のものだった。つまり、生徒に対する否定的でシニカルなイメージを超え、生徒たちのポジティブな潜在的可能性を発見す

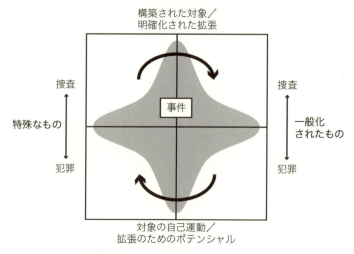

図3.4　経済犯罪の捜査における対象の拡張（Puonti, 2004, p.83）

ることに向かう拡張だった。この学校の教師たちは、チェンジラボラトリーのプロセスをやり抜き、その結果については、数ヵ月間にわたり、追跡調査が行われた。教師たちによる全部で11の集団討論が11ヵ月の間に実施され、記録された。この長期に及ぶ大きな言語資料に関しては、文字起こしがなされ、生徒に対する教師たちの否定的な話と肯定的な話の系列をそれぞれ区別するための分析が行われた。3つの重要な発見があった。第一は、生徒について話す量が、介入が進むにつれ、そして終わった後、チェンジラボラトリーでデザインされた新しい実践が実際に実行されるにつれて絶えず増えていったことである。第二に、こうしたプロセスの最初、否定的な話が優勢であったのが、プロセスの終結に向かう中で、肯定的な話が優位を占め始め、最後まで優勢であったことである。第三は、否定的な話は消え去ることはなく、減少することさえなかったことである。「言い換えれば、生徒についての肯定的な話の創発は、まさにレパートリーの拡張であり、豊富化なのである。つまり、それは、すでにある話し方を犠牲にして創発したのではない」(p.220)。この「豊富化による拡張」はまた、生徒に関連する話題の多様性が増大したことも意味する。プロセスの初期にあった計画の局面では、生徒についての教師の話は、7つの話題に限られていた。プロセスにおける最終の評価を行う局面では、生徒についての教師の話は、16の異なる話題を扱っていた。繰り返せば、初期の話題はなくならなかったが、話題の範囲が根本的に広げられたのである。

最近接発達領域における運動としての拡張的学習

　学校の文脈で学習の一般的な基準になるのは、試験や様々な学力テストにおける生徒個人の成功である。組織学習の理論では、学習の尺度は、通常、組織におけるパフォーマンスに明示的に見られた改善と何らかのかたちで結びついている。拡張的学習の理論では、学習の尺度と基準は、歴史的な分析を手段にして組み立てられる。そうした分析は、解決が必要な矛盾を明らかにすること、そして目の前の矛盾を超えていくために、横断が必要な最近接発達領域を描き出すことをねらいにする。このことは、歴史的に可能な最近接発達領域を明確にし、描写する効果的な方法を求めるのである。

　ハーヴィスト（Haavisto, 2002）は博士論文で、国のレベルでの裁判改革の一般的ガイドラインを局所的に実行する、フィンランドの地方裁判所における拡張的学習の取り組みについて研究した。彼女は、改革前の3つの民事裁判と改革後に行われた別の3つの民事裁判を追跡し、記録し、分析した。ハーヴィストは、裁判所が直面した最近接発達領域を、図3.5のように概括した。フィンランドにおける訴訟手続きは、伝統的にきわめて形式的で一方的なものであり、裁判官の前で長々とした準備書面を声に出して読み上げることを基本にしていた。同時に、裁判官は、伝統的に、どのような論点を扱い、どれくらいの期間、準備書面のやりとりを続けるのかについて、法定代理人たちに決定を任せていた。言い換えれば、古い訴訟手続きは、形式的であるとともに制限のないものでもあった。つまりそれは、多数の聴聞によって、しばしば数ヵ月間にも長引くようなものだった。新たな法律の制定がねらいにしたのは、訴訟手続きを、裁判長による積極的なコントロールと指導によりつつも、非公式の口頭弁論を基盤にしたものにしていくことだった。こうした改革は、すべての見解が1つの同じ聴聞の中で明らかになるというコンパクトな訴訟手続きをもたらすはずである。それは、実在する真実としての正義に関する伝統的な考えから、交渉される正義や実用的妥協といったアイデアへ移行していくことと絡み合った変革である。

　ハーヴィストの研究では、拡張的学習は、訴訟の依頼人（法定代理人ではなく）が積極的にイニシアチブをとり、裁判官が積極的に介入して当事者間の合意を促すといった「先鋒（spearhead）」に導かれた比較的小さな、しかしだんだんと強まっていった段階によって起こった。こうした「先鋒」では、聴聞において裁判官が素人の依頼人に向けてイニシアチブをとるように説示するなど、新しい話し方が創発した。同時に、新しい緊張関係もまた現れた。非公式のやり方によって可能になっ

た依頼人のイニシアチブの増大と、裁判官の側の積極的なコントロールとリーダーシップに対する強調の増大との間の緊張関係である（図3.5における矢印A）。図3.5の中の矢印Bは、本来的に、形式的な性格をもつ法律家の話と、非公式的な性格をもつ素人の依頼人の話との間の緊張関係を表している。矢印Cは、聴聞におけるコントロールされ制限された談話と、コントロールされず制限もされていない談話との間の緊張関係を表している。この緊張関係は、新しい訴訟手続きを正当化するため用いられてきた、これまでとは別種の論理がもともと含みもっていたものである。「前者は、自由で限定のないコミュニケーションの中で真実が現れると仮定する。後者は、手続きによって統制され合理化されたコミュニケーションの中で真実が展開すると仮定する」（Haavisto, 2002, p. 295）。

　セッパネン（Seppänen, 2004, p. 21）は、有機野菜農業における学習への挑戦に関する研究の中で、ハーヴィストといくぶん似通った構造の図式によって、有機農業の最近接発達領域を描いている。セッパネンは、歴史的な分析を通して、2つの次元を区別し、それぞれの次元に存在する階層性を明らかにしている。水平的な次元は、当初は、土壌の肥沃さを維持することとして理解されていた。より最近、環境保護がこの次元の階層となっている。社会的な統合の次元は、初めのうちは、市場の関係と理解されていた。欧州連合（EU）の補助金が経営的な関係という階層を加えていき、そして、最も新しい層は、他の農家やアドバイザーたちとの「有機的」な関係である。

　ケロスオ（Kerosuo, 2006）は、さらに少し複雑な方法で、医療の最近接発達領域を描き出した。それは、特に慢性疾患の治療の観点からなされている（図3.6）。医療従事者の多様性の増大と慢性疾患の増加を歴史的な発達の鍵となる次元として用いながら、この図は、未来の医療のための2つの代替モデルを提起する。つまり、治療パッケージのモデルと交渉を通した治療のモデルである。前者は、生産性、市場価値、診断別疾病分類（diagnosis‐related groups: DRGs）〔訳注：医療費の定額支払い制度に使われる評価方法。実際のコストを支払う出来高払いや実費給付型からの変更にともない導入された〕の考えにもとづいている。後者は、公益、治療の継続性、診療の協定（care agreement）の考えにもとづくものである。発達をめぐるこうした2つの方向性の間にある緊張関係は、それ自体が、それぞれの患者の治療における分離と不確実性の中に表れている。

　図3.5と3.6にあるような図式は、特定の活動システムや出来事から収集されたデータやそれらの調査結果について解釈するための概念的なツールとして使われる。その利点は、最近接発達領域が、複数の次元において、緊張関係を帯びた空間として描き出されているところにある。そうした領域では、質的に異なる発達の方向性や優先事項をめぐり、未来への複数の選択肢の間に立つ現実の行為者たちが格闘し、

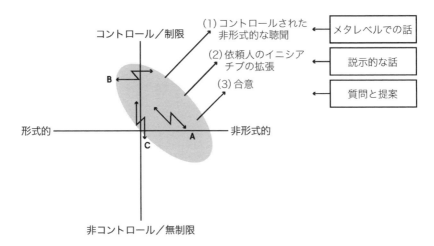

図3.5 フィンランドの裁判所における訴訟手続きの最近接発達領域の中に見られる先鋒、新しい話し方、緊張関係（Haavisto, 2002, p.298）

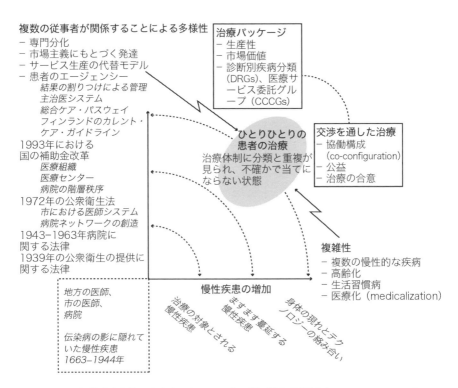

図3.6 慢性疾患を抱えた患者のための医療の最近接発達領域（Kerosuo, 2006, p.67）

第3章　拡張的学習の研究 ── 基盤、知見、今後の挑戦　55

選択をなしていく。こうした図式は、学習において何が実際の進歩なのかについて、比較し討議することを促進するのである。

学習行為のサイクルとしての拡張的学習

　図3.3に描かれているような学習行為の拡張的サイクルは、相対的に大規模で長期的な変革プロセスに関する研究の中で、解釈の枠組みとして用いられてきた。たとえばセッパネン（Seppänen, 2002）は、拡張的サイクルの枠組みを使って、2つの農場がほぼ10年間にわたり、伝統的な農業から有機農業へと移り変わっていく中で、どのように重要な学習のステップがあったのかを解釈した。ニルソン（Nilsson, 2003）は、スウェーデンにおける就学前教育機関とレジャータイム・センターと小学校の統合に関する3つの連続する拡張的サイクルについて分析した。その最初のサイクルは1981年から1999年まで、2番目は1998年から2000年まで、そして3番目のサイクルは2000年以後のものであり、分析の時点ではサイクルはまだ完了していなかった。同様に、フット（Foot, 2001）は、民族紛争監視ネットワーク（EAWARN）の数年にわたる発達について分析し、2つの連続的サイクルを区別した。
　サイクルモデルは、分析者に、認識論的に見た学習行為として出来事を意味づけるようにさせる。このことは、たとえばフット（Foot, 2001, p.74）の指摘が例示しているように、しばしば重要な洞察をもたらす。

　　2つのサイクルを隣り合わせに見れば、それらの間には、時間的な順序に部分的なオーバーラップのあることが明らかになる。らせん状に動くサイクルとして、後続のサイクルは、完全に連なっているというわけではないにせよ、先行するサイクルに依拠している。インジケーター・モデル［ネットワークにとっての新しいツール］の導入は、先行するサイクルの評価の局面と、後続のサイクルの分析の局面で生じた。言い換えれば、インジケーター・モデルの導入は、二重の意味をもつ行為だった。一方で、それは、評価と統合の行為であった。他方で、それは、活動の新しい形態のモデル化を引き起こす行為だった。

　相対的に長期にわたる発達の分析において、拡張的サイクルを解釈の枠組みとして用いる場合、最初は拡張的な変革のように見えたものが、結局は、何か別物に変わるという観察ももたらしてきた。たとえばマキタロ（Mäkitalo, 2005, p.179）は、25年近くに及ぶ在宅看護の発達に関する分析の中で、サイクルがある時点で縮小すると結論した。これは確かにうなずけるが、サイクルを過度に長い期間に当ては

めて使うことは問題であるとも考えられる。言い換えれば、あるサイクルの起点と終点を明確にし、その基準を議論することが重要である。拡張的サイクルの論理からは、ある新しいサイクルは、既存の相対的に安定した活動のパターンに対する疑問が生じたときに始まると言える。それに対応して、活動の新しいパターンが統合され、相対的に安定したときにサイクルが終わる。もし新しいサイクルの始まりに典型的な問いかけやますます悪化する矛盾を、先行するサイクルの単に終わりの局面としてだけ解釈するならば、縮小するサイクルが生じると論じることができるだろう。他方で、実のところ活動システムにおける多くの変革は、主として拡張的なものではないと予想される。それゆえ、マキタロ（Mäkitalo, 2005, p.99）によってなされた、拡張的、縮小的、反復的、そして分裂的サイクルの間の仮説的な区別は、正当なものであるし、実証的な分析の中でさらに発展させられることが必要である。また、拡張は、必然的に、崩壊と後退を含むものなのである。

規模の大きいサイクルは、学習行為に関するより小さなサイクルを多数含んでいる。そうしたより小さなサイクルは、数日のうちに起こることもあれば、たとえ数時間であっても、集中的な協働的分析と問題解決の結果発生することもあるだろう。注意深く探究することによって、たとえそのような時間的に短い取り組みでも、その中に学習行為が豊かに織り合わされていることを明らかにできるかもしれない。しかし、このような規模の小さなサイクルを拡張的と言うことができるのだろうか？ この問いに迫ったものとして、工場でのチーム会議における学習行為の小規模のサイクルに焦点化した研究（Engeström, 1999b）がある。

　　革新的学習の小さな規模のサイクルは、潜在的に拡張的と見なされるべきである。組織の変革にかかわる大きな規模の拡張的サイクルは、常に革新的学習の小さなサイクルから構成される。しかしながら、革新的学習の小さな規模のサイクルは、それが現れているからといって、拡張的サイクルが進行していることを保証するものではない。小さなサイクルは依然として孤立した出来事のままであるかもしれず、組織の発達に関する全体的なサイクルは、淀み、後退し、バラバラにさえなりうるのである。十分に発達した拡張的サイクルの発生は一般的ではなく、典型的に集中的な努力と熟考された介入を必要とする。こうした留保条件を心に留めるなら、小規模の革新的学習プロセスを、拡張的学習サイクルとそこに埋め込まれた諸行為の枠組みを使って分析することができるだろう。（Engeström, 1999b, p.385）

チーム会議の研究では、拡張的学習の諸行為は、図3.3のような理念的－典型的なサイクルのモデルに表されている順序に厳密に従うものではなかった。たとえば、

ある会議においては、新しい解決策のモデル化は開始直後に試みられたし、その後、分析と問いかけが終わってから完成された。拡張的な諸行為の中には、既存の実践を補強するといったような非拡張的な学習行為もいくつか見られた（Engeström, 1999b, pp. 390-391）。規模の小さなサイクルの全体は、社会的に分散されて成し遂げられた。したがって、1つの会議の中で、6人の相異なった参加者が7つの連続する拡張的学習行為を起こしたのだった（Engeström, 1999b, p. 401）。潜在的に拡張的であるような学習行為の小さな規模のサイクルに関しては、ランバート（Lambert, 1999）が、その後さらに大きなサンプルで分析している。

チェンジラボラトリーによる介入（Engeström & al., 1996; Engeström, 2007; 本章の後半の形成的介入の節も参照）は、数年にわたるマクロなサイクルと、数時間で足りてしまうかもしれない規模の小さなサイクルとの間の中間の位置にある。チェンジラボラトリーによる介入では、たいてい、組織の中のパイロット的な部署において、週に1回の会議が6週間から12週間のシリーズとして開催される。それに加え、1、2回のフォローアップの会議が数ヵ月後に行われる。こうした種類の介入は、特別な拡張的学習の行為を要求する一連の課題を導入することによって、拡張的学習のプロセスを加速させ、強めようとするものである。

チェンジラボラトリーによる介入を手立てとして生成される拡張的学習のサイクルと学習の行為は、特に、エンゲストローム（Engeström, 2001）、アホネンとヴィルックネン（Ahonen & Virkkunen, 2003）、ヴィルックネンとアホネン（Virkkunen & Ahonen, 2004）、ピヒラヤ（Pihlaja, 2005）、そしてヒュルッカネン（Hyrkkänen, 2007）によって分析されてきた。諸研究が示していることは、参加者によってなされる学習行為は、必ずしも介入者が当てがった課題の背後にある意図に対応するものではない、ということである。再三再四、参加者は、介入プロセスの中で中心的役割を奪い取る。つまり、介入者の計画を変更するように、課題を拒否したり、再構築したりして、行為するのである。拡張的学習の計画されたコースと実際に具現化されたコースとの間のこのような弁証法こそ、今後の研究において大きな重要性をもつものである。

境界横断とネットワーク構築としての拡張的学習

革新と学習に関する重要なプロセスは、複数の活動システムが協働して集結する場やネットワークの中で、ますます起こるようになってきた。拡張的学習の研究では、このことは、境界横断（boundary crossing）という重要な理論的概念を提起した論文（Engeström, Engeström & Kärkkäinen, 1995）において初めて取り上げられた。そ

こでの境界横断は、「援助を探し求め、与えながら、それがどこにあろうとも利用できる情報やツールを発見するために、実践者が境界を超えて移動しなければならない水平的な熟達」（p.332）と特徴づけられた。

　　境界横断は、よく知らない領域に踏み込むことを必然的にともなう。それは、新たな概念的な資源を必要とする、本質的に創造的な試みである。この意味で境界横断は、集団的な概念形成を含んでいる。（Engeström, Engeström & Kärkkäinen, 1995, p.333）

　ランバート（Lambert, 1999）は、博士論文の中で、職業学校教師の養成教育の分野における境界横断について検討した。伝統的な教師教育は、教室での授業を標準的実践として当たり前と見なしている。フィンランドにおける職業学校教師の教育の最終段階は、授業の能力を実地に確かめるための、教育実習生による「検定授業（proof lesson）」であった。そうしたモデルの中には、職業教育の生徒たちを雇用することになる仕事の組織で取り組まれている新しい挑戦や発達の努力といった事柄は、ほとんど存在していない。教師教育はそれ自身の世界にカプセル化されている。
　ランバートは、彼女の実験的なプログラムにおいて、検定授業を、ラーニング・スタジオと呼ばれる境界横断の場に置き換えた。このプログラムで教育実習生は、医療と社会福祉の分野の職業教育において、すでに教師として働いていた。そうした教育実習生がここでの教師教育プログラムを受講していたのは、正規の教師資格を取得するためだった。受講学生たちには、それぞれの職場で、カリキュラムと授業実践の改善をねらいにした開発プロジェクトを実施することが求められた。それぞれの学生は、自分のプロジェクトに関するレポートをラーニング・スタジオで発表した。ラーニング・スタジオの参加者には、(a) この教師教育機関の代表、(b) 受講学生たちが働く職業訓練学校の教師と生徒たち、(c) この特定のプロジェクトが関与する、1つ以上の雇用組織（この場合は、医療と社会福祉サービス提供組織）の代表を含んでいた。スタジオの会合において参加者は、教育実習生たちのプロジェクトについて、それが共有可能な変革なのかを話し合った。言い換えれば、スタジオの会合は、複数の境界を、言説によって乗り越えていくことを要求するものだった。このことは、潜在的に拡張的な対象の共有によって活性化されたアイデアを、相互に交換し適応することになった。このプロセスは、発達的転移（developmental transfer）と名づけられた。
　ランバートは、11のラーニング・スタジオを録画し、拡張的学習と境界横断のプロセスとしてそれらを分析した。彼女は、成功した境界横断と発達的転移は、適切なツールの使用に大きく依存していたことを発見した。とりわけ、形式、知識リ

ポジトリ、グラフィックモデルなどのような「境界対象（boundary objects）」（Star & Griesemer, 1989）が、共有された対象の拡張に重要な役割を果たした。

　拡張的学習プロセスにおける境界横断の成果としての発達的転移というアイデアは、その後の多くの研究（Tuomi-Gröhn & Engeström, 2001, 2003; Konkola, Tuomi-Gröhn, Lambert & Ludvigsen, 2007）においてさらに発展させられた。こうした研究では、焦点が、職業専門教育における学生の実習期間、あるいはインターンシップに移ってきている。そこでの実習期間やインターンシップは、職場における現実のニーズや挑戦と出会うことをねらいにした開発プロジェクトとして、ともに再設計されている。学生あるいはそのグループは、境界を横断する変化のエージェントとして、きわめて重要な役割を果たす可能性をもつ。そこでは、学生たちが、教育機関と職場の間で新しいアイデアの実行を推し進め、行き来させ、手助けするのである。

　相対的に一般的なアイデアである境界横断をさらに発展させたのが、慢性的な多重疾患を抱え、複数の診療を受診している患者の医療における拡張的学習に関する一連の研究（Engeström, 2001a, 2001b, 2003; Engeström, Engeström & Kerosuo, 2003; Saaren-Seppälä, 2004; Kerosuo, 2006）である。そうした活動分野での学習の挑戦は、患者と、異なる治療を提供する諸組織からの実践者とが、患者の治療の軌跡を協働して計画、モニターし、治療の進捗全体に対する共同責任を果たしていく、新しい、交渉による働き方を獲得することにある。これらの研究で発展した鍵となる概念は、交渉によるノットワーキング（knotworking: 結び目づくり）である。

　　ノット（knot: 結び目）という考えは、どちらかといえば弱く結びついた行為者と活動システムの間で協働のパフォーマンスが脈動して急速に広がり、部分的に即興で交響することを指す。…ノットワーキングは、バラバラに見える活動の糸を結び、ほどき、結び直す脈動的な動きを特徴とする。協働のノットが結ばれたり解かれたりするのは、特定の個人や固定した組織的存在がコントロールの中心としてあるからではない。中心はとどまらない。ノットワーキングが進行する中で、主導権の位置は刻々と変わるのだ。だから、ノットワーキングを想定上の調整とコントロールの中心という観点から、あるいは、ノットワーキングに寄与する別々の個人や団体の観点の合算という観点から、適切に分析することはできない。不安定なノット自体を分析の中心に据える必要がある。（Engeström, Engeström & Vähäaho, 1999, pp. 346-347; また Engeström, 2005, 2008b も参照）

　ノットワーキングは仕事の場において新たに出現してきた協働のモードであり、協働構成（co-configuration）、つまり顧客情報にもとづく製品やサービスの創造をね

らいにした生産形態に向かう。そうした製品やサービスは、ユーザーのニーズの変化に適合するとともに、長期間にわたる利用を通して発展する。そこでは、顧客は生産者の本当のパートナーとなる（Engeström, 2004b, 2008b; また本書の第4章）。医療を対象にした研究では、拡張的学習のプロセスは、交渉による治療のための新しいツールの創造をもたらした。鍵となるツールは、診療の協定と呼ばれるものだった。それは、診療マップや診療カレンダーによって補完された。それらが一体となって、交渉によるノットワーキングの新しい複合道具の生成が目指されたのだった（Kerosuo & Engeström, 2003; Engeström, Pasanen, Toiviainen & Haavisto, 2005）。

ノットワーキングの概念は、近年、大学と学校のパートナーシップ（Fenwick, 2006a）、グローバルに広がったアンチ・ドーピングの専門家たちの間での知識の共有化（Kazlauskas & Crawford, 2007）、そして言語療法士と学校のスタッフの間での協働（Martin, 2008）など、様々な文脈での学習の研究において、その有効性が確かめられてきている。

境界横断もまた、技術革新に関する活動理論の諸研究の中で分析されてきている。ハスとエンゲストローム（Hasu & Engeström, 2000）は、医療で用いられる複雑な技術機器の導入に関する研究の中で、開発者とユーザーの間のギャップを乗り越えるためには、新しいタイプのソフトウェアがツールとして必要になってくることを観察した。「ソフトウェアエージェントは、複数の観点の間での相互作用や互いの理解を促進するような境界横断的エージェントとして作動しなければならない」（p. 86）。ヒューサロ（Hyysalo, 2004）は、「利用のネットワーク」という考えを案出して、技術利用における操作性を創り出すために、技術生産者、ユーザー、第三者機関がどのように結合していくかをとらえている。そうしたネットワークはノットワーキングと似ており、「利用のネットワーク内で振る舞う諸個人と人工物は、毎回、変化するであろう」（p. 230）。

組織のネットワークにおける学習は普通、組織のユニット間での情報の水平的な運動として描かれる。この見方では、ネットワークが階層秩序をもつものでもある点が容易に見逃されてしまう。言い換えれば、学習は、垂直的運動でもあり、組織内の異なるレベル間の境界を横断することでもある。拡張的学習のこの側面が、トイヴィアイネン（Toiviainen, 2003）の博士論文において焦点化された。トイヴィアイネンは、小規模の工場ネットワークにおける学習について、研究の当初、4つのレベルで分析した。つまり、ネットワーク－イデオロギーのレベル、プロジェクトのレベル、生産のレベル、そして労働者のレベルである。長期的な研究によって、こうした異なるレベルが、拡張的サイクルが進行するにつれて、1つずつ活性化されていったことが明らかになった（図3.7）。

レベル間の相互作用は、最終的に、プロジェクトのレベルと生産のレベルの間に

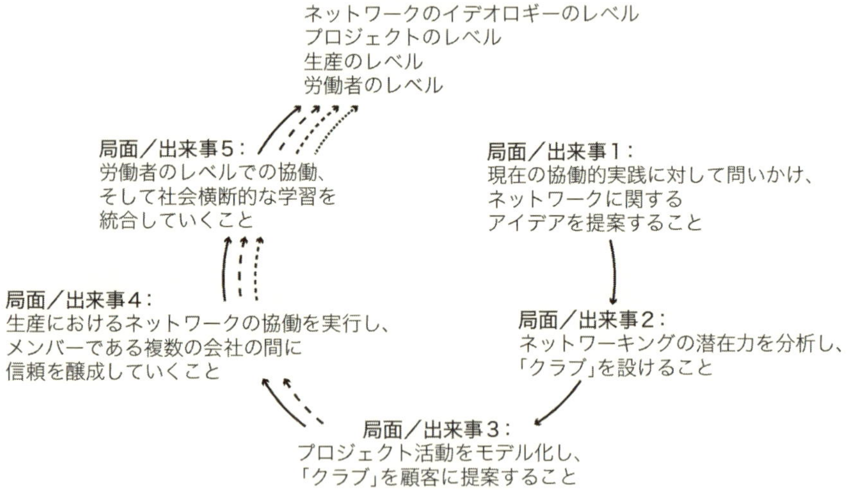

ネットワークのイデオロギーのレベル
プロジェクトのレベル
生産のレベル
労働者のレベル

局面／出来事5：
労働者のレベルでの協働、そして社会横断的な学習を統合していくこと

局面／出来事1：
現在の協働的実践に対して問いかけ、ネットワークに関するアイデアを提案すること

局面／出来事4：
生産におけるネットワークの協働を実行し、メンバーである複数の会社の間に信頼を醸成していくこと

局面／出来事2：
ネットワーキングの潜在力を分析し、「クラブ」を設けること

局面／出来事3：
プロジェクト活動をモデル化し、「クラブ」を顧客に提案すること

図3.7　小規模工場ネットワークの拡張的サイクルにおける学習の異なるレベルの活性化
（Toiviainen, 2007, p.354）

位置する作用と学習のまったく新しいレベルの形成をもたらした。それは、もともとのネットワーク内で生じた、いつくかの工場間のパートナーシップである。

　…学習の第五のレベルである「パートナーシップのレベル」の創発は、レベルを横断する学習のダイナミックスにとって決定的に重要なものだった。それは、何よりも、ネットワーキングのビジョンや理想と、複数の工場を横断する生産の実践との間のギャップを乗り越えるために必要とされる仲介的なレベルであった。拡張的学習の新しいサイクルの入り口で、学習の主要な挑戦は、パートナーシップのレベルと、それが下からの学習を励ます可能性を指していた。つまり、そこでの挑戦は、生産ユニットの創造的な行為を、ネットワーク全体による学習に対する貢献へと転換してくことであった。（Toiviainen, 2007, p.353）

分散的で不連続な運動としての拡張的学習

　トイヴィアイネン（2007, p.355）は、分散型のネットワークあるいは多重組織の場における学習の分析は、困難な課題であると指摘する。「共有する活動に複数の活動システムが参加しているというだけでなく、それらの間での協働のノットが、展開するにつれて変化に富んだ活動を創造していく」。このように仕事と結び

ついた学習がますます分散的で不連続なものになっていくことについては、アメリカのある主要都市における学校改革に関するハバード、メーハン、シュタイン（Hubbard, Mehan & Stein, 2006）の研究の中でもうまく特徴づけられている。著者たちは、次のように指摘している。変化が分散型のシステムのどこか一部で起こると、それは、システムの全体に予期できないかたちで反響する。結果として、学習のプロセスは、ギャップ、中断、誤解、そして葛藤に満ちたものになる。「複数のコミュニティの間での不連続性は、やっかいなものではあるが、学習に対する機会にもなりうるものである」（p.17）。

拡張的学習の不連続性についての分析は、新しい仲介的な概念ツールを必要とする。その方向で口火を切ったのは、15年以上前に始められた、フィンランドの2つの医療組織における介入の結果についての研究（Engeström, Kerosuo & Kajamaa, 2007）だった。

> 革新的学習の取り組みの1つの小さなサイクルが終わったとき、プロセスのすべてにおいて、決まって多かれ少なかれ問題のある中断が起こる。そのように普通に起こってくる不連続性は、たいてい、次なる小さなサイクルが先行するサイクルの結果や経験の上に築かれることを可能にする橋渡し（bridging）の行為を必要とする。そうした橋渡し行為によって、分離したプロジェクトや局所的な取り組みの間で生じる、時間と社会的空間における中断とギャップが乗り越えられるのである…。（p.323）

この研究におけるもう1つの重要な発見は、普通に起こってくる不連続性と方向性をもった不連続性との間の区別だった。方向性をもった不連続性は、集団的学習の取り組みがまさに目標と理由づけを失い、他の別のものに置き換えられたとき創発する。そうした中断は通常、拡張的学習プロセスの崩壊や停止を引き起こす。この研究の中で検討の対象となった2つの組織の両方が、上から急に方向の変更を求められるという、国のレベルでの同じ政治的プレッシャーにさらされていた。1つの組織では、そのようなプレッシャーに抵抗し、拡張的プロセスを続けることができた。この研究の成果が示唆しているのは、次のことである。拡張的プロセスを続けた組織の方は、「方向性に関する別の選択肢について明確化し、分析し、論証する行為が幾度となく繰り返され、それらの行為が拡張的サイクルの初期の局面に限定されなかった」（p.333）。

学校の変化に関する近年の活動理論的研究も、拡張的学習の不連続性についての私たちの理解に重要な洞察を加えている。

たとえ局所的な変革の試みが表向き消滅したとしても、それはなお広がる可能性をもっている。なぜなら、他者がそれを取り上げ、継続させるかもしれないからである。言い換えれば、変革の持続可能性とは、局所的な継続性だけではなく、他の状況への拡散と適応をも指している。そうした適応は、変革がスケールアップし、システム全体に及ぶような改革になることを必ずしも意味しない。（Sannino & Nocon, 2008, p.326）

形成的介入

　拡張的学習のサイクルは、まるで自然に起こってくるプロセスのように観察されたり、追跡されたりするかもしれない。しかし、それは、空間的・時間的に分散した性質をもつために、記録することはきわめて難しく、まれにしか行えない。最も重要なことは、仕事のコミュニティには、差し迫った矛盾を解決し、仕事の活動の質的に新しいモードに到達するために、拡張的学習に対する意図的な取り組みの支援と促進がますます必要とされていることである。この要求は、文化・歴史的活動理論における介入主義の遺産と相まって、拡張的学習の研究方法論として、形成的介入を開発し、実行することにつながった。

　ヴィゴツキーの二重刺激法という方法論的原理は、統制された実験についての伝統的なアイデアに組み込まれた線形的介入の考えとは根本的に異なる、形成的介入の概念を導いた。その重要な相違を、次の4点に要約できるだろう（Engeström, 2011）。

(1) **出発点**：線形的介入では、介入の内容と目標があらかじめ研究者によって知られている。形成的介入では、介入の対象となる参加者（子どもであれ、大人の実践者であれ、両者であれ）が、問題のある矛盾を抱えた対象に直面し、新しい概念を構築することによって対象を分析し拡張する。その内容は、研究者によってあらかじめ知られてはいない。

(2) **プロセス**：線形的介入では、参加者が、通常、学校の教師や生徒たちであるが、抵抗することなく介入を実行することが期待されている。もし介入の実行に困難がともなうなら、それはデザインの弱点とされ、洗練され是正される。形成的介入の場合、介入の内容と進行は、交渉に委ねられ、介入のかたちは、参加者次第である。核となるメカニズムとしての二重刺激法が含意するのは、参加者がエージェンシーを獲得し、プロセスの主導権を握るということである。

（3）**成果**：線形的介入では、すべての変数をコントロールし、標準化された解決モジュール、通常は、新たな状況に移されて実行されたとき、同様の望ましい成果を確実に生成するだろう何らかの新しい学習環境を達成することをねらいとする。形成的介入では、局所的に適切な新しい解決策をデザインするための枠組みとなる新しい概念の生成（それは他の状況においても使うことが可能であるかもしれない）がねらいとなる。形成的介入の鍵となる成果は、参加者たちの間でのエージェンシーである。

（4）**研究者の役割**：線形的介入において研究者は、すべての変数をコントロールしようとする。形成的介入では、研究者は、参加者によって導かれ担われる拡張的変革のプロセスを呼び起こし、持続させることをねらいにする。

　介入は、シンプルに、「変化を創造するための、人間のエージェントによる、目的をもった行為」（Midgley, 2000, p.113）と定義できるだろう。この定義は、研究者が介入を独占するわけではないことを明らかにしている。学校や職場のように組織化された活動システムは、外部のあらゆる種類のエージェント（コンサルタント、管理者、顧客、競争相手、パートナー、政治家、ジャーナリスト）からの介入を浴びせられている。そして、活動システムの内部では、実践者と管理者が絶え間なく自分たち自身の介入を行っている。研究者は、彼らの取り組みから結果が線形的にうまく得られると期待すべきではない。

　1990年代の中頃、ヘルシンキ・センターの研究者たちは、新しい介入のツールキットを、チェンジラボラトリー（Engeström & al., 1996）という包括的な名称のもとで開発した。このツールキットのバリエーションが、郵便局や工場から学校、病院、ニュース編集室と、幅広い状況の中で実施された多くの介入研究で用いられてきた。チェンジラボラトリーは、1つの小宇宙（microcosm）として働き、その中で、潜在的に新しい働き方が経験され、実験されていった（Engeström, 1987, pp.277-278）。

　チェンジラボラトリーは、通常、重要な変革を迫られている活動システムの中で実施される。そうした活動システムは、しばしば、大組織における相対的に独立したパイロット的な部署である。その部署で働く実践者や管理者は、介入研究者の小さなグループとともに、5〜10の回数で、一連のチェンジラボラトリーの会合を開く。多くの場合、数ヵ月後にフォローアップの会合が行われる。また可能であれば、顧客や患者が、自分たちの特別な状況について詳細に分析するために、チェンジラボラトリーの会合に招待されて参加する。さらに、チェンジラボラトリーは、協働やパートナーシップに関与している2つ以上の活動システムの代表が参加する「境界横断ラボラトリー（Boundary Crossing Laboratory）」としても行われる。

チェンジラボラトリーは、その対象となっている活動状況から得られたエスノグラフィー・データにもとづいて実施される。仕事の実践における危機的な出来事、トラブル、そして問題が記録され、第一の刺激になるものとしてチェンジラボラトリーの会合に持ち込まれる。この「問題を映し出す素材（mirror material）」が、参加者たちの間の関与、分析、そして協働的デザインの取り組みを刺激するために用いられる。

　問題の分析と解決を促進するために、介入者は通常、活動システムの三角形モデル（図3.1を参照）のような概念的ツールを、第二の刺激として導入する。一般に、介入者によって提案された概念的モデルは、参加者たちによって考え出された仲介的な概念化やモデルで置き換えられたり、それらと結合されたりする。

　参加者たちは、仲介的な第二の刺激を、変革しようと試みている活動に関する新しい概念をデザインするための道具として利用する必要に迫られる。デザインされた新しい解決策を実行に移すことは、たいてい、チェンジラボラトリーの会合がまだ続けられている期間内に、パイロット実験のかたちでなされる。こうした実行は、大概、より豊かで明確化された概念をもたらす。

　分析とデザインにおいて、参加者たちは、過去と現在と未来の間を移動するよう求められる。このことは、現在の問題の歴史的な起源が掘り起こされ、モデル化され、未来の概念に向かうアイデアが、役割演技のような予測シミュレーションによって演じられるということを意味する。ラボラトリーの会合自体が分析のため録画され、振り返りの刺激として使われる。こうした手続きは、慎重に引き起こされた拡張的学習のサイクルに含まれる行為や相互作用に関する、豊かな長期的データの収集を可能にする。

　チェンジラボラトリーの中で参加者たちは、傾向として、相対的に閉鎖的で個人主義的な立場から集団的な変化のエージェントへと移動していく。こうした移動に必要なのは、新たに共有されたツールやルールや分業を形成していくことであり、1つ以上の活動システムを一緒にする介入に特に要求されるプロセスである（Virkkunen, 2006b）。

　チェンジラボラトリーによる介入から収集されたデータにもとづいて多数の研究や博士論文（本章でその多くについて検討している）が公刊されている一方で、方法論そのものに関してなされた研究は比較的少ない（しかしながら、Engeström, 2000, 2007b; Cole & Engeström, 2007; Sannino, 2008b; Virkkunen, 2004; Virkkunen & Ahonen, 2011を参照）。ピヒラヤ（2005）は、博士論文において、フィンランドの郵便サービスを対象に行われた最初期のチェンジラボラトリーのプロセスについて記述し、分析している。テラス（Teräs, 2007）は、博士論文で、職業訓練学校において移民の学生たちのエンパワーメントをねらいにしたチェンジラボラトリー（カルチャー・

ラボラトリーと呼ばれた）のプロセスを分析している。アホネン（2008）は、博士論文において、電気通信会社の従業員とチームの専門能力を積極的に開発しようとするチェンジラボラトリー（専門能力ラボラトリーと呼ばれた）のプロセスに関する、包括的な分析を行っている。アホネンによって分析されている介入では、仕事チームの専門能力についての伝統的な考えを超えて、自分たち自身の仕事に対する未来の挑戦を分析したり、集団的な学習の実践を計画したりすることが始まった。ボドロジック（Bodrozic, 2008）は、博士論文の中で、脱工業化における介入の分析と未来に向けての形成のための、広い歴史的な視野を提案している。

テラス（2007）の研究は、拡張的学習研究において、異文化間の関係に対する挑戦を切り開くことに格別の関心を寄せたものである。テラスが発見したのは、異種混交的でハイブリッドな状況の中で、様々な活動システム間の第四の矛盾が、プロセスのかなり早い段階から現れたことである。それは、拡張的サイクルについてのもともとのモデル（図3.3を参照）が示唆するような、最後の段階に向けてだけ現れるのではないのだった。

> …カルチャー・ラボラトリーのような状況では、異質な過去と現在が混ざり合う。そのため、拡張的サイクルに支配的な特徴は、そのスタートの時点における内面化よりも外面化の方にある。移民の学生たちは、文化化のプロセスを通じて確立した自分自身の学習方法をもっていた。そして、職業訓練学校における現在の実践について学ぶ前に、以前の実践を外面化することが必要だった。(p.193)

拡張的学習への批判

拡張的学習理論に対する批判的な議論は、おおよそ3つのグループに分けることができるだろう。第一は、文化・歴史的活動理論の内部で仕事をしている学者たちからの論評（Lompscher, 2004; Rückriem, 2009）である。第二に、学習の研究において拡張的学習理論と関連する理論的な諸問題を追跡し、自らのアプローチと拡張的学習理論の間に親和性を見て関心をもっている研究者たちによって書かれた評価（Young, 2001; Paavola, Lipponen & Hakkarainen, 2004）がある。最後は、マルクス主義と弁証法の立場を強くとり、拡張的学習理論がマルクス主義と弁証法の遺産を誤った方向に導いたり保守的であったりして薄弱にしていると批判する研究者たち（Avis, 2007; Langemeyer, 2006）である。以下、3つのそれぞれについて、簡潔に検討していこう。

ロンプシャー（Lompscher, 2004）は、学習の文化と専門能力の発達に関する彼の

価値ある本の中で、拡張的学習について詳細に議論している。彼の批判的な解釈は、彼がコンピュータ、デジタル化、そしてインターネットによる根本的な変革のインパクトに対する無視と見なす事柄に焦点化している。彼は、コンピュータ化によって、本や印刷という支配的な文化と対照をなす革命的な変化が、文化の中に引き起こされるだろうと論じている。

> インターネットは、単に新しい技術的な装置にとどまらない。それは、新しい社会的活動の物質的な基盤を表している。それ自体が、特殊な内容と構造をもつ活動として、（既知の活動の単なる道具としてではなく）分析されなければならない。(Lompscher, 2004, p. 388)

同じ議論がリュックリーム（Rückriem, 2009）によって続けられ、拡張されている。彼によれば、活動理論は、歴史的に過去のものとなりつつある印刷や著作物という媒体に縛られている。リュックリームにすれば、特定のツールや記号によって特定の活動が媒介されているというアイデアの全体が、デジタルメディア、特にウェブ2.0によって生み出されている、進行しつつある社会的・文化的な変革の核心を見逃している。媒介性とは、歴史的に主要で支配的なメディアの問題なのである。人間活動の全範囲と性質が、その支配的なメディアによって決定されている。

私たちは、拡張的学習に関する活動理論の文献が、大部分、印刷と著作物を支配的な文化メディアとして当然視している点で、ロンプシャーとリュックリームは正しいと思う。そうした暗黙の前提は、実際に、デジタルメディアの重要性や潜在力を見えなくさせているだろう。しかしながら、ロンプシャーとリュックリームは、人間活動の性質と可能性を決定するのはメディアだと論じている。もしこれが、活動の対象の重要性は二次的だということを意味するのなら、ロンプシャーとリュックリームに同意できない。

コンピュータ化とデジタル化は、おそらく現在の生産における変革の長期的な波の核となる原動力であるだろう（Perez, 2002）。しかし、生産力の主要な大変動の基本的な重要性を認識することが、必ずしも技術を、すべての社会的に重要な発達の直接の原因であると見るべきだということを意味するわけではない。デジタルメディアの決定的な役割についての議論は、メディアが何のために使われるのか、つまりメディアが役立てられる目的と対象は何かという問いを無視している。その結果として、この議論は、資本主義における対象の内的矛盾もまた見落としている。ウェブ2.0の最も興味深い問題は、交換価値と使用価値との間、私的所有と公共財との間、そして知識や生産物の独占形態と、自由にアクセス可能、あるいはオープンである形態との間の矛盾の激化に関するものである。こうした激化

は、ウェブ2.0によって大いに促進された一方で、単にデジタルメディアによってもたらされた結果というわけではない。同様の激化の形態は、以下にも見出されている。ジェネリック医薬品の生産と分配に関する格闘（Petryna, Lakoff & Kleinman, 2006）、生命の遺伝学的・生物学的基盤の私的な占有と利用をめぐる格闘（Cooper, 2008; Rose, 2007）、グローバルな食物システムの未来と代替案をめぐる格闘（Wright & Middendord, 2008）、ラテンアメリカその他における土地と自然資源の利用に関する格闘（Klein, 2007）などである。タイムリーな数例を挙げただけであるが、これらをデジタル化とインターネットのもたらした帰結に直接還元することはできない。

　リュックリーム（2009, p.94）は、デジタル化の外側で仕事あるいは学習の新しい形態の創発について適切に分析することは、実際のところ不可能であると書いている。「コンピュータやインターネットに言及せずに協働構成について議論することは、原因を考えずに結果について研究するようなものである」。しかしながら、慢性的な多重疾患を抱えた患者の治療における協働構成型の仕事についての諸研究（たとえば、Kerosuo, 2006）は、ほとんどか、まったく、デジタル化は原因としての役割をもっていないことを示している。こうした領域での協働構成やノットワーキングの必要性は、治療の極端な断片化がもたらした人間的・経済的な惨状が原因となって生じてきた。診療記録のコンピュータ化は、協働構成を実行するための新しい可能性を提供するかもしれないが、そうした協働と分業における深い変化を避けたり先送りにしたりするための逃げ口上にも使うことができるのである。

　ヤング（Young, 2001）は、論評の中で、職業教育・訓練（vocational education and training: VET）の分野における批判的研究者の観点から、拡張的学習理論について議論している。ヤング（p.159）によれば、拡張的学習理論は、付随的な学習を高める1つのモデルのように見える。それでは、このモデルは、学習が明示的な目標になっており、より良い医療であったり生産性であったりといった別の目標のための手段ではないような文脈で、どの程度まで適用できるものなのだろうか？

　本章で私たちは、公的学校という状況の中での拡張的学習に関する一連の研究（Engeström, Engeström & Suntio, 2002; Hyrkkänen, 2007; Kärkkäinen, 1999; Lambert, 1999; Nilsson, 2003; Sannino, 2008b; Sannino & Nocon, 2008; Teräs, 2007）について議論してきた。教育機関は、それ自身の歴史や矛盾や最近接発達領域をもつ仕事の組織である。どちらかといえば、拡張的学習の枠組みは、教科書に体現されている明示的なカリキュラムや教室での授業を超えて、その背後にある学校教育の「動機の領域」をかたちづくっている制度的な特徴について、それを研究者が当然のことと見なすのではなく問題視することに役立つはずである（Engeström, 1998 参照）。

　ヤングもまた、拡張的学習に含まれる知識について、重要な問いを発している。「拡張的学習のサイクルは、実践から直接的に創発することのない知識、たとえば

新しい治療法に関する医学的知識や医療政策に関する組織の知識について、学習者がどのように入手できるようにするのだろうか？」(p.160)。『拡張による学習』(Engeström, 1987, pp.194-209) では、拡張的学習理論の1つの鍵となる具体化が、アレクシス・キヴィ (Kivi, 1929) の古典的小説『七人兄弟 (*Seven Brothers*)』を借りてなされた。この小説は、7人の少年たちが、社会的に孤立した農耕以前の狩猟文化から、農作と村のコミュニティという農耕文化へと、人生を変革していく物語を描いたものである。そこでの拡張的な変革のきわめて重要な要素の1つは、読み書きを学ぶ辛いプロセスである。組織や機関における多くの大規模な拡張的変革には、文化の中で確立された知識を獲得していくこのような勤勉なプロセスが重要な要素として含まれている。『七人兄弟』の物語が力強く描き出しているように、こうした獲得がより広範な拡張的ビジョンに従うものとして位置づけられるとき、それは、学校での学習に通常結びついている線形的なとらえ方とはまったく違ったものになる。

職場において、チェンジラボラトリーによる介入を通して引き起こされる拡張的学習の凝縮化されたプロセスは、一般に、有能な実践者の多様なグループを含んでいる。そこで実践者たちは、時間的制約のもと、新たな解決策を厳しく迫ってくる一連の矛盾に直面する。そして、その解決策は、教科書の中にも、学問的な知識の確立された規範の中にも、見つけることはできないものなのである。しかし、すでに存在している様々な形態の知識を探し求めたり、それを集団的な分析やデザインに持ち込んだりすることは、参加者たちの拡張的学習のプロセスそれ自体において何ら妨げられていないし、抑制されてもいない。最も一般的に、このことは、国内外の類似する組織における比較可能な矛盾と解決策についての情報を、自分たちの組織のベンチマーク（指標・基準）にしたり、探し求めたり、利用したりすることとして起こる。

そのため、本章の冒頭に紹介した、ヘルシンキ市における在宅介護マネジャーの拡張的学習プロセスでは、参加者たちが、スウェーデンとイギリスにおける近年の在宅介護に関する解決策についての情報の収集を行った。そうした情報収集は、インターネット、実地訪問のレポート、公的な政策文書、新聞の記事や専門雑誌の論文、そして知識源としての個人的接触を通してなされた。このように自分の組織のベンチマークとなるような、類似する組織に関する知識は、分析されてスプリングボードの役割を果たすことになった。それは、主に、参加者たちが自分たち自身のモデルをデザインする際に避けるべき落とし穴を見きわめることに役立った。

同様に、アホネンが実施した、電気通信会社における仕事チームの専門能力ラボラトリーにおいて引き起こされた拡張的学習プロセスでは、上層部の幹部が定期的に会合に招かれ、経営の観点から会社の戦略と現在の挑戦が語られ、作業現場の実

践者たちによってラボラトリーのプロセスで発展させられたアイデアに対する応答がなされていった（Ahonen & Virkkunen, 2003）。同じような行為が、数多くのチェンジラボラトリーの介入において行われてきた。知識を得ようとするこのような行為は、学習のプロセスを上に、下に、横に支えて係留（アンカー）させることと、暫定的に特徴づけられるだろう（Engeström, 2004a）。ヤングの問いが示しているのは、そうした行為と知識形態が分析の焦点となり、それ自体が今後さらに理論化されるに値する、ということである。

　ヤングの第三の問いは、拡張的学習における権力の役割に関連するものである。彼は、「生徒あるいは訓練生が問いかけることから始まったとしても、その後、静粛にすることを学び、そのようにして拡張的学習サイクルの持続に障壁を設ける」（Young, 2001, p.160）ことが容易に起こりうると指摘している。彼は次のように問うている。「何が、会社の方針や国の政策の点から、拡張的学習を可能にする条件なのか？」（p.161）。本章でレビューした諸研究は、拡張的サイクルが壊れたり妨害されたりした多数の事例を含んでいる。時には、それは、経営側からの積極的な対抗策によるものであったり、より多く見られるのは、経営側、実践者側、そして両方からの消極的なサポートやサポート自体の欠如によるものであったりする。活動理論の枠組みでは、こうした後退は、対象に関連した特殊な矛盾として分析される。そのような後退を権力の表出によって説明してしまうのは、あまりに単純すぎるのである。活動理論のとらえ方では、権力は、主に、何らかの対象を追求するときの道具であり成果であると見なされるが、出来事や行為の根本的な原因とは見られない。そうすると、拡張的学習にとって都合のよい政策といった条件に関するヤングの問いもまた、的外れの部分があるように思われる。拡張的学習は、活動システムにおいて歴史的に進化する矛盾が、撹乱、葛藤、ダブルバインドをもたらし、それらが行為者たちの中で新しい種類の行為のきっかけになるから生み出されるのである。この意味で拡張的学習は、デザインされた政策というよりも、むしろ歴史的リアリティなのだと言える。他方、拡張的学習にともなう苦痛や困難がより軽減されるような政策を発展させ、追求することは、大いに理にかなったことである。そうした政策についての研究は、まさに必要なのである。

　パーヴォラ、ハッカライネン、リッポネン（2004）は、拡張的学習理論を、知識創造という学習のメタファーを例証する3つの重要なアプローチの1つとして検討している。他の2つは、ベライター（Bereiter, 2002）による知識構築の理論と、野中・竹内（1995）による知識創造企業の理論である。パーヴォラ、ハッカライネン、リッポネンは、3つの理論の間には、相違点よりも共通点や相補性の方が大きいとしている。私たちは、学習と教育のメタファーに関する一般的な位置づけのレベルでは、共通点を強調することは正しいと同意する。しかしながら教育研究は、表面

的に似通った理論の間の深いところにある認識論的な相違を無視するような折衷主義に満ちている。拡張的学習の理論は、文化・歴史的活動理論の1つの発展としてあり、認識論的にはマルクス主義的な弁証法（Il'enkov, 1977; 1982）に根ざしている。ベライターによる知識構築の理論は、認識論的には、ポパー（Popper, 1972）の3世界論を基盤にしている。野中・竹内による知識創造企業の理論は、認識論的には、ポランニー（Polanyi, 1962）の暗黙知に関する理論にもとづいている。こうした3つの認識は根本的に異なっており、互いに対してまさに批判的である。パーヴォラ、ハッカライネン、リッポネンは、彼らの論文の中で、イリエンコフとポランニーに触れていない。本章でこれらの認識論の内容に立ち入ることはできないが、共通点を重視するよりも、相違点を研究する方がよりいっそう啓発的であることを強調しておきたい。マートンが繰り返し示しているように、相違点の認識は、あらゆる洞察力のある学習の母である。つまり、*Variatio est mater studiorum*（変異こそ学習の母）なのである（Marton & Trigwell, 2000; Marton, 2006）。

　ランゲマイヤー（Langemeyer, 2006）は、エンゲストロームの拡張的学習理論を、批判心理学者クラウス・ホルツカンプ（Holzkamp, 1993）の学習理論と比較対照している。彼女は、ホルツカンプの理論は、学習の主体的・個人的側面の排他的な強調という限界をもつのに対し、エンゲストロームの問題はその逆に、「主体を問題にすることに対するある種の無視」（Langemeyer, 2006, section 4）にあると論じている。言い換えれば、拡張的学習理論は、「代わりになる新たな実践や矛盾に対する解決策の創発を、決して主体の次元ではなく、集団の次元において概念化しているのである」（section 4）。そうすると、ランゲマイヤーにとっては、拡張的学習理論は、実践者たちがシステムの抱える矛盾に直面したとき、いかなる葛藤も避けるために、ただその矛盾に順応する可能性もあることを低く見積もっている、ということになる。

　ランゲマイヤーの批判的観察は、拡張的学習に関して実施された研究の大部分に対しては公平な評価と言えるものである。しかし、拡張的学習理論について言えば、主体の観点とシステムの観点の間の切り替えは基本的なものである。

> … 行為者にとってはシステムの観点に立つこと、そして研究者にとっては個人の観点に立つことが、それぞれきわめて重要である。これは、2つの観点を1つに合併したり、それらの間の「ギャップを埋める」ことを試みたりしようとするものではない。… 私は、複数の観点の間での切り替えについて論じているのだ。（Engeström, 1990, p. 171）

　こうした切り替えは、主体とシステムの間の二元論を超えようとするものである。

これが意味するのは、個人的主体のアイデアや願望は、その主体固有のライフヒストリーの単なる特殊な表現ではない、ということである。それは常に、一般化された文化的なモデルや動機、あるいは社会的表象を利用し、それらと相互作用している。同様に、たとえばチェンジラボラトリーで参加者たちが一緒に自分たちの未来に対するビジョン、あるいは「どこへ向かうのか」に関する人工物を構築するとき、彼らは、自分自身の主体的な経験や熱望や意志に根ざした、仮説的な、想像力に富んだシステムの見方を生成するのである。

　しかしながら、複数の観点の間で切り替えを行うことは、実践の中で非常に困難をともなうものであり、そのため、これまで拡張的学習に関する理論的・実証的研究が主として集団的・システム的現象に重点を置いてきたことは確かである。近年の研究では、体験すること、意志、エージェンシーの問題が注目を集め始めている（たとえば、Sannino, 2008a, 2008b; Virkkunen, 2006a, 2006b）。これは、必要不可欠な発展と思われる（次節を参照）。

　エイヴィス（Avis, 2007）の批判は、より政治的な立場をとるものである。彼は、拡張的学習の諸研究では、「矛盾が中心的カテゴリーではあるが…」、その適用においては、「社会的対立、搾取、抑圧といった考えが脇に追いやられている」ために、「急進化され政治化された問題の周辺化」（p.165）につながったと論じている。エイヴィスが主張するのは、拡張的学習の諸研究においては、使用価値と交換価値の間の基本的な関係にかかわる第一の矛盾は、「事実上、考慮から除外」されており、第二の矛盾とその現れとしての撹乱に注意が集中されている、ということである。エイヴィスにとってこうしたすべてのことが意味するのは、拡張的学習は実のところ「周辺的な矛盾」と「順応的な変化」しか扱っておらず、そのために「保守的な実践」に方向転換している、ということである。エイヴィスは、私たちが扱っているのは「仕事の実践における改善をねらいにしたコンサルタント業務を超えるものではない」（p.169）とまで断じている。

　拡張的学習の諸研究が、必ずしも大規模な政治的対立を要求しない活動システムの中や間の変革を分析し生成することをねらいとしているというのは、確かに正しい。エイヴィスが論じるのは、「そうした変革は、局所的に限定された文脈に縛られているために、より広範囲の構造的な諸関係とはわずかな関連しかもたないだろうし、実際にそうした文脈を維持することによって、保守的な実践になっていく」（p.170; また、同様の立場については、Warmington, 2008 を参照）ということである。

　エイヴィスの議論について少しばかり厳密な検討を行うために、本章の最初に紹介し、図3.2と結びつけて論じた、高齢者の在宅介護の例に戻ってみよう。ここで、図3.2では、実際、基本的矛盾が強調されていないと論じられよう。鍵となる矛盾は、在宅介護の対象とクライアントの対象との間に位置づけられている。それでは、

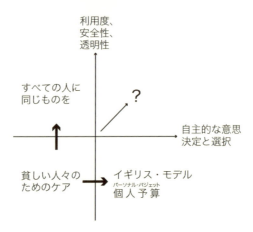

図3.8　在宅介護における変革の歴史的な場

このことは、在宅介護のケアワーカーが、クライアントにとって本当に必要とされる種類のサービスを提供できていないということを意味するのだろうか？ もしそれが結末だと言うなら、私たちは実際に、クライアントのニーズに適応するために、ケアワーカーに仕事の改善を求める保守的な実践の事例を取り上げていることになるだろう。

　そのような解釈は、このアプローチと実証的な実行に関する現実の理論的・実践的な内容をほとんど無視した場合にだけ成り立ちうるものである。ヘルシンキにおいて在宅介護の地区マネジャーたちと2008年から2009年に実施したチェンジラボラトリーは、図3.2の三角形だけでなく、活動の代替案に関する歴史的な分析もまた生み出したのだった。そうした分析の成果を凝縮したのが、図3.8に描かれているような図式である。

　在宅介護の事例では、参加者たちは、主な脅威として、民営化と利益の論理に向かう新自由主義的な政治・経済の趨勢を見ていた。その例証は、いわゆる個人予算(パーソナル・バジェット)という近年のイギリス・モデルである。この趨勢は、既存の階層秩序にもとづく大量生産モデルの硬直化に起因する不満によって助長されている。既存のシステムでは、使用価値と交換価値の間の基本的矛盾は、主として支出の抑制の追求となって現れる。民営化モデルでは、ケアの商品化が大きな躍進を遂げることになり、高齢者を市場に委ねて公然と見捨てることの中に矛盾がますます顕在化してくる。

　このような種類の分析が、拡張的学習のプロセスとチェンジラボラトリーの介入では、中心的特徴となっている。図3.8中のクエスチョンマークに見られるように、参加者たちは、どのような容易な、あるいは手っ取り早い出口をも見つけること

はできなかった。彼らは、平等の原理と柔軟性の原理を統合していくことが困難で、長い時間のかかる挑戦であることを意識していた。これは、質的に新しい何かを創造していく挑戦であり、順応し改善するという課題ではない。しかしながら、思い描かれた未来に向かう道を切り開き、検証するためには、仲介的なステップがたどられねばならず、実験を行うことも必要である。この事例におけるそうした仲介的なステップと実験には、プロジェクト内で参加者たちが3年間にわたって開発した、多くの新しいツールと実践が含まれている（たとえば、Nummijoki & Engeström, 2009 参照）。図3.2と3.8にまとめられているような歴史的分析とビジョンがなければ、これらの仲介的なステップは、実際単なる順応や孤立した改善にとどまるだろう。

　ヘルシンキにおける在宅介護は、「局所的な文脈」である。けれども、それは、境界のはっきりした単一の組織という以上のものである。それは、市が生み出す法律に則った公共サービスから、第三セクターの組織や民間のサービス供給者に至る、幅広く、多様な活動システムがかかわる場なのである。プロジェクトの中で参加者たちによってデザインされ実行された仲介的なステップと実験は、これらの多様な活動システムと様々な結合を包み込むものである。そこでねらいとなったのは、図3.8で描かれているような、階層秩序と市場の対立を超えていく協働と調整のモデルを生成することである。

　エイヴィスは、拡張的学習の研究が、「ラディカルな社会運動と連携」（p.174）するようになることが必要だと指摘している。拡張的学習の研究におけるそうした連携は、これまでのところ、次のような具体例の中で実現されている。有機農家（Seppänen, 2004）、FOSS（Free and Open Source Software）運動のプログラマーたち（Siltala, Freeman & Miettinen, 2007）、そして日本における食料の地域生産を再生する運動（Yamazumi, 2009）と連携して行われた研究である。この方向での発展は、必要であり、生産的であると思われる。

今後の挑戦

　拡張的学習の最も重要な成果は、エージェンシー、すなわち自分たち自身の活動システムを形成しようとする参加者たちの能力と意志にある。拡張的学習研究の主要な挑戦は、拡張的プロセスに関与するエージェンシーの新しい形態を概念化し、実証的に特徴づけることにある（Edwards, 2009; Sannino, 2008a; Virkkunen, 2006a, 2006b; Yamazumi, 2009 参照）。形成的なチェンジラボラトリーの介入の中で私たちは、参加者たちに創発してくる、次のような6つの相互に連結するエージェンシーの形

態を仮説的に区別した。それは、こうしたタイプの介入にまったく特有で独自なものと思われる。(1) 既存の活動と組織を批判的に吟味すること、(2) 介入者あるいは経営管理側に抵抗すること、(3) 活動における新しい可能性、あるいは潜在力を分析的に説明すること、(4) 活動の新しいパターン、あるいはモデルを思い描くこと、(5) 活動を変えようとする具体的な行為にコミットすること、(6) 活動を変えるために論理的に帰結される行為をすること。チェンジラボラトリーのプロセスでは、変化のために論理的に帰結される行為は大部分、ラボラトリーの会合が完了した後やその最中に、活動現場の中で実行に移される。そうした行為を記録し振り返るために、様々な種類のフォローアップのデータが集められ、特定のフォローアップの会合が長期的な介入プロセスの中に含められる。

　拡張的学習は、概念形成のプロセスである。この枠組みは、まさに概念というアイデア自体が再定義される必要があることを提起している。ホールとグリーノ (Hall & Greeno, 2008, p.213) が指摘するように、「概念とその意味は、実践がなされる状況の中で発達し進化するとともに、実践の中で維持される。なぜなら、それらはコミュニティの活動を行う上で役立つものだからである」。この考え方からすれば、概念とは、それを用いて働く人々の生活にとって重要な必然のものということになる。そうした概念は、重層化された多様な表象のインフラ、あるいは複合道具を備えた人間の活動システムの中や間で具体化され、埋め込まれ、分散されている (Engeström, 2007a)。複合的で必然性をもった概念は、本来的に、複数の価値をもち、論争的で、未完成で、しばしば「ゆるい」ものである。異なるステークホルダーたちが概念の不完全なバージョンを生み出す。そのため、概念の形成と変化は、対立と論争、また同様に、交渉と混合を含んだものになる。概念は、未来に向かうものなのである。それは、感情、願い、恐れ、価値、そして集団的意図を担っている。特別に興味深いのは、「可能性に関する概念」(Engeström, 2007a) と「見通しに関する概念」(Engeström et al., 2005) である。それらは、未来の発達と変化に関する、時間に縛られた集団的意図、あるいはビジョンを説明するものである。

　複合的な概念は、垂直次元と水平次元の運動と相互作用によって形成され、変化する (Engeström et al., 2005; また、Ahonen, 2008)。垂直次元は、日常的(ボトムアップの)概念と科学的(トップダウンの)概念の間の相互作用 (Vygotsky, 1987) として、あるいは理論的概念の形成における抽象から具体への上向のプロセスとして (Davydov, 1990) 理解されるだろう。水平次元は、ある領域 (terrain) における認知的形跡 (cognitive trail) を作ること (Cussins, 1992, 1993; また、Hyrkkänen, 2007) として理解可能である。概念は、安定化と不安定化のサイクルを通して進化する。こうした原理が明らかにしているのは、複合的で必然性をもった概念が秘めている、拡張的な潜在力である。そのような概念の形成・使用・維持・変化は、概念の社会

的・物質的な分配、時間的な広がり、そして様々な観点を包含して境界横断する潜在能力という点で、拡張的なものとして理解できる。複合的な概念の形成は、文化の中で与えられる概念を単に内面化するだけでなく、何よりも文化的に新しい概念を外面化し、生成することなのである（これらも使用の際に内面化される必要があるが）。

　協働構成の仕事に向かっている組織における拡張的学習についてなされた近年の一連の研究（Engeström, 2007）で観察されたのは、参加者が自分たちの仕事に対する新しい概念をデザインすることに強く動機づけられたモデル化の局面と、数多くの障害と根強い惰性が優勢になりがちな実行の局面との間で繰り返し起こるギャップであった。このギャップは、予想された、あるいはデザインされた活動の未来モデルの論理に従って、物質的な対象や人工物（他の人間を含む）に対する行為に参加者が個人的にかかわっていくことを求める想像された状況、シミュレーションされた状況、そして現実の状況に自らを投入するエピソードにおいて、時々刻々と克服された。

　ヴァシリューク（Vasilyuk, 1988）によって提唱された「体験すること」の概念は、デザインと実行の間の橋渡しとして有望であるように思える。ヴァシリューク（1988, p.10）によれば、体験することは、「特有な内面的作業であり、それによって人が危機を克服して乗り越え、失っていた心の平静を取り戻し、存在の失われた意味をよみがえらせる」ものである。言い換えれば、ヴァシリュークは、体験することを、人間が自身の活動を維持していく中で遭遇する矛盾に対し、それを何とか解決することと定義している。

> 　もしそうした状況の性質を一言で定義しなければならないなら、それに対しては不可能性という言葉を使わざるをえないだろう。それでは、何の不可能性なのだろうか？　それは、生きていくことの不可能性であり、生活の内面にとって欠くことのできないものを現実化することの不可能性である。不可能性に対する格闘、内面にとって欠くことのできないものを現実化するための格闘、これが体験することである。体験することとは、生活の「崩壊」を修復することであり、回復の作業であり、生活の実現の筋道と直交しながら進んでいくことである。比喩的に言えば、心理学的な活動理論が、人が人生という道を旅する方法を研究しているとするなら、体験することの理論の方は、彼や彼女がその旅路で倒れても、再び歩み続けるために立ち上がる方法について研究するのである。（Vasilyuk, 1988, p.32）

　実践者は、仕事の活動の中で重大な変革に直面したとき、実際に、矛盾を何とか解決して、不可能を乗り越えようと格闘する。

体験することのプロセスは、参加者のニーズの実現を直接もたらすものではない。それがもたらすのは、そのニーズを実現するために必要な活動を遂行するための、心理的な可能性を回復させることである。言い換えれば、体験することは、個人が行為を起こそうとする心構えをもてるようになっていくプロセスと見ることができるだろう。（Sannino, 2008b, p.241）。

　拡張的学習をねらいにしたチェンジラボラトリーのような介入は、「ディスコースと活動を中心にした体験することのプロセス」（Sannino, 2008b, p.253）として、実り豊かに分析できると考えられる。拡張的学習に関する今後の介入研究では、危機的葛藤についての参加者の自伝的な説明が、体験することに対する「問題を映し出す素材」の重要なタイプとして活用される可能性がある（Sannino, 2005, 2008a）。

　おそらく、拡張的学習についての今後の研究と理論化における最大の挑戦は、社会的生産、あるいはピア・プロダクション（Benkler, 2006）と一般に特徴づけられているものによってもたらされるだろう。社会的生産あるいはピア・プロダクションにおいては、活動は、横向きの移行と境界横断に力点を置いた、拡張的な群がり（swarming）や多方向の脈動（pulsation）のかたちで現れる。私たちが近年提起している野火的活動の考えは、たとえばバードウォッチング、スケートボーディング、国際赤十字の災害救援などの活動が、ピア・プロダクションの活動と同様の重要な特徴をもちつつも、しかしインターネットより前から存在し、大部分はデジタル的仮想の領域の外側で起こっていることを指摘したものである（Engeström, 2009c;本書の第9章）。

　野火的活動における学習は、もっぱら不十分にしか画定されていない、バラバラの領野の中を動く行為者たちの間で、境界を横断し、ノットを結んでいく群がりによってなされる学習である。このような特徴に照らせば、ヴィゴツキー（Vygotsky, 1978）の基本的な概念である最近接発達領域と、それを集団性や拡張性の観点から再定義したもの（Engeström, 1987）について、練り直す必要がある。野火的活動での領域は、そこに住み、そこを探索する領域であり、単に到達すべき段階でも横断すべき空間でもない。そのような領域は、そこに入り、様々な方向と行き先、前後、そして横向きに動き回ることによって探索される。住人たちは形跡を創り、交差する形跡はやがて領域内を効果的に移動する能力の増大をもたらす。領域は、その始まりから決して空っぽなのではない。つまり、そこには他者により作られた優勢な形跡と境界があり、たいていはそこに注ぎ込まれた多くの歴史と力がある。新しい住人がその領域に入ってきたとき、やがてすでにある形跡と危機的な遭遇を経験することになる。そこでは、優勢な形跡への順応

と、それを超えていこうとする格闘の両方が行われる。後者は、集団的に形成された領域とその理解を拡張し、新しい形跡、そしてそれゆえの新しい境界をももたらすことができる。住民たちが領域に一定レベルで精通するようになったら、領域のまさに境界とぶつかり合い、その領域を離脱して、新たな領域に向かっていくことが開始される。

　どのような学習理論であれ、その究極の検証は、私たちが、今日明日に人類が直面する差し迫った問題を洞察し把握するような学習を生み出すために、いかに役立つか、にある。拡張的学習理論は、現在、上へ下へ、外へ内へと、分析を拡張している。上へ、そして外へと向かいながら、それは、しばしば競合しているけれども部分的に共有された対象をもつ、複数の活動システムが相互に連結する場やネットワークにおける学習に取り組む。他方、下へ、そして内へと向かいながら、主観性、体験すること、人格的な意味付与、情動、身体化（embodiment）、アイデンティティ、そして道徳的コミットメントの問題に向かっていく。これら2つの方向性は相いれないように見えるかもしれない。確かに、拡張的学習理論は、一方で集団的活動システムや組織や歴史の研究に、他方で主体や行為や状況の研究に、分裂する危険性をもっている。このような分裂は、まさに活動理論の創始者たちが克服することを目指したものである。これら2つの方向に橋を架け、両者を統合していくためには、真剣な理論的・実証的努力が必要となるのである。

第2部
精緻化と応用

第4章
拡張的学習理論を豊かにする
―― 協働構成に向かう旅からの教訓[1]

　本章では、3年にわたる介入研究「仕事における拡張的学習の新しいかたち ―― 協働構成の展望」から、鍵となる発見事実をまとめる[2]。このプロジェクトにおいては、銀行、一次医療保健センター、ハイテク企業という3つの組織における仕事と学習の変革について分析し、それらの努力を積極的に促進してきた[3]。

　それぞれの仕事の歴史的タイプが、特定の知識と学習のタイプを生み出し、また必要とする。現代において、最も要求が厳しいが有望でもある展開は、協働構成作業の創発と関連している。協働構成の重要な先行要因は、ユーザーの変化するニーズに対応する顧客志向による製品・サービスの創造である（Victor & Boynton, 1998, p. 195）。

　私たちは協働構成を仮に、(1) 適応的な「顧客志向的」製品・サービスの組み合わせ、(2) 顧客、製造者、製品・サービスの組み合わせの間の相互変換の継続的関係、(3) 長期にわたる製品・サービスの組み合わせの進行している構成とカスタマイゼーション、(4) 構成への意欲的な顧客の参加とインプット、(5) 組織内・組織間のネットワークにおいて機能する必要のある複合的な協働製造者、(6) 構成行為にかかわるグループ間の相互作用からの相互学習、に依存する歴史的に新しい創発的な仕事のタイプと定義できるだろう。協働構成は柔軟な「ノットワーキング」を必要とする。それは単一の行為者が単独の固定した権威をもたない、中央集権的でないものである（Engeström, Engeström & Vähäaho, 1999）。

　拡張的学習は、たとえば仕事組織のような活動システムが差し迫った内的矛盾を、それ自身が質的に新しい機能のしかたを構築し実行することによって解決するプロセスのことを言う（Engeström, 1987, 2001）。私たちの研究の一般的な作業仮説は、協働構成作業の導入によって必要とされ、生み出された拡張的学習は、3つの中心的特徴の助けを借りて特徴づけられる、というものである（Engeström, 2004b）。

1. それは仕事で共有された対象を、明示的に対象化され分節化された新しいツール、モデル、概念によって劇的に拡大する変革的学習である。この協働構成における学習の変革的側面は、デザイン、モデル化、文章化、対象化、概念化、可視化の行為を強調する。これは仕事における拡張的学習の新しい

かたちの、可視的上部構造と言えるかもしれない。
2. それは複合的活動の領域において機能する活動システム間で、境界を超え、ノット（結び目）を作ることによって知識を創造し活動を変換する、水平的、対話的学習である。協働構成におけるこの学習の水平側面は、橋渡し、境界横断、「ノットワーキング」、交渉、交換、取引という行為を強調する。これは仕事における拡張的学習の新しいかたちにおいて求められる、状況的に構築された社会的空間、領域、出会いの構造である。
3. それは新しい概念、モデル、ツールの実行可能性と持続可能性を確保する係留（アンカー）と安定化ネットワークとして働く、身体化され生かされた、しかし気づくことのできない認知的特性を輝かせ、複合的活動領域を認識でき、生きることができるようにする潜在学習である。協働構成におけるこの学習の潜在的側面は、空間的移行と移動、反復、安定化と不安定化、身体化の行為を強調する。これは仕事における拡張的学習の新しいかたちの、見えない、根茎あるいは菌根（mycorrhizae）のようなインフラである。

　この3点は、協働構成のための拡張的学習の形成における3段階としてみることができるだろう。明示的概念、モデル、ツールの創造は、水平的な境界横断的遭遇や、信頼と社会関係資本の隠れた特性におけるこれらの概念とツールの実行をもたらすはずである。

　以降のセクションでは、3つの作業組織からの私たちの発見について手短に述べる。それぞれの事例において、組織が直面する矛盾から始める。それから、所与の場所における実践家によって創造され採用された、新しい概念とツールを説明する。その後、実践で新しい概念とツールを実行しようとする試みにおいて起こった障害について述べる。最後に、実践家がこれらの障害を乗り越える可能性を示した例を取り上げて議論する。

事例1：銀行

　最初の事例は、スカンジナビア銀行における投資マネジャーの仕事からのものである。銀行ビジネスと銀行における労働関係の国際的な比較研究は、規制解除、民営化、技術変革が産業化された国々を通して銀行業務を根本的に変容させていることを示している。ベートゲ、キイー、レガリア（Baethge, Kitay & Regalia, 1999, p.5）が「銀行家や仲買人になるということは、統制された金融市場の世界では気楽な商売である」と述べていたような状況とは打って変わって、今日の銀行とその労働者

は不確実で、行動が不均質で、競争が激化する状況に直面している。

私たちが調査した銀行では、投資マネジャーは1990年代の間、株式市場における取引で潤沢に稼いでいた。2000年代に入って、状況は劇的に変化した。取引で利益を生み出すのは難しくなり、投資マネジャーの資産管理部門の結果は危険なまでに貧弱な水準にまで低下してしまった。利益という点では、危機に近い状況が起こっていたのである。

投資マネジャーが学習すべき挑戦は、既存の長期にわたる顧客関係に立っていながらも、株式市場にあまり頼らずに、顧客の資産を管理する新しい可能性を提示する、持続可能な仕事のやり方を創造し、実行することであった。私たちは投資マネジャーとその部門長とともに、2003年の春と秋にチェンジラボラトリーを開催することで、資産マネジメントの転換に介入した。チェンジラボラトリーは12回の週1回のセッションで進められ、前6回は夏前に、後の6回は夏の後に行われた（Engeström et al., 2005 参照）。

私たちの介入は、投資マネジャーの仕事におけるマネジャー・顧客関係のための「投資プラン」と呼ばれる新しいツールが導入された少し後に始まった。投資プランは顧客情報からなる数ページの書類で、顧客と投資マネジャー間の議論にもとづく秘密報告である。投資プランは、顧客の全体資産のマネジメントのための目標と、それら目標を達成する方略を明確化することを意図していた。

そもそも、投資プランはそれ自体、特に有用な解決策とは見られておらず、仕事を増やす余分な負担でしかなかった。チェンジラボラトリーによる介入の中で、参加者はある種の「スパーリング」（練習試合）が必要だと指摘したが、これは投資マネジャーが顧客と協働し、一緒に顧客のための投資プランを作るのを助けることを意味していた（引用1）。「スパーリング」という考えが、新しい概念の中核として現れようとしていた。

> **引用1**
>
> **投資マネジャー1**：私たちが必要としているのは、すでに話したように、ある種のスパーリング的な顧客との議論です。それが今私たちに欠けているものです。私たちは独自のツールをもっていますが、それは改良され、もっと顧客に沿ったものにできます。しかし私はまだ探している途中で … ときどき、私たちはみんな、1人で取り組んでいるかのようです。
>
> …
>
> **投資マネジャー2**：うまくいきそうなことは、たとえば、Mが毎月2つ（の投資プランを）作り、グループミーティングでそれが提示されて議論されるようなこと…

第4章 拡張的学習理論を豊かにする —— 協働構成に向かう旅からの教訓

調査者：まさに・・・

投資マネジャー2：・・・で、批判とスパーリングが行われます。1人で暗い片隅で準備しても、どこへもたどり着かないでしょう。

最終的に、仕事におけるスパーリング的なやり方をサポートするため、ユニットの組織自体がデザインし直された。「スパーリング・マネジャー」という役職が作られ、ユニットのグループ構造も、顧客のケースを共同で議論するのを支援するよう変更された。スパーリング・マネジャーが率いるコーチング・セッションのような新しい手続きが、鍵となるツールとしての新しい概念と投資プランの実行を促進するために導入された。

しかしスパーリングによる仕事のしかたの実行は、最初から困難であった。伝統的に、顧客はそれぞれの投資マネジャーの保護された個人的資産と見なされ、顧客の共有は余分な仕事と見られていた。言い換えれば、スパーリングによる仕事のしかたという概念は、最初は、下からの熱心な問題解決努力を通してかたちづくられたが、日々の実践に落とし込む際には、どうしても多分に勢いが失われていた。デザインされた概念と実行される概念の間にギャップが生まれていた。

介入のプロセスにおいて、このギャップを埋める可能性があるかもしれない1つのエピソードがあった。10回目のチェンジラボラトリー・セッションで、私たちは2人の投資マネジャーに、投資マネジャーと顧客の対面をシミュレーションしてみるよう頼んだ。顧客役は実際のある顧客をモデルにし、2人の実践者は先だって顧客のファイルを受け取っていた。そのシミュレーションは、参加者によって8つもの重要なアイデアや提案が出るほどの、とても真剣で活発な議論を引き起こした。以下の引用は、そのような提案のうちの2つを示している。

引用2

投資マネジャー3：顧客の話を聞くときは、どのように進めたいかの明確な概要をもつべきです。投資プランの背景の概要や何かが頭の中にあって、そして資料にして、それに沿って進められるようにね。

引用3

投資マネジャー3：そしてこれはもしかしたら、私自身よくやっていることですが、私たち自身の提案をたいしたことがないように言います。これはちょっとした提案ですが、あなたがお探しのことにまったく一致します、というように。私自身、同じように言っています。こうすると、外から見るのが簡単です。私たちは素晴らしく品質の良いものを売るべきですからね。こういうふうに、鏡を見

表4.1 銀行の事例の鍵となる発見

矛　盾	新しいコンセプト	新しいツール	障　害	可能性
株式取引からの収益減少vs.古いツールと顧客との関係	"仕事のスパーリング（仲間内の議論）"	投資プランとスパーリング組織	顧客を分け合うことは文化にはあわず、余計な仕事	顧客ミーティングのシミュレーションが関与を引き起こす

るときだけ、実際このことがわかるんです。

　研究者：ええ、「ちょっとした」という言葉が何回か使われたのが興味深いです。あなたの習慣ですか？自分自身で使っているとおっしゃいましたが…

　投資マネジャー3：ええと、正確に「ちょっとした提案」という言葉を使っているかどうかはわからないですけど…たいしたことはないように言う言葉です…

　投資マネジャー4：基本的に貧弱な…

　研究者：これはなぜですか、この「ちょっとした、控えめな」は、どこからきているのですか？

　投資マネジャー3：私たちは顧客に対して敷居を低くしようとしているんだと思います。これは怖いものではないと示すために。しかしそばで見ていると、これは提案をあまり興味深くないものにしていると気づく…

　引用2は、新しいツールの直接的な提案が含まれている。投資マネジャーは新しい顧客とのミーティングをするための概略を作るべきだとしている。引用3は暗に提案を含む重要な観察である。投資マネジャーはオファーをたいしたことがないように言うのをやめるべきである。このアイデアと提案は特殊であるが、一般的な関連性もある。個人的なことと集団的なこと、その場のことと未来志向のことをともに提起している。この種類のディスコースは、デザインと実行の間のギャップを埋めるかもしれない関わりを生み出す素晴らしい可能性をもっているように思われる。

　表4.1は第1の事例の鍵となる発見をまとめている。次節では、同じ論理にもとづく他の2つの事例を提示する。

事例2：ヘルスセンター

　2番目の事例は、首都ヘルシンキの隣に位置する街、エスポー市の行政区の人々の一次医療を受け持つ市立ヘルスセンターからのものである。2004年から2005年に、私たちは患者にインタビュー調査を行い、センターの内科医と看護婦とともに

チェンジラボラトリーのセッションを開催した。それぞれのセッションは、1つか2つの患者事例について行われた。いくつかのセッションでは、患者とともに追加の複数の専門家ミーティングにつながっていった。

　ヘルスセンターの主任内科医は、センターが扱わなくてはならない2つのタイプのニーズの間の緊張関係としての、仕事の矛盾を話してくれた。一方においては、ほとんどの患者は相対的にシンプルな医学的問題であり、1度で処置でき、適切に標準化された簡潔なやり方で処理できる。他方で患者の中には、複合的で複雑な問題の人もおり、異なるアプローチと異なるツールと方式が必要になる。後者のグループは多岐にわたっており、体系的に記述されていないが、複合的な慢性的疾病の患者、複雑な社会的問題のある患者、精神疾患と依存のある患者などを含んでいる。この後者のグループは医療従事者をしばしば無力に感じさせ、いらいらさせるため、時に「心を沈ませる患者」（O'Dowd, 1988）と呼ばれる。

　主任内科医は、医療従事者はこの緊張関係を扱うための「2本の患者パイプライン」モデルを作るべきだと提案した。1本のパイプラインは相対的に標準の患者を扱い、もう1本のパイプラインはより注意と時間を要し、おそらく新しいツールも必要な患者を扱う。この「2本の患者パイプライン」の一般モデルの発展と実行が、介入の課題とビジョンとして採用された。

　セッションで医療従事者と複雑な患者のケースが議論された際に、「第2のパイプライン」には新しい方式の仕事が必要になることが明らかになった。それは（a）治療の概要を患者と医療従事者の共同で構築すること、（b）治療について、ヘルスセンターで働く医療従事者のチームで、必要なら患者の出席も得て、議論すること、（c）治療の共同作業を向上させるための共同決定を、必要なら他の介護者の出席も得て拡張ネットワークミーティングで行うこと、である。この仕事の方式は「コミュニティ・コンサルテーション」と呼ばれた。それはヘルスセンターの仕事コミュニティ全体、そして通常はセンター外の介護者も、複雑な患者の治療の議論と向上に加わるようになる必要があるとのアイデアからである。

　共有された患者の治療の概要を構築するため、2つのツールが採用された。最初の1つはケア・テーブルで、これは患者の治療に携わる公式・非公式の介護者が、それぞれの特有の課題と相互のつながりとともにリスト化されたものである。2つ目のツールはケア・トラジェクトリーで、患者の健康関連の生活と治療履歴が時系列に数年、時には数十年にわたって記録されたものである。これらのツールは患者と医療従事者双方の見方が確実に含まれるようにするために、交渉的なしかたで用いられた。しばしば2つの代表的なツールの構築自体が、治療における重要なギャップ、食い違い、無理解、未対応のニーズの特定につながった。

　新しいモデルとツールは医療従事者によって示された提案と経験をベースにして、

使用のため洗練され、単純化された。同時に実践者は、その実行に対する疑念と心許なさが増していると言い始めた。コミュニティ・コンサルテーションから実際に便益を得る複雑な患者を特定することは、彼らにとって困難であった。数人の医療実践者は、そもそもこのような患者の出現率に疑念を表明した。彼らはその実行によって必要となる追加の仕事を正統なものにする、そのような事例が実際に十分にあるかに疑問を呈した。言い換えれば、再びデザインと実行の間のギャップを目の当たりにしたのである。

しかし、チェンジラボラトリー・セッションにおいて、強い関与、興奮さえ覚える瞬間もあった。それは、患者のケースの分析と未来志向のデザインの議論が、今ここでの治療を転換しようとするリアルタイムの決定や境界横断的な行為とつなげられた状況と結びついていた。私はこのような状況を、「リアルタイム・ノットワーキング・エピソード」と呼ぶ（ノットワーキングの概念については、Engeström, Engeström & Vähäaho, 1999 参照）。

このようなエピソードの１つが、慢性的な疾患が進行して患者が過度に心配し、最終的に１人で生活するために動いたり生活する能力を脅かすことになるであろうケースを、ある内科医がヘルスセンターチームに紹介したときに起こった。その患者は数多くのリハビリ治療を受けたが、助けになったと経験したのは１つだけであった。国民健康保険組織によるさらなる治療の受給資格が最近終了し、患者は治療が行き詰まったと感じていた。内科医は市の健康保健委員会が、患者が効果があると感じた治療を継続する費用を支払うべきであると提案した。しかしこの治療は高額でまれなもので、市の健康保健委員会の管理者は内科医に、このような要求はその症状の改善が強く期待されるケースでなければ却下されると告げた。議論の中で、他のヘルスセンターの医療従事者が、その治療に対する専門家の推薦を得るため、内科医は市立病院の神経科医に連絡するべきであると提案した。

他の参加者はこれが良い結果をもたらさないかもしれないと指摘した上で、内科医が毎年患者を診察してきた開業医の神経科医に連絡をとることを勧めた。この時点で、ある看護師が実践的な行為を導く具体的な可能性を取り上げた。

引用4

看護師１：私はこれを、月に１回こちらを訪問する神経科医にお願いしたいです。彼に力を貸してもらえませんか？

主任内科医：誰か来てるんですか？

看護師１：ええ、神経科医が来てます。彼は今日Lヘルスセンター（自治体の隣のヘルスセンター）に来ます。午後の診察があるんです。

内科医２：彼は頭痛の患者を専門に診に来るんじゃないんですか？

看護師1：ええ、でも・・・
　主任内科医：そうそう。
　看護師1：・・・彼の手を借りられないでしょうか。あそこに、患者はほとんどいないんです。たとえば今日は患者は1人だけです。
　主任内科医：そうか！
　内科医1（患者の担当内科医）：すぐ彼に連絡すべきじゃ・・・
　主任内科医：すぐに。
　内科医1：A（患者）とアポをとりましょう・・・
　主任内科医：でも、KM（やってくる神経科医）の指示を受けようとするなら、それは無理だと思う。これは難しすぎるし、こんな難しい患者は引き受けないよ。
　内科医2：ええ・・・
　看護師1：いや、彼にとってはたぶん、それほど難しくはないです。
　内科医1：しかしA（患者）は今日時間があるし、私が呼べば来てくれるはず。いつ神経科医はやってくるんです？
　看護師1：今日の3時半に。
　内科医1：了解！
　主任内科医：やってみよう！
　　　　　・・・
　内科医1：すてきな機会だ！

　全体の興奮の中で、内科医は会議室を出て神経科医に電話した。電話の間、参加者はこの患者のケースの一般的な含意について議論した。

　引用5

　主任内科医：ええと、私はこれは明らかにこの種の障害のある患者の典型的なタイプだと思います。
　内科医2：軽度の障害のある。
　主任内科医：・・・軽度の、そう、障害のある人でどこかで治療を受ける。そしてよくあるように、彼女は州から支払われる治療からはずれました。治療の1年間延長を得るために、医師がある種の証明書を書くよう求められるのは、よくあるケースです。
　内科医2：その通りです。
　主任内科医：そして特に大人の患者では、治療の全体的なプランニングはしばしば、不幸にも誰の手にもないんです。

内科医が電話から戻ってきた。他の参加者は結果を知りたがった。

> **引用6**
> 内科医２：彼は彼女を診てくれます？
> 内科医１：KMは断りました。
> 看護師１：やっぱり。
> 主任内科医：ああ！
> 内科医１：彼は無理だと！診断は激しい頭痛の患者のためという契約だと。
> 看護師１：やっぱり。
> 内科医１：そして今日彼が患者が１人だからといって、他の患者のアポをとるのは不公正だと。彼は民主主義にこだわり、頭痛を患っている患者以外の他の患者は受け付けないのです。だから残念ですが彼は今日断りました。
> 主任内科医：うーん。
> 内科医１：Aに会ってきます。

次のチェンジラボラトリー・セッションで、内科医は患者Aの治療状況について聞かれた。前のセッションでの強いノットワーキングの試みが彼女をさらなるノットワーキング行為に駆り立て、印象的な結果につながったことが明らかになった。

> **引用7**
> 内科医１：私が患者に結局あの日に神経科医（KM）の診察を受けられないことを告げると、彼女は開業医の神経科医FDに1998年のいつだったか、診察を受けたと言いました。そこで私は彼（FD）に電話して、この問題に関する彼の意見を聞きました。すると彼は（断られた）治療に強く興味をもちました。私は、患者がこの開業医から、何らかの診断書をもらっていないか尋ねました。彼は彼女に対する意見書を書いていて、その中でこの病気が根本的には治癒しないもので薬は有効ではなく、リハビリ治療のみが有効で、特にこの治療が有効であることが明らかに証明されていると述べていました。そして私はU（支払い決定に責任をもつ自治体の管理内科医）に電話して、彼から許可を得て他の有効ではない治療をやめて、この１つの治療だけに集中する許可を得ました。そして私は（自治体の）治療部門と許可を出してくれた看護師に電話し、彼らは、すべての文書と一緒に患者をここに送ってくれたら、この治療は承認されると言いました。そして患者に電話し、今彼女はとても幸せです。今や治療が受けられるんです。

ヘルスセンターでの介入のプロセスで、同じように印象的なリアルタイム・ノッ

表4.2　ヘルスセンターの事例の鍵となる発見

矛盾	新しいコンセプト	新しいツール	障害	可能性
複雑な患者と複合的症例vs.その時々に問題を扱うツールと規則	2本の患者パイプライン、コミュニティ・コンサルテーション	ケア・テーブルとケア・トラジェクトリー	結局おそらくそんなにたくさん複雑な患者はいない、余分な仕事	リアルタイム・ノットワーキング・エピソードが強さを生み出す

トワーキングのエピソードをわずかながら目撃した。それらは先の研究で少し異なる用語で報告した発見事実とよく似ている。「歴史を作っていく中での行為と想像の間のギャップを乗り越えるためには、お互いを近づけて、時折分節的な意思決定と構成的なモデリングを融合させる必要がある」(Engeström, Engeström & Kerosuo, 2003, p.305)。表4.2は、ヘルスセンターの事例の発見事実をまとめたものである。

事例3：ハイテク企業

　3番目の事例は、中規模製造業の企業で、生体視覚認証、電子視覚IDカード、EMVカード（金融ICカード）、SIMカードなどの高度なセキュリティを要する製品を開発・販売している。その企業は大量生産で長い歴史をもち、従業員の保有する暗黙的な手工業技能に依存している。近年、特定の業界や公的機関の顧客の要望に合わせるため、ハイテク製品の開発と変化の激しい製品のフレキシブルな製造に舵を切った。この企業内の初期の矛盾は、一方で大量生産と手工業技能に基礎を置く伝統的ツール、規則、分業と、他方で移り変わりの激しい新製品開発とカスタマイズへの新しい需要との間の深刻な緊張関係にあることが明らかになった。

　私たちは多くのチェンジラボラトリーの介入セッションを2004年から2005年にかけて、企業の異なる部門の労働者・管理者と開催した。企業トップは2005年の主要な焦点として、「継続的な向上とコスト効率性」「顧客マネジメント」「競争に勝てる概念の創造」「国際化」という戦略をデザインしていた。これは複合的な同時変革と複合的な能力開発の要請を意味し、簡単には調整統合できないものであった。企業全体から離れたそれぞれの部門で実行することで、戦略がバラバラになってしまう明らかな危険性があった。介入の中で、これらの変革の挑戦をとらえるために、複数トップ戦略（Cummings & Angwin, 2004参照）が構築された。

　この概念を有用なツールに変換するために、私たち研究者と企業の人的資源の専門家たちは、2つの表ツール、戦略テーブルと能力テーブルを構築した。戦略テーブルは1つの軸が戦略の焦点を表し、もう1つの軸が企業のそれぞれの部局を表す。表の項目はそれぞれの部局と仕事部門による具体的な目標と課題で埋められる。同

様に、能力テーブルは1つの軸が異なるタイプの仕事と知識（大量生産、プロセス増強、特注品製造システム、共同配置）を表し、もう1つの軸が企業の部門を表す。これもそれぞれの部局と仕事部門が項目を具体的な能力開発課題で埋める。この表ツールは、それぞれの仕事部局が日常的に達成を評価し、全体的な複数トップ戦略の背景に照らして挑戦を更新するために、仕事部門内に目に見えるかたちで表示するためのものである。

新しい概念とツールは、この企業のトップ層と専門家たちに熱狂的に受け入れられた。しかしすぐに、このツールを現場に持ち込んで各部門の実行を監視することに誰も責任をとろうとしていないことが明らかになった。またもや、私たちはデザインと実行の大きなギャップに直面したのである。このハイテク企業では、このギャップを埋めようとする可能性を見せるエピソードを見つけ出すのは特に難しかった。このハイテク企業のほとんどの部局にとって、顧客やエンドユーザーは、投資マネジャーやヘルスケアの専門家にとってよりもずっと遠い存在であった。ゆえに実際あるいはシミュレーションによる顧客との対面は、個人的参画の源泉として有効に用いることはできなかった。代わりに、労働者や管理者、専門家が自身の個人的スキル、能力向上のパースペクティブを振り返る、多くのエピソードがあった。これらのエピソードのうちいくつかは、実践者の一部のとても強い関与を引き出した。

引用8

労働者1：そう思えば、たとえばスイスのどこかで塗料を作っている工場の現場を訪問する必要があるでしょう。私にとって、どこかの印刷所を訪問するのは有用じゃありません … 私たちはすでに最高の知識と技能をもっているんですから。

労働者2：スイスに1ヵ月。

労働者3：春か夏に？

労働者4：サイクリングにちょうどいい季候のときにね …

労働者1：4月から6月の間ね … 私が言いたいのは、私たちはスイスかフランスから塗料を買ってるけど、神話みたいな場所だ。みんな手を挙げるけど問題を解決する必要があるときには諦めてしまう。私たちの間には中国の万里の長城、少なくともベルリンの壁がまだ立ちはだかっているんです。知識はどこか途中で遮断されているんです。

引用9

労働者5：しかしあるときコーティングの問題を抱えたとき、私はフィンラン

表4.3 ハイテク企業の事例の鍵となる発見

矛盾	新しいコンセプト	新しいツール	障害	可能性
新製品とカスタマイズ化への需要 vs. 大量生産のツール、規則	複数トップ戦略	戦略テーブルと能力テーブル	誰が現場で戦略的仕事を実行して守らせるのか？	実践者とともに個々の能力開発を工夫する

ド中に電話したんです。話した中には、専門家やあらゆる人々がいました。そしてこのSのコーティング問題、なぜ車のライトは特定の方法で塗装して、それが私たちの仕事にどんなに適しているか、はっきりしたんです。

引用8と9は、個人的能力、技能、知識が高度に労働者に求められているという問題を表している。彼らは変革の挑戦を克服するために必要な専門的な要素を見つけるために、企業の壁を超えてノットワーキングするパートナーを求めて行動する強い必要を経験した。引用8では、この問題に埋め込まれた緊張関係は海外旅行のジョークのかたちで扱われている。引用9では、労働者が企業の境界をうまく超えたことを報告している。これらの議論において、新しいアイデンティティの創発が雰囲気に漂い始めているのを感じることができる。必要な能力を構築するために、国内あるいは国外でも、外に出て有効な情報源やパートナーとつながる有能な労働者のアイデンティティである。

ハイテク企業の事例の発見事実は表4.3にまとめている。

作業仮説を豊かにする ── 学習と仕事の複合道具

この章の最初に提示した作業仮説の最初の部分では、協働構成作業のための拡張的学習は「仕事で共有された対象を、明示的に対象化され分節化された新しいツール、モデル、概念によって劇的に拡大する変革的学習」であると提唱している。3つの事例はこの仮定を支持している。同時に、これらは新しい概念、モデル、道具は単独あるいは分離された媒介的存在ではなく、統合的ツールキットを形成する傾向がある。これは単独のよく限定された諸ツールを統合することから、ツール群ないし複合道具をデザインし、実行することにシフトしていることを暗示している。

ツール群あるいは複合道具は、文字どおり活動の中で必要とされるツールキットである。熟達した大工の道具は道具箱を満たしている。道具は実践者に、課題に対する複数のアクセスポイントの選択肢を提示する。思考は道具とともに行われる。

ゆえに、道具はその仕事の考え方の窓を開くのである。ケラーとケラー（Keller & Keller, 1996）は鍛冶屋の道具の使い方についての研究において、道具布置の変動性と柔軟性を指摘している。

　記しておくべき重要なことは、布置の心的要素を構成しているアイデアは、生産の特定の段階における望ましい結果のイメージからの逸脱を修正したり修復したりする手続きをしばしば含むということである。それゆえ、道具は所与の布置の中であっても大いに多様なやり方で用いられる。（Keller & Keller, 1996, p.103; Engeström & Ahonen, 2001 も参照）

フレック（Fleck, 1994）やウィリアムズ、スチュワート、スラック（Williams, Stewart & Slack, 2005）が示しているように、特に情報・コミュニケーション技術は、既存の（しばしば標準の）要素技術とツールを選択することと、一緒に形成されたいくつかのカスタマイズ要素から作られる「配置技術」となりやすい。複合道具あるいは「配置技術」のデザインと実行は、明らかに、新しい技術と古い技術と手続きを組み合わせたり、新しい使い方をしてみたり、ひとまとまりの技術を「馴染みのものにする」といったことを含む、段階的なプロセスである。

　それぞれの配置は特定の使用者組織の非常に特殊な要望に応えるための多様な要素から形成される。それゆえ配置が成功するためには、ユーザーのかなりの取り組みと努力を要する。そしてそのような取り組みは、重要な革新のための生の材料を提供することができる。… 配置による特定の実行、あるいは革新のプロセスは、仕事の全般的なシステムが機能するように格闘、すなわち「試行による学習」を通した学習の問題である。改善と修正は、配置が統合された全体として機能する前に、構成のための要素とされていなければならない。（Fleck, 1994, pp.637-638）

ベドカーとアンデルセン（Boedker & Andersen, 2005）は、複雑な媒介についての重要な論文において、さらに一歩踏み出し、「複合的媒介」の考えを展開している。これは媒介の共生起、異なるレベルからの媒介と、連鎖的媒介を指している。特に著者たちは、人間の活動における複合的レベルの媒介物の存在を強調している。しかし私は、ベドカーとアンデルセンの定義とレベルの使い方にやや不明瞭さを感じる。私自身の研究では、所与の行為や活動の連なりの中で人工物が果たす認識論的働きのタイプを基礎にして、人工物の媒介のレベルを議論してきた。ある人工物は「何？」という問いと答えに特に有用であるのに対し、他は「どうして」と「な

ぜ？」という質問により適している（Engeström, 1990, 第8章）。媒介する人工物の複合レベルについての展望をシステム化する1つのやり方が、図4.1にまとめられている。

　図4.1の階層は、いちばん上の胚細胞モデルが適応の非常に広い光景を開いており、一番下ではイメージと物語が概して大変特殊で、特定の状況やケースに縛られている。しかしながら、1つの同じ人工物がまったく異なるやり方で用いられるかもしれない。金槌は一般には認識装置として用いられる。すなわち釘のように、何がたたかれるべきか認識するのを助けてくれる。しかし金槌は労働者の力の象徴として、「どこへ？」モデル、あるいは少なくともそのようなモデルの引き金となるサインとしても用いられる。言い換えれば、人工物の物質的形態と形は、その認識論的用途を決定するのに限定的な力しかもっていないのである。

　先に分析した銀行の事例では、仕事のスパーリングというやり方の概念は、投資プランや、スパーリング・マネジャーによるコーチング・セッションのようなスパーリング組織の手続きと緊密につながっていた。事実、投資プランは私たちの介入以前から展開されていたが、スパーリングによる仕事のしかたの概念の開発と、それを投資プランと結びつける以前は、投資マネジャーの間でそれほど熱心に取り組まれていなかった。投資プラン（「どのように？」人工物）とスパーリングによる仕事のしかたの概念（「どこへ？」人工物）の間の相互作用が、新しい媒介を強力にしたのである。

　ヘルスセンターの事例では、プロセスは主任内科医が2本の患者パイプライン（「どこへ？」人工物）のアイデアについてのビジョンを図で説明したところから始まった。これに一連のセッションが続き、2つの新しいツール、ケア・テーブルとケア・カレンダーが用いられ、徐々に発展していった。図4.1の階層においては、ケア・テーブルは一般に「どこの場所で？」という質問とそれに答えるのを助けるし、ケアの軌跡は、典型的にナラティブ（「誰が、何を、いつ？」）を引き出し、縮約した時間軸（「どうやって、どういう順番で？」）を導く。介入研究の終わりに向けて、私たちは医療従事者たちにコミュニティ・コンサルテーション（もう1つの「どこへ？」人工物）の概念を導入し、何が達成されたのかをまとめ、一般化した。

　ハイテク企業の事例では、戦略テーブルと能力テーブルが地図や貯蔵庫（「どの場所に？」）として、そして少なくとも潜在的には、労働者と管理者が複雑なつながりを見て「なぜ？」質問に答えるシステム的な診断ツールとして役立つことが意図されていた。これらの表の意味は、複数トップ戦略の「どこへ？」概念の形成と認識を基礎にしていた。

　3つの事例のいずれにおいても、チェンジラボラトリーの介入によって支援された拡張的学習のプロセスは、多層の布置あるいは複合道具における新しい媒介概念

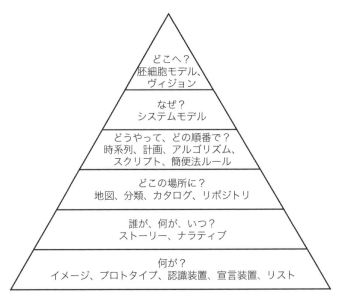

図4.1　媒介物の認識論的レベル

とツールを構築し使用するかたちをとった。これは学習における技術の役割を理解する上で重要な意味をもっている。

　まず第一に、技術的に媒介された学習環境の研究において、新しいデジタルツールは一般的に、比較的既製のかたちで導入され、ただ使用するという必要があるだけで、学習者や教授者によって構築されたりさらに発展させられたりしない。協働構成作業のための拡張的学習においては、継続的なツールの構築と与えられた技術のユーザーによる再配置は不可欠である。技術の1つの層は比較的既製のかたちで与えられても、他の補足的な層は、技術を強く活動システムの生活に根ざしたものにするために、構築され実験される必要がある。これは、固定され限定された技術の全体的なコントロールという理想は、複雑な組織において急速に陳腐化していくという、シボラと同僚たち（Ciborra et al., 2000）の発見に一致する。

　第二に、技術的に媒介された学習環境はしばしば複雑な技術の布置となる一方で、学習を促進するため導入される技術の多くはそれ自体の認識論的質と可能性についてあまり分析され理解されていないことは明らかであるように思われる。図4.1で説明した認識論的レベルは、しかし、学習のための技術の批判的振り返りと認識論を意識したデザイン、ベドカーとアンデルセン（2005, p.394）が「レベル化されたデザイン」と呼んでいるものの枠組みを創るための、予備的な試みである。逆説的なことに、このようなデザインのアプローチが、創発する複合道具のすべての認識

論的レベルを事前にデザインしない、すなわち下からの創発的なデザインと再配置のため余地を意識的に残しておくという意識的な決定を導くかもしれない。

最後に、技術的に媒介された学習環境の研究において、橋渡しをするような概念やビジョン（「どこへ？」人工物）は、一般的に技術の一部として考えられていない。概念形成とツールの使用は伝統的に、認知科学と関連分野においては完全に分離したテーマとして見られている。先に提示した事例においては、概念とビジョンは実際、技術における不可欠な要素として考えられるべきである（Engeström, Pasanen, Toiviainen & Haavisto, 2005 も参照）。学習の複合道具の概念的な「どこへ？」レベルへの議論と明確化の努力が無視されるとき、キューバン（Cuban, 1986, 2001）が学校環境において示したように、技術はそれ自体終わりに向かい、容易に放棄されたり、限定的な用途にしか用いられなくなったりするであろう。

作業仮説の修正 ── 橋渡しとして経験する

この章の最初に、私は3つの作業仮説を提示した。作業仮説の第一のポイントは、協働構成作業に向けての移行と結びついた拡張的学習は、仕事で共有された対象を、明示的に対象化され分節化された新しいツール、モデル、概念によって劇的に拡大する変革的学習であるというものであった。実際、介入において私たち ── 実践者と研究者 ── は、新しい概念、モデル、ツールを構築した。実践者はこれらに満足し、自分たちのものとして受け入れたようであった。しかし彼らがそれらを作業仮説の2番目と3番目で述べた、実践的な水平的ノットワーキングと試行において実行することになったとき、多くの乗り気のなさと障害が起こった。言い換えれば、仮説の最初の部分と残りの部分との間のギャップが生まれたのである。

他方で、3つの事例のすべてで、実践者が例外的に取り組むエピソードもあった。表4.1、4.2、4.3では、これらの側面は「潜在的」と呼ばれ、デザインと実行のギャップを埋める可能性の創発を指す。これらすべてのエピソードは、参加者の強い個人的取り組みが特徴であった。

その上、これらの「潜在的」エピソードの中で、一般的なシステム的変化に対する特定の状況的解決策やアイデア、あるいはビジョンが一体となるのが観察された。個人的なものと集団的なもの、即時的なものと未来志向のものが、これらの側面で統合されるようであった。これらの側面の第一印象は、すべてがアイデンティティ形成と関係しているというものであった。結局、仕事における大きな変革に直面している実践者は、仕事活動全体が大きく変わったときに、どうにかして彼ら自身を、個人として、新しい個人的アイデンティティを獲得しつつある者として見なければ

ならなかった。ジー（Gee, 2003）は、これはすべての真剣な学習に不可欠の要素であると指摘している。

> … すべての深い学習、すなわちアクティブな、批判的学習は、多様な異なったしかたで切り離しがたくアイデンティティにかかわっている。人は、もし時間、努力、積極的関与という点で学習に全面的にコミットしようとしないならば、記号論的領域で深いしかたで学習できない。このようなコミットメントは、自分自身を新しいアイデンティティにおいて見ようと意志することが必要である。すなわち、自分自身を新しい記号論的領域を学習し、用い、価値づけることができる種類の人間として見ることである。その次には、その領域にコミットする他者、すなわちその領域と結びついた親和的な集団の人々によって価値を求められ、受け入れられるだろう … と信じる必要がある。（Gee, 2003, p.59）

ジーは3つの種類のアイデンティティを区別している。すなわち現実世界のアイデンティティ、仮想的アイデンティティ、投影的アイデンティティである。明らかに、ここでは主として3つ目の投影的アイデンティティがかかわっている。しかしアイデンティティの概念は問題もある。特に仮想的アイデンティティは、通常意志によって選ばれ、採用され、捨てられうる役割や仮面として提示される（Turkle, 1995）。より一般的に、アイデンティティはあまりにもしばしば、内的に一貫した、固定的でよく画定された実体として描かれる。このように、矛盾、変化、発達への余地がほとんどないのである。

これらの理由により、ヴァシリューク（Vasilyuk, 1988）によって提唱された「体験すること」の概念は、デザインと実行の間の橋渡しとして有望であるように思える。ヴァシリューク（1988, p.10）によれば、体験することは、「特有な内面的作業であり、それによって人が危機を克服して乗り越え、失っていた心の平静を取り戻し、存在の失われた意味をよみがえらせる」ものである。言い換えれば、ヴァシリュークは、体験することを、人間が自身の活動を維持していく中で遭遇する矛盾に対し、それを何とか解決することと定義している。

> もしそうした状況の性質を一言で定義しなければならないなら、それに対しては不可能性という言葉を使わざるをえないだろう。それでは、何の不可能性なのだろうか？ それは、生きていくことの不可能性であり、生活の内面にとって欠くことのできないものを現実化することの不可能性である。不可能性に対する格闘、内面にとって欠くことのできないものを現実化するための格闘、これが体験することである。体験することとは、生活の「崩壊」を修復することであり、回復の

作業であり、生活の実現の筋道と直交しながら進んでいくことである。比喩的に言えば、心理学的な活動理論が、人が人生という道を旅する方法を研究しているとするなら、体験することの理論の方は、彼や彼女がその旅路で倒れても、再び歩み続けるために立ち上がる方法について研究するのである。(Vasilyuk, 1988, p.32)

明らかに仕事活動において大きな変革に直面している実践者は、矛盾に取り組み、不可能を乗り越えるため格闘している。しかし「潜在的橋渡し」として先に述べた拡張的学習の努力においては、彼らはそれ以上のことをしている。彼らは、予想された、あるいはデザインされた活動の未来モデルの論理に従う、物質的な対象や人工物（他の人間を含む）との活動への個人的取り組みを必要とする、想像上の、仮想的、あるいは現実の状況に自身を置くのである。彼らは未来を経験する。これを理解するには、ヴァシリュークの経験することの概念に、デューイの経験の考えを加えることが有効である。

経験とは有機体と環境との相互作用である。環境は物質的であるとともに人的であり、身近なものと同様、伝統と制度の材料を含んでいる。有機体はその先天的・後天的な構造を通じて力をもち、相互作用の中で役割を果たす。自我は影響を受けると同時に行為する。その影響は不活性な蜜蝋に押された印ではなく、有機体が反応し作用し反応するしかたに依存する。人間の貢献が実際に起こることを決定する要因でないような経験は存在しない。有機体は力であって、透明な存在ではない。あらゆる経験は主観と客観、自己とその世界との間の相互作用によって構築されるので、経験はそれ自体単なる物質的なものでも精神的なものでもなく、一方が他方に対してどれだけ大きくてもそのことは変わらない。…経験において、物質的・社会的世界に所属する事物と現象はそれらが入り込む人間の文脈によって変化し、生き物は以前には外的なものであったものとの相互作用を通じて変化し、発達する。(Dewey, 1934, pp.246-247)

デューイは経験において、「生き物は以前には外的なものであったものとの相互作用を通じて変化し、発達する」と指摘する。拡張的学習の理論にとっての挑戦は、デューイの「生き物」を単なる個人的なものではなく、とりわけ集団的活動システムとして再概念化することである。

結　論

　この章の最初に提示した初期の作業仮説は、今以下のように改良され、再定式化された。協働構成作業の導入によって必要とされ生み出された拡張的学習は、4つの中心的特徴の助けを借りて特徴づけることができよう。

1. それは仕事で共有された対象を、明示的に対象化され分節化された新しいツール、モデル、概念によって劇的に拡大する変革的学習である。これら新しいツール、モデル、概念は、統合されたマルチレベルの複合道具、あるいは付置を形成することが多い。
2. それは、予想された、あるいはデザインされた活動の未来モデルの論理に従う、物質的な対象や人工物（他の人間を含む）との活動への個人的取り組みを必要とする、想像上の、仮想的、あるいは現実の状況に参加者を置く、体験することによる学習である。
3. それは活動システム間で、境界を超え、ノットを作ることによって知識を創造し活動を転換する、水平的、対話的学習である。
4. それは新しい概念、モデル、ツールの実行可能性と持続可能性を確保する係留(アンカー)と安定化ネットワークとして働く、身体化され生かされた、しかし気づくことのできない認知的特性を輝かせ、複合的活動領域を認識でき、生きることができるようにする潜在学習である。

　この点で、体験することによる学習は、さらなる理論的作業と実証的研究を刺激することを意図した仮説的提言にすぎない。

第5章

学習環境と実行から活動システムと拡張的学習へ

　コンピュータによって支援された協働学習とそれに関連する分野の研究では、学習環境という概念が中心的位置を得ている。この概念は、学習が何らかのかたちで場の中に埋め込まれている、あるいは分散されていることを示すために、広く使用されている。学習の場は、最小限、個人の学習者と何らかのデジタル・テクノロジーを含む。学習環境という概念はキャッチフレーズとしておそらく有用ではあるが、真剣な理論的概念化の障害にはならないまでも、事実上の代用物になってしまっている。私は、学習環境という構成概念の説明可能性を問題にしたい。学習環境という概念を超えて、活動システムや活動システムのネットワークという概念に移行することが研究に有益であることを提案したい。

　周知のように、教育的取り組みにおいて技術的に高度なコンピュータ支援学習を実行するのは、非常に困難であった。ラリー・キューバンが繰り返し示しているように、教育テクノロジー、とりわけ学習のためのコンピュータ・ツールは過剰に販売され、十分に活用されていない（Cuban, 1986, 2001）。デジタル学習環境に関する研究やその発展の大部分が、試験的なもの、よくて個別的な例示型の実行になっている、と言っても過言ではない。実行の改善に関する努力は、おおかた、そもそもが見当違いのものであると言えよう。この問題を、学校や他の教育機関も含む集団的な活動システムにおける拡張的学習の枠組みでとらえる方が、ずっと有益であるように思える。

　これら2つの概念的移行（学習環境から活動システムへ、実行から拡張的学習へ）を具体的にするために、フィンランドのヘルシンキにあるヤコマキ・ミドルスクールで得たデータにもとづく事例分析を示す。この学校で、私の研究グループは、1998年から1999年の学年度と2000年から2001年の学年度に、2つの介入的研究を実施した（Engeström、Engeström & Suntio, 2002a, 2002b）。

願望的・イデオロギー的な抽象概念としての学習環境

　学習環境という概念は、通常、何らかの形容表現とともに提示される。力動的

（dynamic）学習環境（たとえば、Barab & Kirshner, 2001)、革新的（innovative）学習環境（たとえば、Kirshner, 2005)、強力な（powerful）学習環境（たとえば、De Corte et al., 2003)、協働的（collaborative）学習環境（たとえば、Beers et al., 2005)、ネットワーク化された（networked）学習環境（たとえば、Wasson, Ludvigsen & Hoppe, 2003)、賢い（smart）学習環境（たとえば、Dodds & Fletcher, 2004)、実生活の（real-life）学習環境（たとえば、Järvelä & Volet, 2004)、真正の（authentic）学習環境、などなど。

　こうした形容表現過多に共通しているのは、それらが肯定的で、楽観的で、将来を約束し、宣伝的であることである。人間のあらゆる良質の相互作用が現実のものになる未来の学習を約束する願望イメージを売り込むのに役立つようデザインされているように思える。この意味で、それらは徹底して、臆面もなくイデオロギー的である。それらの背後にあるイデオロギーの大半は、社会的問題や人間の限界に対してテクノロジーが解決策をもたらしてくれるという、よくある信念である（Feenberg, 1999; Pippin, 1995)。この場合、デジタル情報やコミュニケーション技術が、学習環境というやわらかい概念の中に都合よく埋め込まれている（de Castell, Bryson & Jenson, 2002)。

　肯定的かつ宣伝的な形容表現が急増していることは、学習環境という概念に関する本質的モデルや批判的な理論的検証が不足していることを論理的に例証している。研究者が実行可能な理論を見失っているとき、それを肯定的なキャッチフレーズによって置き換えたいという誘惑にかられるのである。

静的で階層的な抽象概念としての学習環境

　学習環境という概念は、コンピュータによって支援された協働学習においては共通して、自明の出発点として当然のことと見なされている。学習環境という概念の構造をモデル化しようとする試みは、比較的まれである。そうした試みの多くは、学習環境の中に埋め込まれた多様な層、あるいは階層を表現した同心円のアイデアにもとづくものである。カーシュナーによって提案された最近のモデルは、その好例である（図5.1）。

　このようなモデルは、文脈を、行為している人間を取り巻く外皮、あるいは容器としてとらえる。同心円の一般的な構造は、少なくとも、人間発達の生態学に関する入れ子状のシステミックな層をモデル化しようとしたブロンフェンブレンナー（Bronfenbrenner, 1979）の試みに遡る。そのようなモデルは、人形の中にひとまわり小さい別の人形が入っているロシア人形のマトリョーシカのように、本来的に静的で、閉じたものになる傾向にある。そのようなモデルを使って、動きや相互作用、

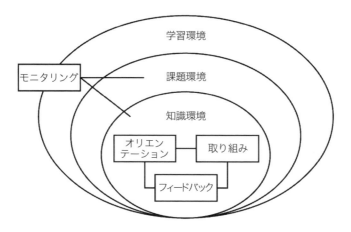

図5.1　カーシュナーによる学習環境の構造（Kirshner, 2005, p.548）

矛盾、文脈自体の構築を描いたり考察したりするのは難しい。さらに、同心円は一般に、小さい円がより大きい円によって階層的にコントロールされ、制約されていることを意味している。

　学習環境に関する多くのモデルの静的で階層的な性質は、ダヴィドフ（Davydov, 1990）が経験的一般化と呼ぶものに対応する。学習環境は、一組の経験的に観察可能な現象、つまり、学習を促進させるという目的でデジタル・テクノロジーを様々に利用することにかかわっている。同心円は、デジタル・テクノロジーが利用されている教育場面でしばしば観察される何かを実際とらえている。つまり、学校のような施設内のドームとしての、新しいデジタル的に媒介された環境のカプセル化である。経験的一般化は、それがとらえようとする現象の起源や内部のダイナミックな矛盾を認識することはないから、空の外郭、つまり、一般的カテゴリーに分類するためのいくつの次元あるいは変数によって満たすことのできる代替物（プレースホルダー）になる。実際、これは、学習環境という概念が用いられてきた1つのあり方である。こうして、デ・コック、スリーガーズ、ヴェーテン（de Kock, Sleegers, & Voeten, 2004）は、学習環境に関する18タイプ以上もの分類枠組みを提案した。

真正さにかかわるジレンマ

　学習環境に付与された願望的形容表現の1つが「真正さ（authentic）」である。グリッカーズ、バスティアエンス、マルテンス（Gulikers, Bastiaens & Martens, 2005）による最近の論文は、真正さにかかわるジレンマ、より一般的に言えば、学習環境と

いう概念の限界を例証している。

　グリッカーズと共同研究者たちによれば、真正の学習環境は、「知識や技能が実生活において利用される方法を反映した文脈を提供する」(Gulikers, Bastiaens & Martens, 2005, p.509)。

　　　これには、現実世界の複雑さや限界を備えた現実世界に類似した物理的、あるいはバーチャルな環境が含まれる。そして、現実生活に存在する選択肢や可能性をも提供する。(Gulikers, Bastiaens & Martens, 2005, pp.509-510)

「現実生活」への言及は、現実的ではないもの、つまり、人工的なものがあることを意味する。しかし、この世界で、人工的でない、人間によって作られたものではない、あるいは人間によって改変されてもいないものとは、一体何であろうか？手つかずの自然の素朴な領域などない。

　あるいは「現実生活」は、教師やカリキュラム、教材によって選別されておらず、束縛も統制もされていないものに言及しているのかもしれない。しかし、授業や指導、支配、操作にさらされるということは、決して学校や教育制度に固有のことではない。広い意味において、教育とは、あらゆる職種に浸透している特徴と言える。逆説的であるが、教育は、学習に不可欠な前提条件でもあるだろう (Sutter, 2001)。

　実際問題として、「真正でないもの」、あるいは「現実でないもの」を定義することは不可能であるように思える。職場に比べて、学校は真正ではない、あるいは現実的ではないのだろうか。たとえば流れ作業の仕事の管理形態をよく知っている人は、そのような主張の不条理さを感じるだろう。コンピュータの画面に表現された物や事柄、記号は、街で見かける物や事柄、記号に比べて、真正ではないのだろうか。コンピュータ上の物や事柄、記号が真正なものとは言えないという主張がもっともらしく思えるのも、街で見かける物や事柄、記号が、私たちに何らかの影響を及ぼすよう、大部分が仕掛けられ意図的に用意されているということを認識するまでのことである。そうした仕掛けの事例は、通行人の化粧や衣服、美容整形から、車や建物に塗装されたロゴや広告にまで及んでいる。

　グリッカーズと共同研究者たちは、これらの問題によって悩まされない。彼らは、真正な学習環境を単純に「現実世界の現実的なシミュレーション」と特徴づけている (Gulikers, Bastiaens & Martens, 2005, p.510)。彼らによる実証的研究は、2つの学習環境、つまり、「真正な」学習環境と「真正でない」学習環境に、基本的に同じ内容を提供して、その影響を比較したものである。

　　　Buiten Dienst (「回送中 (Out of Service)」にあたるドイツ語) は … シミュレー

ションの現実的な性質を改善するために、多くのマルチメディア機能を利用した1つの真正な学習環境である。生徒は、バス会社における高い疾病率の原因と対策に関する報告書を作成するという、真正な課題を与えられたコンサルタント会社のジュニア・アドバイザーの立場に置かれる。(Gulikers, Bastiaens & Martens, 2005, p.513)

著者たちによれば、視覚的、聴覚的、そして記述的情報を組み合わせた多くのマルチメディア機能の助けを借りつつ、仮想的な方法でコンサルタント会社のシミュレーションを行うことによって、「真正な」文脈が創られる。これらの機能には、質問に口頭で答える仮想的な従業員や、経営的な問題を支援する秘書が含まれていた。生徒たちは、仮想的な従業員に話しかけたり、仕事中の仮想的なバスの運転手を観察したり、書庫の資料を読んだりすることができた。生徒たちは、仮想的なシニア・アドバイザーから助言を受けた。

「真正ではない」条件とは、電子的ではあるが、マルチメディア機能をもたない学習環境であった。あらゆる情報が記述形式でのみ与えられ、文脈に関する情報が少なく、仮想的なシニア・アドバイザーや秘書もいなかった。言い換えれば、学習における真正さの実際的な基準は、マルチメディア機能の有無、つまり音声やビデオによるイメージの有無であった。

生徒たちによる報告書が、学習の成果を測るために評価された。その結果、「真正ではない」条件に置かれた生徒たちは、「真正な」条件に置かれた生徒たちに比べて、彼らの報告書において、より多くの内容を記述し、より多くの言葉を使っていた。多肢選択テストにおいて、「真正ではない」条件に置かれた生徒たちは、獲得した事実に関する知識に高い水準を示したが、差は、統計的に有為なものではなかった。「真正な」条件に置かれた生徒たちは、「真正ではない」条件に置かれた生徒たちよりも動機づけられているというわけではなかった。

要約すれば、研究者たちの期待に反して、「真正な」学習環境がより良い学習成果をもたらすわけではなかった。むしろ、「真正な」学習環境における成果は、「真正ではない」学習環境における成果に比べて、劣っていたのである。著者たちは次のように結論づけた。つまり、あらゆる無関係な情報やマルチメディア機能が「真正な」学習環境において生徒たちの注意をそらすことになり、その結果、生徒たちのパフォーマンスを低下させることになったのである。

少なくともグリッカーズ、バスティアエンス、マルテンス、その他の学習環境の研究者たちが用いている意味での真正さは、曖昧かつ表面的であり、コンピュータによって支援された協働学習のための理論的基盤を構築する上でほとんど役立たないことは明らかと思われる。

学習環境研究の循環的デザイン

　より重要なこととして、真正さに関するジレンマは、学習環境という概念がもともと抱えている根本的な問題を例証している。同心円の考え方によるならば、学習環境に関する研究は、典型的には、学習環境の構築に始まる。それは、デジタル・テクノロジーに依存した、あるいはデジタル・テクノロジーに埋め込まれた、相対的に閉じた課題領域である。この課題領域や技術は、次の2つから独立してデザインされ、実行される。(a) 課題領域や技術が位置している学校あるいは他の組織における活動の論理、そして、(b) 学習者の生活と学習活動の論理、である。

　しかしながら、研究者たちは、彼らが構築したドームは強力であり、学習や動機づけの質に重要な影響を与えるだろうと期待している。そのようにならなかったときや、結果が期待ほどではなかったとき、典型的な結論は次のようになる。──学習環境について改善が必要であり、同じ基礎的デザインにもとづく研究をさらに進める必要がある。多くの学習環境研究の背景にある循環的デザインは、図式的に図5.2のように表現される。

　このデザインの論理は、デジタル・テクノロジーにもとづく学習環境が必然的に学習や動機づけに差を生むであろうという仮定にもとづいており、その仮定自体が問われることはない。循環的論理は、この種の研究を事実上の永久機関にしてしまう。つまり、研究の頓挫や貧弱な結果は、同じような研究がさらに必要であるということを明らかにするにすぎない。こうした事態は、アージリスとショーン（Argyris & Schön, 1978）が組織場面における「シングルループ学習」と呼んだものに類似している。

それらに代わる活動システム

　マイケル・コール（Cole, 1996, p.135）は、「ともに織りなす（to weave together）」という意味にあたるラテン語 *contexere* に語源をもつ文脈（context）について考える別の方法がある、と指摘している。この見方によれば、文脈は、互いに編み合わせられた行為の繊維、あるいは糸によって構成される。その繊維自体は不連続なものであるが、一緒により合わせられると1本のロープになる。つまり、それらは、バラバラの繊維を機械的に合わせたものをはるかに超えた、連続的かつ耐久性のあるものになるのである。これは本質的に、文化・歴史的活動理論の見方である。すな

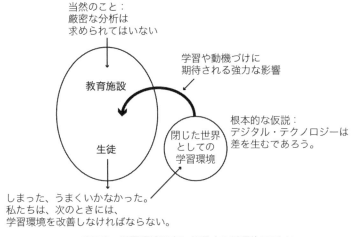

図5.2　学習環境研究に共通する循環的デザイン

わち、人間の活動はそれ自身の文脈を創り、それは歴史的かつ相互作用的に絶え間ない運動の中にあるという見方である。この見方を分析的に有用なものとするためには、集団的な活動システムの動きのダイナミックスに加え、その一般的な解剖学的構造、あるいは内的構造を同定する必要がある。

文化・歴史的活動理論の伝統では、ヴィゴツキーによる初期の分析の単位は、媒介された行為であった（Vygotsky, 1978；また Zinchenko, 1985; Wertsch, 1985 も参照）。それは、主体、対象、媒介手段（ツールや記号）の三項からなる統合体である。この単位の重要な本質は、対象と媒介する人工物との間の弁証法の発見である。

コンピュータによって支援された作業や学習に関する研究の多くは、この弁証法を見落としているか、曖昧なままにしている。そして、たいてい、コンピュータやプログラムそれ自体単独で対象であるとして、理想化された自足的な閉じた世界を作り出している（Engeström & Escalante, 1996; Hasu & Engeström, 2000；また Edwards, 1977 も参照）。

レオンチェフ（Leont'ev, 1978, 1981）は分析の基本単位に分業を取り入れ、文脈の概念化を大きく推し進めた。このことによって、一方では、相対的に一時的かつ目標志向の行為と、他方では、永続的かつ対象志向の集団的な活動システムとを区別することができるようになった。集団的活動は、コミュニティのメンバー間で労働を分業することによって、つまり、それぞれの参与者に異なる行為を割り当てることによってのみ行うことができる。その際、参与者間のやりとりや相互作用をコントロールし制裁するためのルールが必要になる。個々人の行為の文化的意味や人格的な意味付与は、それが実現する活動の文脈の中で見ることによってのみ読み解く

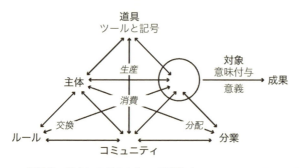

図5.3　媒介システムとしての活動（Engeström, 1987, p.178）

ことができる。こうして生まれたのが、ダイナミックな媒介システムとしての活動のモデルである（図5.3）。

そもそも、ダイナミックな活動を永続性のあるシステムにするものは対象である。活動システムは対象のまわりに構築される。しかし、活動はオープンなシステムであり、互いに依存し合っており、部分的に共有された対象の周辺に様々な種類のネットワークや協力関係を形成している。したがって、今日の相互に結びついた世界では、分析の最小単位として、2つの相互に依存した活動システムを採用することがしばしば有益である（Engeström, 2001a）。

たとえば、学校での生徒たちの学びという活動の対象は、教師の指導という活動の対象と同じではない。両者とも、同じカリキュラムや教科書、コンピュータ・プログラムを扱うかもしれない。しかし、それらに付随した動機や意味は、大いに異なっている。生徒たちにとって、対象は、卒業や成績（交換価値）と、世界についての潜在的に有益な知識（利用価値）という相いれない2つの統合体である。教師にとって、対象は、一方では、コントロールされ、カリキュラムの知識によって満たされるべき容器としての生徒、他方では、世界と相互作用し変革させる生徒という、相いれない2つの統合体である（コントロールの矛盾については、McNeil, 1999参照）。そのような対立した視座をもつ活動システムの中で、共有された対象と共通の動機を構成することは、1つの挑戦であり、完全に成し遂げられるというものではないが、まったく不可能であるというわけでもない。

図5.3に描かれたモデルは、もちろん、静的な表現や分類の手段として誤用されることもありえる。このモデルは、活動にかかわる理論に代わるものではない。活動の分析やデザインにおいて、研究者、介入者、実践者によって利用されるべき概念的な道具である。具体的な研究において、このモデル自体が検証される必要があるし、歴史的に特定の内容で補完される必要がある。

実行から拡張的学習へ

　テクノロジーにともなう問題は、広範な場面においてテクノロジーが万能かつ有用である、と思ってしまうことである。そのため、テクノロジーを重視している研究者は、テクノロジーが用いられるある特定の活動システムの歴史的かつ文化的な特殊性に気づかない傾向がある。そのため、典型的に、その実行が問題になる。教師や職場の実践者たちが、研究者が期待するほど熱心になることはめったにない。そして、新しい学習環境が日常的に利用されるよう実行に移されると、あらゆる種類の抵抗が生じる。こうした事態に対する伝統的な立場は、図5.2のサイクルの変形版になる。つまり、抵抗を克服するために、学習環境の改善が行われるのである。しかし、当たり前と考えられているユーザーの活動システムが真剣に再吟味されることはない。社会科学には批判的な実行研究の伝統があるが（たとえば、Pressman & Wildavsky, 1984）、コンピュータに支援された協働学習の領域では、ようやくごく最近、何人かの著者たちがその立場を疑問視し始め、実行に関する代替的な視座を提供している（たとえば、Keller, 2005）。

　もし、ユーザーの活動システム（たとえば、教師や生徒たち）を出発点として取り上げるなら、実行が、未知の分野に馴染みのない計画をにわかに移植する課題のようになることはない。その代わりに、課題は、1つの変革として再構成される。活動システムが、完全な均衡に至ることは決してない。活動システムは内的矛盾に満ちており、それは活動システムを変革することによってのみ解決されうる。

　変革には、破壊的で後退的なものから拡張的なものまで、様々ある。拡張的な変革では、コミュニティは、それ自体の活動をデザインし直すことによって、活動の対象や可能性を広げることを学ぶ。これには、新たな道具や記号によって、活動を媒介し直すことも含まれる。そのような新たな媒介する人工物の中でも、デジタル・テクノロジーは卓越した役割を担いうる。

　拡張的学習は、学習行為によって進行する。7つの拡張的な学習行為に関する理念的かつ典型的なサイクルが、図5.4に図式的に示されている（学習行為に関するより詳しい取り扱いについては、Engeström, 1999b と本書の第7章を参照）。各々の行為は、図5.4の小さな文字で表現されているような特定の社会的・認知的なプロセスや状況に関係している。拡張的学習のサイクルでは、実行は新しい活動のモデルの構成や検証の後に、特定の行為として現れることに注意されたい。

　図5.2に示された循環的なデザインにおいて、基本的な仮説は、デジタル・テクノロジーが学習に差を生むというものである。閉じた循環は、この疑問視されるこ

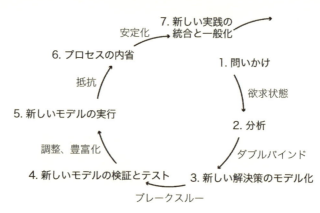

図5.4　拡張的学習の理念的－典型的なサイクル（Engeström, 2001a, p.152）

とのない仮説から生じている。つまり、もし、重要な改善が何も見られないならば、そのテクノロジーはいまだ不適切であり、改善されるか、より良く実行される必要がある。拡張的サイクルの場合、基本的な仮説は、学習者の活動システムがシステムの矛盾に直面する可能性を有しており、可能な活動の対象や領域を大胆に拡張することによって矛盾を解決する、というものである。失敗は、最初の分析、デザインされたモデル、プロセスそれ自体の批判的な再検討を要求する（そのような再検討の事例の1つとして、Engeström, 1999a 参照）。

コンピュータの導入
── ヤコマキ・ミドルスクールにおける拡張的な学習

　1998年から1999年の学年度と2000年から2001年の学年度に、私たちは、フィンランドのヘルシンキにあるヤコマキ・ミドルスクールの教師たちを対象として、拡張的な学習の誘発をねらった2つのサイクルの長期的介入を行った。この学校は、社会的にも経済的にも課題を抱えた地域に位置している。およそ30％の生徒が、最近の移民や難民の家庭の出身であった。
　ヤコマキ・ミドルスクールの教師たちが仕事で抱えていた内的矛盾が、表面的には見えないかたちで現れていた。すなわち、活動システムの構成要素内部のジレンマとして現れており、まだ毎日の実践に継続的に明確な問題として、あるいは「ダブルバインド」の状態を引き起こす構成要素の間の深刻な対立としては現れていなかった。図5.5の稲妻の形をした2つの矢印は、教師たちの活動システムに顕著であった隠れた矛盾を示している。最初の矢印（対象の内部）は、生徒たちが無気

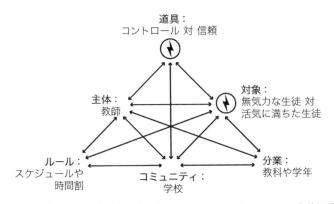

図5.5　ヤコマキ・ミドルスクールの教師たちの活動システムの内的矛盾
（Engeström, Engeström & Suntio, 2002a, p.216）

力だという教師たちが繰り返していた会話と、そういう評価と矛盾する時折の発言に現れていた。第二の隠れた矛盾（複合道具の内部）は、生徒たちの振る舞いをコントロールする必要についての教師たちの繰り返しの会話と、生徒たちが信頼されるべきであることをほのめかす時折の発言に現れていた（Engeström, Engeström & Suntio, 2002a）。

　最初の介入のサイクルで、私たちは、生徒は信頼できない無気力な存在だという根強い固定観念を教師集団が抱いていることに気づいた。この麻痺した固定観念や、「未発達な」状況にあった活動システムの内的矛盾にもかかわらず、教師たちは実践の中で、拡張的な可能性をもちきわめて永続的な変化に乗り出し、変化を創り出した。さらに重要なことは、教師たちが生徒たちについて話す方法が、否定的な会話を主とした状態から肯定的な会話を主とした状態へと、1年の間に大きく変化したことである。興味深いことには、肯定的な会話がかなり劇的に増加したが、否定的な会話それ自体が絶対値として見ればなくなるわけでも減るわけでもなかったことである。私たちは、この現象を「豊富化による学習」（Engeström, Engeström & Suntio, 2002a, p.220）と呼んだ。

　介入の第1サイクルにおける学校業務の具体的ないくつかの再デザインの流れの1つは、コンピュータに焦点化された。最初のエスノグラフィーを学校で始めた際、生徒たちが学校の廊下の床に座って休憩時間を過ごしていることに気づいた（図5.6）。

　これは私たちにとって、やや異様に思えた。そこで、私たちは、廊下に座り込んでいる理由を生徒たちに尋ねた。予想どおり答えは、「他にすることがないから」というものだった。

第5章　学習環境と実行から活動システムと拡張的学習へ

図5.6　学校の廊下の床に座って休憩時間を過ごす生徒たち

抜粋1

研究者：どんなことをしたいと思っていますか？ もし、あなたたちが…
生徒1：コンピュータをあそこに置いてくれたら…
研究者：どこに？ ホールのどこかかな…？
生徒1：どこでもいい。
生徒2：コンピュータがずっとそこに置かれたままになっていると本当に思っているの？ 翌日には、教室の中に動かされていると思うけど。
研究者：でも、休憩のときにコンピュータが使えるといいなと思っているでしょ？
生徒2：はい。

　介入期間中に、床に座り込んだ生徒たちのビデオクリップを示すとともに、「抜粋1」の会話のクリップも添えた。この「問題を映し出す」素材は、問いかけと分析を喚起する刺激として役立った（図5.4の学習行為1と2）。教師たちは徹底的な議論を行ったが、その中では何度も、コンピュータが廊下に保護されないまま放置されたならば、生徒たちによってたちまち壊されてしまうだろうという結論に至った（図5.7）。議論の終わりに近づいたとき、最近、他のミドルスクールから転任してきた若い教師が異なる視点を提示した。

抜粋2

教師1：前任校では、あえて言いますけど、生徒たちは本校より良いとは言え

図5.7　学校の廊下にコンピュータを設置することの可能性を議論する教師たち

ないんですが、廊下にコンピュータの端末が設置されていました。
　研究者：コンピュータは使われていたんですか？
　教師2：しょっちゅう利用されていました。古い端末が利用されていました。

　この教師の示唆によって、その女性教師が言及した前任校に連絡して、コンピュータ担当の教師に、廊下に設置されたコンピュータのビデオを撮って、それを送付してくれるように依頼しようということになった。次の介入の機会に視聴し議論するためである。コンピュータ担当の教師は、私たちの依頼に沿って対応してくれた。その教師は、コンピュータがこれまで壊されていないこと、そして永続的な学校の特徴になっていることについて、ビデオを通して詳しく説明してくれた。これは別の熱心な議論を促し、教師の活動システムの矛盾が、かなりはっきりと現れてきた（図5.4の学習行為2）。

抜粋3

　教師2：基本的に、良いアイデアだと思います。コンピュータ教室には16台のコンピュータがあります。夕方の4時から6時まではコンピュータ教室に行っていますが、7時より前に退室することはありません。そして、たいていの場合、ほとんどすべてのコンピュータが利用されています。そのため、教室は混雑しています。
　研究者：それは、無気力というイメージとは程遠いですね。ある種の矛盾がありますね。

第5章　学習環境と実行から活動システムと拡張的学習へ

教師2：本当に奇妙なことは、私が昼間ここで生徒たちを教えているときには、誰も何もしたがらないということです。生徒たちは、「わざわざ何かをしたいと思わない、何もできない」と言います。しかし、生徒たちが、夕方になって、自発的にここに来るときには、あらゆることが機能し、うまくいっています。でも、同じ生徒たちなんです。ここには大きな矛盾があります。

　ここで、私たちは、休憩中に廊下にあるコンピュータに触れるよう生徒たちに提案するという新しいモデルを躊躇しながらもスケッチし始めた、言説行為を目撃してもいる（図5.4の学習行為3）。

抜粋4

　教師3：よし。このシステムは、試してみる価値がありそうです。しかし、私たちの学校で常に抱えている1つの問題は、破壊行為です。生徒たちにパスワードなどを設定したとしても、この問題を払拭できません。誰がワイヤを切ったのか、マウスを盗ったのかを知ることはできないんです。だから、それに備えて、いちばん高価なコンピュータを最初から持ち出さないようにする必要があります。

　このアイデアの具体化は、生徒と教師の両者にとって物理的な職場環境としての学校を再活性化することに焦点を合わせた教師たちのサブグループに一任された。このサブグループが、数週間後の介入セッションでアイデアを提案したとき、同様の躊躇が再び表明された。あたかも、教師たちは、この考えをいろいろと考えてはみるが、ただし非常に注意深く、多くの制限を設けた上でだ、と思っているようだった。抜粋5のような発言は、図5.4の第4の学習行為の特有の形態と解釈されるだろう。複数の「しかし」が、そのような話のやりとりに典型的である。

抜粋5

　教師2：私は、不可能だとは思いません。しかし、まず生徒たちに尋ねなければならないでしょう。そして、適切なかたちでシステムを設置するために、市の教育委員会にも働きかけなければなりませんね。しかし、それは不可能ではないですね。

　コンピュータを廊下に設置するというアイデアは、春学期の終わりまでには実現には至らなかった。そして私たちは、夏休み期間中に、このアイデアが静かに消え去るだろうと予想していた。私たちが、秋に、教師たちがデザインした新しい実践の取り組みをフォローアップするために学校に戻ったとき、ホールに快適なソ

図5.8　学校の廊下に置かれたコンピュータ

ファーが置かれ、廊下にはベンチやコンピュータがあって、それらのすべてが生徒たちによって頻繁に活用されていたことに驚いた（図5.8）。

　教師たちは、実行の行為をとっていたのだった（図5.4の学習行為5）。これらの行為は、同時期に行われた、物理的環境をより快適なものにする集団的取り組みに参加するよう若者を招待する市主催の若い労働者向けのキャンペーンにも側面から押されて実現されたものであった。ヤコマキ・スクールにおいて、生徒たちは、いろいろな事項の中の1つとして、校内の壁を明るい新色で塗る可能性を提案された。最初私たちの介入セッションの中で取り上げられたコンピュータの導入は、こうした物理的環境を改善する試みの中に融合された。

　ヤコマキ・ミドルスクールの事例は、拡張的学習が線形的なものではなく、介入者によって完全にコントロールできるものでもない、ということを私たちに教えてくれた。ヤコマキ・スクールにおいて、教師たちは気が進まず躊躇して、新しいモデル（休憩時間に生徒たちが利用するコンピュータ）を弱め、その実行を実現できそうもないものにしてしまった。言い換えれば、活動システムの内的矛盾は、教師の側にデザインや実行の努力を呼び起こすに足るほど、十分深刻なものではなかったのである。しかしながら、活動システムは開かれたシステムである。他の活動システム（この場合、市の若い労働者）との側面からの相互作用が、驚くほどエージェンシーを強化し、高めることを可能にした。このことは、拡張と新しい形態のエージェンシーの可能性を与えるような隣接の活動システムとの間の相互作用まで、分析の単位を拡張することの有用性を示している（Engeström, 2005）。

結　論

　本章で、私は次の2つを論じた。(a) 学習環境という概念は、コンピュータに支援された協働学習の研究における最重要事項として、そして分析単位として役立つ理論的概念ではない。(b) デジタル学習環境の実行にかかわる先入観は、主として、テクノロジーが学習を劇的に変えるという誤った期待を疑うことなくもっていることの結果である。私は、これら2つの広く浸透している弱点が、分析の代替的な単位として活動システムを吟味し、それ自体の実行の代わりに、拡張された学習に焦点を当てることによって、少なくとも部分的には解決されるかもしれないことを指摘した。

　ヤコマキ・ミドルスクールの事例は、教育や学習のための道具としての先進的なデジタル・テクノロジーの潜在的価値を必ずしも否定するものではない。この事例は、基礎から始めること、つまり、実際の教師や生徒のローカルな現実から始めることの重要性を率直に例証している。実際、休憩中の生徒たちによるコンピュータの利用を教師が認めていない学校や、教師が翌日にはコンピュータを撤去してしまうと生徒たちが確信しているような学校において、何らかの先進的なデジタル学習環境を実行しその普及に成功するということは、想定できないことであろう。ヤコマキ・スクールでは、簡単な新しい実践や人工物を通じて信頼や肯定感を醸成することが、授業や学習のためのコンピュータの可能性に真剣に集団的に取り組む第一歩になった。この後に続いたことは、また別の物語である。

第6章
プロセスの強化か、コミュニティの構築か
—— 拡張的学習を通じて二分法を超える

　組織と活動システムの変革について2つの重要なレトリックの間には深い溝があり、敵対的な関係にある。一方はプロセス効率のレトリック、他方はコミュニティ構築のレトリックと呼べるだろう。プロセス効率のレトリックは経営陣や技術コンサルタントがよく使い、組織に向けられた外からの期待を反映しており、おおむね活動の成果や費用対効果に関心がある。コミュニティ構築のレトリックは人事コンサルタントや人事部が使うもので、実践者の組織内での経験や参加の必要性、仕事上の福利を反映することを目指している。ベーアとノーリア（Beer & Nohria, 2000）は、この2つのアプローチを〔訳注：経済的価値（economic value）にもとづく〕「理論E」と〔訳注：組織能力（organizational capability）にもとづく〕「理論O」と呼んでいる。アドラーとヘクシャー（Adler & Heckscher, 2006, pp. 68-70）は、企業経営の歴史を2つの方向性、コントロールと関与の間を揺れるジグザグな道として描いている。

　これら2つのレトリックの間のギャップは、どちらも排除することはできないので、簡単には解けない矛盾の難しさを表している。どちらも互いを必要としながら遠ざけ合う。効率的で合理的なプロセスは、それを保持し発展させるコミュニティなくして長続きしない。人間のコミュニティは効果的に機能して結果を出さなければ、持続可能ではない。両方のアプローチのそれぞれだけを用いるなら、たいてい短命な改善にとどまる。だが、これらを組み合わせることは、火と水を合わせるようなものである。

　本章で私たち*は、この二分法が乗り越えられるか、いかにしてかを探し求める。この探究の枠組みとして、文化・歴史的活動理論、特に対象と拡張の概念を用いる。プロセス効率かコミュニティか、という対立を超えるべく、拡張的学習サイクルの考えにもとづいてメタレベルのモデルにそれらを統合することで、弁証法的な見方を示すつもりである。

　本章で分析する実証的事例は、フィンランドの国立大学病院の手術室である。2006年、手術室は危機に瀕しており、スタッフの高い離職率と驚くほど頻繁な病欠にあって、増え続ける患者の治療に苦闘していた。試験的なケアプロセスを改善するためプロセス効率を重視した介入が行われたが、その努力は持続的な改善に結びつかなかった。その後、参加型コミュニティ構築の介入がなされ、手術室の活動

システムを集合的に分析する余地が生まれた。様々な職種や組織階層を代表する参加者が創り上げた新しい組織モデルは、コミュニティ構築介入の後、実行された。本章では、この新しい組織モデルの構築と結果を追跡し、分析する。

次節では、プロセス効率の見方とコミュニティ構築の見方の鍵となるかたちと、両者の間の対立をまとめる。その後、活動理論の助けを借りながら、プロセスとコミュニティ概念について再解釈を提示して、私たちの実証的な事例研究の文脈とデータを記述する。データの分析では、まずプロセス効率の介入とその帰結について精査する。また、コミュニティ構築の介入の長期にわたる成果の根拠を示しながら、それが生成したモデルに埋め込まれた緊張について議論する。最後に、2つのアプローチ間の二分法を超えるという観点から、本分析の教訓を考察する。

プロセス効率、コミュニティ構築、それらの対立

ビジネス・プロセス・リエンジニアリング（BPR）は、プロセス効率を重視する見解の代表である。ハマーとチャンピー（Hammer & Champy, 1993）は、ビジネス・プロセスを「一種類以上のインプットにより顧客に価値のあるアウトプットを生む活動の集まり」と定義している（p.35）。BPRは革新的な生産性や効率性、費用対効果、パフォーマンス向上をねらう産業経営原則にもとづく（Hammer, 1990; Davenport & Short, 1990; Hammer & Champy 1993）。BPRの方法論は、いわゆる組織変化に対する「ビッグバン」戦略を代表するものである（McNulty & Ferlie, 2004）。その方法論とプロセス効率のレトリックは、変革を通じて組織のパフォーマンスを向上させる革新的変化のアプローチとして重要な地位を得てきた（O'Neil & Sohal, 1999）。過去20年以上、プロセス効率に関する文献は専門化の特殊技能にもとづく組織の機能原理と機能的組織モデルに疑問を投げかけ、その代わりに、チームやアウトソーシング、機能横断的プロセスを用いる経営アプローチとしてプロセス組織を提唱してきた（たとえば、Lillrank & Parvinen, 2004）。

医療保健サービスは1990年代半ばからプロセス効率志向に大きく影響を受けてきた（Sackett & Rosenberg, 1995; Daly, 2005）。ケアプロセスの合理化やプロセスの再デザインはヘルスケアの質管理において標準的な要素となった。数多くのプロセス効率研究が、どのようにしたら病院や診療所の待ち時間や遊休時間を効果的に減らせるかに焦点を合わせた（たとえば、Cendán & Good, 2006; Harders et al., 2006; Karvonen et al., 2004; Peltokorpi & Kujala, 2006）。

BPR、より一般にはプロセス効率の見方への願望や効果は、いくつかの研究で批判的に検討されている（たとえば、Carroll & Edmondson, 2002; Edmondson, 2004;

McNulty & Ferlie, 2004)。1990年代半ば以降、BPRとプロセス再デザインの方法論は既存の実践に固有のダイナミックスを無視し、創造性や革新を抑制しているとの論議を呼び、批判されてきた（Burke & Peppard, 1995; Harrington, McLoughlin & Riddel, 1997; Knights & Willmott, 2000; Vakola & Rezgui, 2000）。BPRのような直線的でトップダウンによる組織変化の「ビッグバン」戦略は、ヘルスケアのようなプロフェッショナルな公共サービス組織では問題があると受け止められてきた（McNulty & Ferlie, 2004）。患者ごとの違いを最小化し詳細に記述された手続きを求める合理的プロセスは、複雑なヘルスケア組織を組織する普遍的な解決策ではないと指摘されてきた（Edwards, Nielsen Paarup & Jacobsen, 2009）。

　コミュニティをほとんど完全に無視していることは、プロセス効率の文献の多くに見られる特徴である。ハマーとチャンピーの『企業のリエンジニアリング（*Reengineering the Corporation*）』（1993）の索引に、コミュニティという単語は載っていない。彼らはプロセスのオーナーを「特定のプロセスやそれに焦点を合わせたリエンジニアリングの取り組みに責任のある経営者」（p.102）と定義している。

　実践コミュニティという概念は、レイヴとウェンガー（Lave & Wenger, 1991）によって導入された。ウェンガー（1998）はその後、この着想を軸に包括的な概念枠組みを構築した。ウェンガー（1998, p.47）によると、実践コミュニティは相互の結びつきを通じて共通感覚［常識］を創出する最も大事な文脈である。実践コミュニティは馴染みのある現象であるが、組織においては当然のことなので、それほど明確にされてこなかったとウェンガーは論じている。

　ウェンガー（1998）は、実践コミュニティの境界は常にきちんとしているというわけではなく、問題となる境界もあるという。そのようなコミュニティは、相互に結びついた実践の複雑な付置として定義されるだろう。様々な実践コミュニティに参加する度合いは異なり、個人にとってあるコミュニティが他よりも中心的となる。共通の目的に関与しあい、その意義を共有し、集団学習を持続させることは、実践コミュニティを1つに保ち続ける根本的な側面である（Wenger, 1998, p.209）。参加者の世界観を広げ、意義やお互いの関係性をめぐる交渉を可能にし、アイデンティティの構築や学習を支援するコミュニティは、参加者のやる気を起こし、強い牽引力をもつ。

　実践コミュニティという考え方は広まり、組織学習や組織デザイン、知識経営の研究に多大な影響を与えた。一方、実践コミュニティの概念はきわめて非歴史的なコミュニティ観を示し、歴史的に限定されたコミュニティ形態をどの時代にも一般的なモデルとして賛美しているとして批判されている（Engeström, 2007a）。

　ウェンガーの『実践コミュニティ（*Communities of Practice*）』（1998）は、プロセスについて短い議論を行っている。著者は「手続き化された処方は実践を組織の他の

部分と調整するが、それは責任範囲を狭め、活動をローカルなものにすることでなされる」(p.260) と述べて、プロセス再デザインを批判している。ウェンガーによれば、「ローカル化」の目的はそれぞれの部局で独立した決定がなされるように実践を細分化することである。その代わり、彼は「位置づけ」を提唱する。それは「創造性を育み、同一化や交渉可能性の領域を拡げる」(p.260)。

　アドラーとヘクシャー (2006) はコミュニティ概念に歴史的分析を持ち込み、コミュニティ観を拡張した。彼らの協働的コミュニティという考えは、知識集約的な仕事の課題に取り組んでいる。この新しい形態は、開かれた対話にもとづき、共有の使命に共同で立ち向かう。協働的なコミュニティ形態はよく知られた2つの古典的形態、つまり地位や忠誠心、差異を基盤とするゲマインシャフトの伝統主義的形態や、個人的自律、金銭的動機、行政的権威を基盤とするゲゼルシャフトの契約的形態とは異なっている。協働的形態は目的の共有感覚の創出、成果への貢献に集中する価値のコミュニケーション、組織内の他者との統合や能力に信頼を生み出す強力な基準や共同で定められた仕事プロセスの実行、情報の公開共有化、そして継続的なコミュニケーションを通じて丹念に育まれる。価値や共創組織モデルについての開かれた対話は組織を再形成するのにも、維持するのにも決定的な要因である。信頼は、組織の境界を横断して再構築され、拡大される必要がある。これによって、協働的コミュニティが幅広い能力や知識基盤をまとめることが可能になる。

　ウェンガーが実践コミュニティの非公式な日常的性格を強調するのに対し、アドラーとヘクシャーは、協働的コミュニティは念入りに正式な連携を組織化することが必要だと力説する。そこで、協働的コミュニティの鍵となる要素として、プロセス・マネジメントを推奨する。

　　プロセス・マネジメントの用語は、高圧的な官僚統制を覆い隠すものになりうるかもしれない。だが、うまくいけば、プロセス・マネジメントの規則は制約ではなく、可能性をもたらし、人々を制限するのではなく、新たな関係を築くのに役立つものであることを経験する (Adler & Heckscher 2006, p.44)。

　アドラーとヘクシャーの分析は、プロセス効率とコミュニティ構築との対立を乗り越える数少ない試みだと言えるかもしれない。だが、彼らはプロセス効率観とコミュニティ構築観との深い認識論的・理念的相違を見過ごしているようだ。BPRのようなプロセス効率アプローチの根源的な性格は、線形性と、それぞれの自己完結型の線形プロセスを明確に処方する力への確信にある。対照的に、コミュニティ観は、こうすればよいと完全には処方できない相互性と水平的なやりとりを重んじる。こうした根本的な前提が深刻に異なっていることを扱わずして、2つの見解がうま

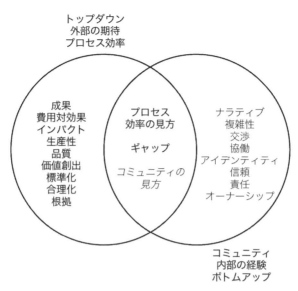

図6.1　プロセス効率観とコミュニティ観の間のギャップ

く結合されたり統合されたりすることはないだろう。

　プロセス効率とコミュニティ構築の見解との間のギャップや対立は、複数のレベルで見られる。文献では、プロセス効率アプローチはコミュニティを無視しがちである。コミュニティ構築アプローチでもプロセス効率に対する無視が広く見られる（たとえば、Gozdz, 1995）。ギャップもまた、組織変化や介入の方法において明白である。病院での3年間以上にわたる研究で収集した実証データが示すところでは、このギャップは実際に、経営側にもスタッフにもあまねく見られる。図6.1はプロセス効率観とコミュニティ構築観とのギャップをまとめたものである。

　両方の代表例は、それぞれの関心を表し目的を達成するのに、歴史的に異なる言葉やレトリックを用いてきた。図6.1の左側は、文献レビューから取ってきたプロセス効率のレトリックで一般的に使われている概念を表す。右側は、コミュニティ構築のレトリックで一般的に使われている概念である。両方の理論と実践で、ギャップは容易には解消されない難しい緊張を表している。仲介できそうな道具を見つけるため、ここで文化・歴史的活動理論の概念資源を見てみることにしよう。

資源としての活動理論

　文化・歴史的活動理論に依拠して、私たちは組織を対象志向の活動システムを構

成していると見る。対象という概念は、活動理論において重要である。行為の意味付与や意義は活動の対象に付着しており、どんな活動のアイデンティティもその対象によって第一に定められる（Leont'ev, 1978）。集団的活動は、部分的に共有されるが、部分的に争われている対象にかかわる動機で動くと見なされる。活動システムは、主体、対象、成果、媒介する手段（ツールと記号）、ルール、コミュニティ、分業からなる三角形モデル（Engeström, 1987, p.78）で表現される（図6.2）。組織単位は活動システムとして分析される。

人間活動は常に、特定の分業と特定のルールによって統制されるコミュニティで起こる。共有対象に責任ある人々のグループがコミュニティである。コミュニティは活動の運び手ないし担い手として見られる。どのようにコミュニティが定義され境界が引かれるかは、所与の活動システムの具体的な歴史形態による。今日の世界にあって、コミュニティは調整メカニズムとして、スティグマジー〔訳注：環境情報にもとづく間接的なインタラクション〕、交渉やピア・レビューに頼る、弱く制約されたハイブリッドな菌根のような形態をとり始めている（Engeström, 2007a, 2008b, 2009; Heylighen, 2007）。これらの発展は、アドラーとヘクシャー（2006）によって推進された協働的コミュニティの発展形と言えるだろう。

活動理論の観点からすると、プロセスは、対象への部分的に筋書きのある一連の行為であり、他の並行するプロセスによって影響を受け、かつ、相互作用する。図6.2では、並んだ点線の矢印が複数の同時プロセスを表す。プロセス間のこれらの相互作用は、決して完全にあらかじめ決めることも計画することもできない。それらは撹乱のもとであり、おそらくもっと重要なのは、新しい見識や革新の源泉だということである。これら部分的に予測不能な水平的相互作用がプロセス間にあるので、プロセスの規範的表現とプロセスの実際の実行は、決して同じではない。

図6.2の活動システムモデルは、より大きなシステムの必要要素としてプロセスとコミュニティを描いており、プロセスとコミュニティ間の対立を乗り越えるよう誘う。プロセス効率とコミュニティ構築のどちらの研究にも決定的に欠けている要素は、対象である。対象はコミュニティを1つにし、長期的な目的をもたせる（Engeström, Puonti & Seppänen, 2003）。他方、対象はそれを再生産するプロセスによって成型され、形成され、動かし続けられる（Engeström & Blackler, 2005）。

事例研究の文脈とデータ

以下では、フィンランドの国立大学病院の外科手術ユニット（以後、単に「ユニット」と呼ぶ）の事例研究を扱う。ユニットは外科と麻酔科の約100名の医師と

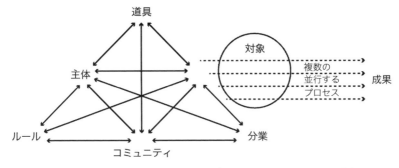

図6.2　活動システムとそのプロセス（Engeström, 2008a, p.257 より）

200名の看護師とからなる。ユニットは、手術と集中治療にかかるより大きな決定ユニットに属している。患者は一般病棟や救急センターから外科手術室に運ばれてくる。ユニットは外科専門の16の手術室をもち、患者は2つの回復室で術後の手当てをしてもらう。仕事は非常に高度で、ユニットは北フィンランドをカバーする病院区の中でも最も難しい手術を扱う。困難で予期しない状況が起こるのもたびたびである。

分業は、外科と集中治療のための決定ユニットにおけるトップダウンの指令的・階層的なものとして描くことができる。変化戦略をデザインする上層部は現場の業務から離れている。異なる専門グループ、とりわけユニット内の看護師と医師は、自分の専門的役割とそれぞれのアイデンティティを維持していて、これら専門グループはさらに外科と麻酔科の部門に分かれている。

近年、外科手術ユニットは、手術への増大する圧力や組織効率化の要請に応じてきた。2005年になると、病欠や雇用者の離職による人員不足が要請に応えるユニットの能力を深刻に蝕み、危機寸前までユニットを追いつめた。それは手術室の閉鎖と、過度な患者の順番待ちと待ち時間による制裁の脅しに現れた。

2006年、ユニットはプロセス効率とコミュニティ構築という2つの異なる種類の介入を委託し、実施に乗り出した。プロセス効率介入はトップダウンに行われたが、持続的な改善へと至らなかった。そこでユニットの経営層は、参加型チェンジラボラトリープロセスを促進するため、私たち研究チームを招き入れた。ここでは、それをコミュニティ構築介入と呼ぶ。

プロセス効率介入は、ヘルシンキ工科大学の外部プロセス効率コンサルタントによって実施された。プロセス効率介入についてのデータは、プロジェクト報告書（Leppilahti & Malmqvist, 2006）と、2009年4月に私たちの研究グループが行ったユニットの手術医長へのフォローアップ・インタビューからなる。

ユーリア・エングストローム、アヌ・カヤマ、ハンネレ・ケロスオは、コミュニ

ティ構築介入のファシリテーターであった。パイヴィ・ラウリラは主任麻酔専門医でユニットの手術医長であり、彼女は両方の介入で大事な役割を果たした。

私たちはコミュニティ構築介入の手法として、チェンジラボラトリー（Engeström, 2007b）を用いた。2006年秋、8回の介入セッションが開催された。セッションに参加したおよそ20名は、外科医長から麻酔専門医、看護師、ポーター、秘書にいたるまで、ユニットに従事する幅広い実践者を代表するよう選出されている。セッションはビデオ記録と文字起こしがなされた。

実際の介入セッション後、介入の結果をフォローした。エスノグラフィー的なフォローアップの現地訪問（13日に及ぶフィールド観察）の期間中に書かれたフィールドノートが、本章のためのデータとして使われている。介入前と介入中、介入後に実施された17件のインタビューは支援的データとして用いる。また、異なる手術を受けた6名の患者に対する実際のケア事例を、分析の補完的データとして用いる。コミュニティ介入の長期的な結果を追跡しつつ、私たちは手術ユニットの代表と数知れない電子メールや電話を交わした。それらも本章のデータである。

コミュニティ構築介入の結果についての非常に幅広い量的データも手元にある。手術数とその困難度、16の手術室の稼働率、手術室の閉鎖、病欠数、フィンランド国内で比較した手術ユニットの業績、といった2006～08年の外科手術ユニットの機能に関する統計である（Intensium®Benchmarking, 2008）。

プロセス効率介入

外科と集中治療の決定ユニットは、原則として8つの医療ユニットのマトリックス構造をとり、外科手術ユニットはその中の1つである。8つのユニットは図6.3に縦棒で示している。治療プロセスは8つの医療ユニットを横断して流れ、図6.3に横棒で表した手術専門科（整形災害外科、形成外科、手術、泌尿器科、心臓胸部外科、神経外科、血管外科、消化器内科、一般外科）ごとに組織化されている。プロセス組織の考えによるこの種の構造は、階層的機能構造の代替物としてフィンランドのヘルスケアに導入されてきた。しかし、多くの組織がプロセスを中心に活動を組み立てず、戦略的目標を組織横断的プロセスの目標に展開させていない（Leppilahti & Malmqvist, 2006, p.6）。

プロセス効率介入は2006年に、トップダウンによる変化の取り組みとして実施された。病院の経営陣に雇われたプロセス効率の外部コンサルタントが手術ユニットに入った。介入は単一のプロセス、すなわち図6.3の最上部に水平的プロセスの1つとして描かれている整形災害外科のケアプロセスの1つである、膝・股関節の

外来	短期入院 外科手術	病室	外科手術 ユニット	集中治療	サービス 衛生器具	共有の 機能	外部麻酔
整形災害外科							
形成外科							
手術							
泌尿器科							
心臓胸部外科							
神経外科							
血管外科							
消化器内科							
一般の外科							
他のクリニック							

図6.3 外科・集中治療の病院決定ユニットの理念的なプロセスにもとづくマトリックス構造

手術に焦点を合わせた。介入の目的は、膝・股関節手術のケアプロセスの強化と合理化であった。

プロセス効率介入の最中、コンサルタントは、頻繁にユニットで実施される重要な手術である膝・股関節のケアプロセスを計時したが、数が増え、結果として待ち時間も長くなっていた。この取り組みの目的は、ケアプロセスにおける「グレイ・タイム」（ムダな時間）を明らかにし、ダラダラを減らして手術数を増やすためにこの知識を使うことであった。その結果、ケアプロセスの効率化について測定結果と、膝・股関節のケアプロセスにおける「グレイ・タイム」をどのように減らすかについてのガイドラインが、スタッフに手渡された。

そこでの主要な示唆は、麻酔を手術室で行うのではなく、回復室で行うことであった。この手立ては手術ごとに最大28分のムダな時間を削減し、ユニットの効率性を改善するとされた（Leppilahti & Malmqvist, 2006）。この提案を実際に検証するべく、1週間にわたって麻酔が回復室で行われた。しかし、この短い検証期間の後、このやり方は継続されなかった。新しい麻酔プロトコルのアイデアは正式に実施されることはなく、ユニットは以前からの働き方を続けた。驚いたことに、プロセス効率のコンサルタントは、計測して改善しようとした膝・股関節手術の現行プロセスと提案プロセスを視覚的モデルで表すことをしなかった。

プロセス効率介入の報告書（Leppilahti & Malmqvist, 2006）は、ユニットにおける業務の全般的な複雑性に触れていない。その代わり、他の並行するプロセスや他の

活動システムから切り離された非常に特定的で狭いプロセスに対して、明確に定義された規範的ガイドラインを提示している。2006年9月に行われたチェンジラボラトリーの最初のセッションで、ユニットの看護師長は相互作用のプロセスを大局的にとらえた。

　担当看護師：患者さんのケアの全体的な道筋を考えるなら、みんなが患者さんを流し込む大きなボウルのようなものだって言えるでしょう。そこから細いパイプラインで手術室、病室へといきます。この患者の流れでは、患者が数日間待つとき、病室で手術を4日待つ間にも、病状の悪化が現れるし、他の病室では手術を受けられないでいます。すでに手術を終えた患者は病室に行くのを待っていますが、患者数に対して病室のキャパが足りないため、病室に戻れないんです。

　上記の引用は、外科ユニット内の異なる機能やプロセス、そしてユニットをまたぐプロセスフローとしてのユニット間の結びつき、相互依存性、相互作用をよく示している。外科ユニットで手術する医師は、短期手術ユニットなどの他のユニットを訪れる。医師は様々な手術を行う責任があるので、時には複数のプロセスをまたぐ必要がある。麻酔医も、外科手術ユニットの内側でも外側でもサービスを提供する。複数のプロセスが同時に生起し、重複する。こうした付置では、1つのプロセスを超えていくことが重要な課題となる。

　2009年4月のフォローアップ・インタビューで、外科ユニットの手術医長がプロセス効率介入の結果がなぜ雲散霧消したのかをこう振り返った。

　手術医長：この［プロセスの］考えは、私たちにとってむりやり導入されたものです。介入はトップダウンでやってきましたし、私たちのユニットに何の進展ももたらしませんでした。もし守らなきゃいけない厳密な時間制限だけ与えられたら、人は何もしようとはしません。プロセス介入の結果が導入されて、［それを実施することが］賢明だなどとも思いましたが、私たちは研究に加わっていなかったので、誰もやらなかったし、誰も真剣にならなかったのです。

　手術医長によると、介入の導入・実施の手法は、仕事を良くしようとする試みにとって、およそスタッフに反発と排除の感情を生んだだけであった。成果となるガイドラインはスタッフにとって意味があるとは思えず、実践には役に立たないと受け取られた。

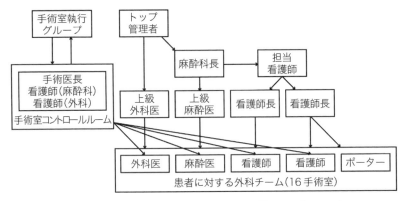

図6.4　コミュニティ介入以前の組織とリーダーシップ・モデル

コミュニティ構築介入

　2006年、外科ユニットの状況は急速に悪化した。ユニットは損害の大きな手術室の閉鎖に追い込まれ、回復室でも問題が定常的に発生し、看護師の多くは病欠していた。患者の待ち時間に対する外部の期待がメディアや保健当局、ケアへのアクセスに関する新しい法律から押し寄せ、ユニットはより多くの患者を看て、長い待ち時間を解消する必要があった。
　コミュニティ構築介入前、ユニットのリーダーシップと組織は階層的な機能モデル（図6.4）にもとづいていた。実際、組織は外科医、外科看護師、麻酔医、麻酔科看護師という専門セクターに分かれており、手術室での外科チームメンバーの組み合わせはいつも異なっていた。
　コミュニティ構築介入の参加者は、日々の業務が回らなくなる経験と全体の混沌とした感情に取り憑かれていた。プロセスだの効率だのは、チェンジラボラトリーで議論された主要な関心事ではなかった。参加者は自らについて語り、バラバラになったコミュニティを建て直そうとしていた。

　　主任麻酔医：なので、そこで起こることがわかるように、自分の仕事をコントロールできないんです。もう一度言うと、ちょっと思ったのは、『アステリクス』〔訳注：フランス漫画〕の登場人物みたいに、天が落っこちてくるんじゃないかと恐れています。ドアから何がやってくるかわかっていないんです。なんで怖いのか、なぜそれを怖れないといけないのか？　人を生かしておける最高のプロフェッ

ショナルがいるのに、ドアからやってくるものを怖れています。でも確かに、それに対して何もできないことを怖れているんじゃない、前もってその日のことがわからないから、それを取り除けないから…とにかく、これが私の見方です。そこに怖れがある、それが知らないものである、といった感じです。誰が患者さんになるのかまったくわからないときです。もし、今日手術予定の整形外科の患者さんのリストを見た場合なら、彼らは回復部を通ってやってくるし、そう期待できます。物事がどのようにして進んでいくか、モニタースクリーンを見て、次にまた誰がここに来るかわかります。

主任外科看護師：そういうのはわかることです。でも中央診療所を通って来る人とか、X線室から来る人や緊急室を通って来る人もいます…対処できないで病棟から戻ってくる人とか…。あるいは、集中治療室にいなければならないのにベッドがなかったので患者さんが3日間戻されたりしたときとか。そして彼を入院病棟の廊下に置いておきたくはないでしょうし…。

主任麻酔医：つまり自分の仕事がコントロールできないし、前もって計画できないってことで、こうしたことはおそらく何か原因が…

主任外科看護師：はい、私たち自身の手術も混乱している状況なんです。（チェンジラボラトリーの最初のセッション）

いちばん最初の介入セッションで、参加者は、大規模で機能的な組織と仕事の複雑性がユニットを管理するのを非常に難しくしていることをはっきりさせた。

麻酔科看護師長：そしてスタッフ数が多くなり、私がまさに言ったように責任範囲が大きくて…、管理は困難でコミュニケーションは非常に難しく、一緒にグループを作るのが本当に困難で、動機づけも大変です…知識マネジメントも難しいです。しかし、私たちの専門性は一流で、良いものです。そして気構えもいいし、それが現れています。（チェンジラボラトリーの最初のセッション）

危機は技術的効率の問題だけではなかった。それはアイデンティティ、自尊心、職業的な誇りであった。

心臓胸部外科医：負のスパイラルですよね？ まずユニットをリードする人たちがいなくなって、患者相手の仕事が激務になるばかりで、雰囲気はどんどん悪くなるし、誰もここに来て働こうとしなくなりました。（チェンジラボラトリーの最初のセッション）

手術医長：多くの患者さんが手術待ち状態なのが問題で、手術が受けられるよ

う［病院経営陣からの］プレッシャーがあります。マスコミの報道も知っていますし…、いつも岩と硬い地面の間に挟まれているようなもので、手術をする私たちに絶えず敗北感を生み出しています。今までにないほど手術しているのにですよ。待機リストの手術をできていないので自分たちはダメだと感じているんです。（チェンジラボラトリーの最初のセッション）

すでにコミュニティ構築介入の最初のセッションで、ユニットはもっと小さく、もっと運営可能なサブユニットに分ける必要があると参加者は結論づけた。ユニットを小さな領域に分けることは、最初に担当看護師によってはっきりと言葉にされた。この考えは外科医に強く支持され、さらに具体的に述べられた。

担当看護師：もし緊急時に備えておきたいなら、つまり教育とか習熟とかを容易にしたいなら、みんなを小さなプールとか専門性とか、何と呼んでもいいけど、そうしたものに絶対分けるべきですよ。手術医みたいにね。そしたらもっと扱いやすくなるでしょう。（チェンジラボラトリーの最初のセッション）

手術医の1人が、明確な組織構造をもった小さな領域にユニットを分けることはアイデンティティの創出を強化するだろうと考えを述べた。

心臓胸部外科医：ええ、彼女（看護師長）の言う通り、私たちのユニットはおそろしく大きくて、そのために管理が難しいのです。もし分けたとしたらどうでしょうか。整形外科も低侵襲外科も心臓外科も、それぞれユニットをもって3つに分かれるのです。各領域はそれぞれ看護師、医師が就いて、小さなユニットになれば管理しやすくなって、各自も全員もアイデンティティを築きやすく、新しい人も雇いやすくなるでしょう。各領域はそれぞれが大きく特定のことを受け持つ専門性、専門分野みたくなり、各領域で明確なアイデンティティをもつでしょう。この方が機能的じゃないでしょうか？（チェンジラボラトリーの最初のセッション）

アイデンティティの概念は、責任の概念と「全体を見る能力」の概念の助けを借りて、さらに練られていった。

主任外科看護師：そういう小さなシステムをもてば責任を、おそらく、言うなら、もっと多くの人が責任をとるだろうという感じがします。今は、簡単に全部をP（手術医長）に投げて、たぶんT（主任麻酔科看護師）にもちょっと任せてい

るでしょうけど。
　　　…

　手術医長：私たちは溺れるかどうかの瀬戸際なんです。モデルとか何かをするたび、ボートに水を注ぎ込んでます。もし小さなユニットに分けるなら、全体を見る能力が各グループに養われるでしょう。ときどき、誰もが関心をもっていないって感じます。するように言われたことをただやるだけで、全体としてどうなされるかには関係ないっていうふうに。それで全体を見ているのは、大きな流れと闘おうとするコントロールルームの小さなグループだけなんです。（チェンジラボラトリーの最初のセッション）

　新しいコミュニティを基盤にした組織モデルの基本的な考え方が、こうして介入のまさに最初のセッションで表明された。残りのセッションはほとんどが、新しいモデルをさらに練り上げ、特定化し、正当化するという骨の折れるプロセスであった。新しいモデルは手術医長によって、新しい組織図（図6.5）として表現された。介入の間、新しい組織図は、参加者が小さなグループに分かれて共同で作成した詳細な文書のかたちで「開示された」。新しいモデルは、2007年初頭の介入後に運用が開始された。モデルは、ユニットが管理しやすい4つのより小さい活動分野、すなわち3つの外科専門（消化器外科・泌尿器科、胸部・血管外科、整形形成外科手術）と、4つ目の活動分野として回復室（PACU）に分けるという考えにもとづいている。

　新しいモデルでは、管理責任の多くが活動分野に割り当て直され、どのスタッフも希望する活動分野に応募することができた。麻酔科と外科の熟練看護師からなる特別救急チームが、不測の事態に対する責任をもつことになった。大変興味深いことに、彼らによって作られた新しい組織図は、図6.3に示したプロセス組織モデルのテンプレートにもとづいていなかった。

　コミュニティ構築介入の参加者は、仕事の現場でアイデアを広めるローカルなチェンジ・エージェントとして機能した。最初のフォローアップ・ミーティングは、2007年6月に開催され、新しいモデルが当初どのように機能したかについての経験を交わし、もっと掘り下げた。試験フェーズで、ユニットのニーズに合わせて新しいモデルの細部がいくつか修正された。それからさらに微修正されたモデルが本格的に実施され、2回目のフォローアップ・ミーティングが2008年2月に開かれた。以下、フォローアップ・セッションからの引用は、新しいモデルの結果を示す。次の3つの引用は、2007年6月に開かれた最初のフォローアップ・ミーティングからのものである。

　外科看護師長：協働は増えたと思います。おそらく、様々な人たちによる仕事

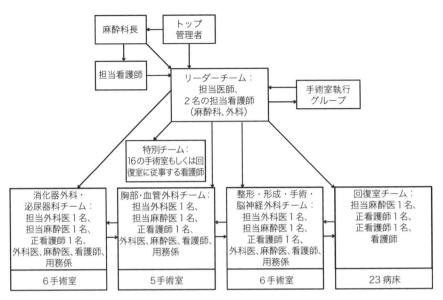

図6.5　外科手術ユニットの新しい組織図

の性質を新たに知ることで、全ユニットの機能に対する全体的な理解が生まれました。

消化器外科医：麻酔科との協働が本当に深まったのは素晴らしいことです。結果として、私たちは麻酔術前活動を始められ、まもなく拡張する予定です。これでもっと効率的に病棟と協働できるでしょう。

手術医長：仕事の継続性が改善し、限られたリソースでも仕事できる賢い解決策を見つけました。この変化はおそらく、各活動分野の新しい管理チームにいちばん影響を与えたでしょう。

2008年2月に開かれた2回目のフォローアップ・ミーティングでは、参加者は新しいモデルを実施した長期的な結果について振り返っている。

麻酔科長：麻酔科看護師の病欠が激減したという証拠があります。他にも進歩を示しているのは、技能と知識マネジメントの開発に多く注力できたことです。看護師が自分でできる仕事を見つけられるよう仕事の熟達を進め、今さらに議論しています。

麻酔科看護師：この新しい活動モデルは良いことをもたらしたと思います。医師や正看護師は回復室における全体的な責任を負っています。私たちは日常的に

物事に目を配れるようになりましたし、患者さんをどのように移送するか決めて、正確な順番で病室に入れられるようにもなりました。専門病棟すべてとの共同ミーティングにも参加しています。

最後の引用部分は、患者をどのように正確な順番で移送するかを決定できるという、効率的なプロセス管理の課題にじかにかかわっている。しかしこの技術能力は、責任や協働という強力な包括的概念に付随するものであり、交錯している。手術医長は2009年4月のインタビューで、こう要約した。

> 手術医長：考えてみると、これ［コミュニティ構築介入］は業務強化が眼目ではありませんでした。出発点は日常業務で体験される混乱を解消すること。何かが強化されるなら、それは混乱の解消を通じて現れるでしょう。… これ［介入］は、1つには内側から … 私たちコミュニティの何かがあまりにおかしいので、そこで働く人がすぐに誰もいなくなるだろうということから始まりました。なので、出発点が違うのです。

新しいモデルの長期的な結果

2006年の危機的状態は、その年に約100日に及ぶ手術室の閉鎖をもたらした。2008年までにユニットはこの問題を克服し、閉鎖はなくなった。2006年に行われた全手術数は27,030で、2008年には28,313まで上がった。活用率（各手術室が使われた時間）は、2008年が待機手術と緊急手術の両方とも、これまでの最高であった。手術の切り替え時間も2006年から劇的に改善した。2008年は85％の切り替えが30分未満で済んでいる。

麻酔科スタッフの病欠は深刻な問題で、2005年と2006年にユニット機能を麻痺させた。以後、麻酔科看護師の病欠は激減した（表6.1）。2006年から2008年の間に30％も減少している。

フィンランドの各病院の比較が2008年に行われた（Intensium®Benchmarking）。当の外科手術ユニットとフィンランドの他地域にある病院の似たような22の外科ユニットが比較調査に加わった。比較によると、ユニットは非常に優れている。朝、（手術時間との比較で）仕事を始めるターゲット時間への到達は、全国3番目であった。コンソーシアムの平均と比較して、ユニットでの平日と手術時間の間の手術室の活用率は最高（2008年に71.16％）であった。また、夜間の手術室の遊休率も11％と、全国で最低である。

表6.1　2002年から2008年までの麻酔科看護師の病欠日数

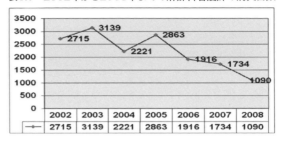

　こうした成功がはっきりと示されているにもかかわらず、2009年4月になされたフォローアップ・インタビューで、ユニットの手術医長は一般病棟の機能的な問題と、ユニットへの影響を非常に心配していた。病室はケアプロセスに関して外科手術ユニットとの重要なインターフェースである。病室にはスタッフも患者ベッドも足りず、リソース不足でいくつか閉鎖されていた。これがボトルネックになって、ユニットの各活動分野の機能を低下させ、乱していた。つまり、新しいモデルは、ユニットとその近隣である一般病棟との間の組織的境界にかかわる緊張をはらんでいた。ユニットとその近隣は相互依存しており、複数の並行プロセスがある。だが、新しい組織モデルはユニットの境界内に限られている。

プロセス－コミュニティの二分法を超える

　この章で提示した事例分析はプロセス効率に対するコミュニティ構築の優位性を証明する試みだとも読める。そのような読解は重大な誤りだろう。逆に、私たちは、プロセス効率とコミュニティ構築の見解は互いに対話しなければならないと主張する。プロセスを改善するためには、強力なコミュニティ開発が必要である。そのときプロセスは共同所有者をもつ。対応して、コミュニティが構築されるとき、最終的にはそのプロセスに注意を向けなければならない。鍵は、プロセスを孤立したものとしてではなく、互いに作用し干渉し合うものとして見ることにある。

　上記で分析した病院ユニットが達した結論は印象的ではあったが、壊れやすいものでもある。ユニットのコミュニティが自らの境界を超えて踏み出し、隣のコミュニティ、とりわけ病棟に影響を与えられなければ、前向きな発展はすぐに大規模な危機によってひっくり返されるだろう。相互作用しつつも細分されたユニットで共有されうる、革新的に拡張された対象を構築しなければならない。

　このような拡張された対象への最初の一歩が病院ユニットでなされ始めたという

証拠がある。外科と麻酔科両方の医者や看護師が、お互いの対象を統合し始めたのである。これは図6.6の大きな楕円の左半分にある2つの交錯する小さな楕円として概念的に描かれている。残された大きな課題は、これらの対象を病院内の患者の全体的な流れと統合することである。これは伝統的に事務職とマネジャーの対象であって、ケアをしている医師や看護師の管轄外にあった。だが、この種の精神は、これまで分析してきたユニットが乗り越えたような危機を繰り返しもたらすことになる。

　この種の対象の革新的拡張には何が必要だろうか？ 第一歩として、全体的な患者の流れをモニター・評価して、その破断やボトルネックによる遅れを最小限にするツールを全スタッフに与えることが求められよう。すでにマネジャーは、こうした性質のツールのいくつかを好きなように使っている。これらのツールが現場のケアスタッフに開かれる必要がある。同時に、ローカルな文脈にもっと適合し、敏感にならねばならず、それによって各ユニットや活動分野は自身の活動を有効にモニターし、それを患者の全体的な流れとの関係で見ることができるようになる。ケアスタッフにとって意味あるような、定期更新される患者の流れの数値指標による表示法が開発されるべきである。

　図6.6に示した対象の拡張は、手っ取り早いプロセスではない。上述した事例の経験と分析から、この挑戦は拡張的学習の何度ものサイクルであった（Engeström, 1987; Engeström & Sannino, 2010）。おそらくコミュニティ構築介入は、成功事例においては、それ自身の拡張された学習の比較的完全なサイクルとなるだろう。プロセス効率介入にも、それがプロセスを孤立した実体としてではなく、共同所有者を必要とする相互作用かつ相互依存する一連の行為として扱うならば、同じことが当てはまる。病院内の全体的な患者の流れを包摂するように対象を拡張することは、明らかにもっと大変な仕事であり、それ自身の拡張されたサイクルが必要となる。これは複雑な組織での拡張された学習が3つのメゾレベルの拡張サイクル、すなわちコミュニティ構築、プロセス強化、対象の革新的拡張の間の循環的相互作用として、マクロレベルで概念化される可能性を開く（図6.7）。

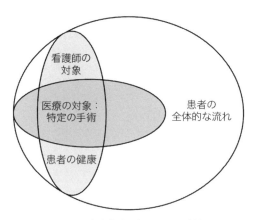

図6.6　病院業務の拡張された対象

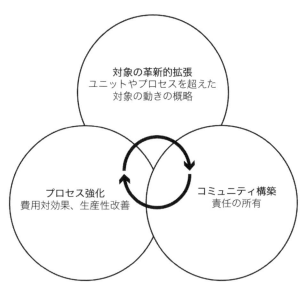

図6.7　コミュニティ構築、プロセス強化、対象の革新的拡張の拡張サイクルの相互作用としての拡張された組織学習のマクロレベルな見方

第6章　プロセスの強化か、コミュニティの構築か ── 拡張的学習を通じて二分法を超える

第7章
図書館における拡張的学習
── 行為、サイクルと指示の意図からの逸脱

　仕事関連の学習の議論においては、学習についての公式／非公式、個人的／集団的、習得的／参加的、伝達的／変革的という見方のギャップを埋めることを可能にする、実践可能な、文化に根ざした理論が模索されている（たとえば、Fenwick, 2006; Hodkinson, Biesta & James, 2007; Malloch, Cairns, Evans & O'Connor, 2011）。しかし理論を提示し売り込むだけでは、もはや不十分である。その理論がもたらす実証的有用性や方法論的な厳密さを吟味し検証することが、ますます重要になってきている。またそれは、ソーチャック（Sawchuck, 2011, p.177）が求めるような理論間の交配への道を開くことにもつながるだろう。

　文化・歴史的活動理論の伝統（Leont'ev, 1978; Engeström, Miettinen & Punamäki, 1999; Sannino, Daniels & Gutierrez, 2009）は、職場における学習にとっての重要な蓄積であるが、世界のほとんどの地域においてまだあまり認知・理解されていない（Roth & Lee, 2007）。文化・歴史的活動理論の中から、いくつかの影響力のある学習理論が生まれた（本書第2章参照）。その中でも最も新しい拡張的学習理論は、組織と職場における集団的な変革を説明し、またその試みの手引きとなることを目指している。その誕生（Engeström, 1987）以来、この理論は職場における学習と組織的変化に関する多数の研究において応用され、発展してきた（Engeström & Sannino, 2010）。本章で私たち*は、この拡張的学習理論がもたらす実証的有用性と方法論的な厳密さを検討する。

　拡張的学習理論は、チェンジラボラトリー（Engeström, Virkkunen, Helle, Pihlaja & Poikela, 1996; Engeström, 2007, 2011）と呼ばれる形成的介入ツールキットの支柱である。このツールキットは、郵便局、工場、学校、病院、報道スタジオといった状況における多数の介入的研究において、様々なかたちで使われてきた。チェンジラボラトリーは、新しい働き方を構想、デザイン、経験、実験する小宇宙として機能する（Engeström, 1987, pp.277-278）。チェンジラボラトリーは、通常、重要な変革を迫られている活動システムの中で実施される。そうした活動システムは、しばしば、大組織における相対的に独立したパイロット的な部署である。その部署で働く実践者や管理者は、介入研究者の小さなグループとともに、5〜10の回数で、一連のチェンジラボラトリーの会合を開く。多くの場合、数ヵ月後にフォローアップの会

合が行われる。また可能であれば、顧客や患者が、自分たちの特別な状況について詳細に分析するために、チェンジラボラトリーの会合に招待されて参加する。さらに、チェンジラボラトリーは、協働やパートナーシップに関与している2つ以上の活動システムの代表が参加する「境界横断ラボラトリー」としても行われる。

　本章の観点からは、拡張的学習理論の3つの中心的な主張が特に重要である。第一に、この理論は、拡張的学習プロセスは拡張的学習行為からなると提案する。理論によって、7つの拡張的学習行為が特定されている（次節参照）。時限的な、介入を計画しないチーム会議における一連の拡張的学習行為が、詳細に分析されている（Engeström, 2008, pp. 118-168）。これは、チェンジラボラトリーの一連の介入全体を、介入セッションにおけるすべての会話、局所的な出来事を含めて包括的に分析した、最初の研究の1つである。

　この分析から私たちは、最初のリサーチクエスチョンと、3つのより特定的なサブクエスチョンを定式化した。

クエスチョン1：拡張的学習理論が想定する7つの拡張的学習行為を用いて、チェンジラボラトリーによる介入のプロセス全体をどの程度まで記述、分析することができるか？

1.1　チェンジラボラトリーのプロセスにおいて、どの拡張的学習行為がどの程度の頻度で観察されるか？

1.2　どのような拡張的でない学習行為が観察され、また拡張的学習行為との関係においてそれらは量的にどのような役割をもつか？

1.3　7つの学習活動の中で、どのような拡張的学習行為のサブタイプがどの程度の頻度で観察されるか？

　第二に、拡張的学習理論が提案するのは、本格的な一連の拡張的学習行為は、典型的に比較的予測可能なサイクルのかたちをとるということである。行為の継起の理念的－典型的なサイクルを提案するが、実際の一連の行為はそれから乖離しつつもその組み合わせや反復は完全に恣意的なものとはならない、と主張する。さらにより大きなスケールの拡張的サイクルの中により小さいサイクルが存在する。したがって、チェンジラボラトリーの介入全体の中において、複数のより小さな学習行為の拡張的サイクルの芽を見出すことができる。拡張的サイクルはいくつかの研究において吟味されてきたが（たとえば、Foot, 2001; Mukute, 2010; Pihlaja, 2005）、チェンジラボラトリーの介入における拡張的学習のサイクル全体における小規模なサイクルを体系的に同定し分析した研究は、私たちの知る限り公刊されていない。

　そこで、私たちは2つ目のリサーチクエスチョンと、2つのより特定されたサブ

クエスチョンを定式化した。

クエスチョン2：チェンジラボラトリーによる介入の全体プロセスは、学習行為の拡張的サイクルによってどの程度記述・分析することが可能か？
2.1 チェンジラボラトリーの全体プロセスにおける、起こりうる拡張的学習行為のサイクルの特徴は何か？
2.2 全体プロセスにおいて、どのようなより小規模なサイクルが観察されるか？

第三に、拡張的学習理論は、介入者の意図、計画、指示行為は参加者の学習行為がどう展開するかを機械的に決定しない、と論じる。

> これらの研究は、参加者の学習行為が、必ずしも介入者が課した課題が意図したものと対応するとは限らないことを明らかにした。再三再四、参加者は介入プロセスで指導的役割を引き取り、課題を拒否したり再定式化したりし、介入者の計画を変更する行為をした。（Engeström & Sannino, 2010, p.12）

指示の意図と実際に行われた学習行為とのこのギャップは、エージェンシーと革新の重要な潜在的資源である（Engeström & Sannino, 2012）。しかしながら、このギャップは、実証研究において系統的に分析されたことがない。
そこで私たちは、第三のリサーチクエスチョンを定式化した。

クエスチョン3：チェンジラボラトリーの介入者の指示の意図と参加者がとる実際の学習行為との間に、どのような種類の逸脱があるか？

これらのリサーチクエスチョンを検討し、答えるために、ヘルシンキ大学の中央キャンパス図書館において私たちの研究チームが行ったチェンジラボラトリーのプロセスの分析を行う。2010年の秋に、私たちは図書館職員、管理職、4つの試験的利用者グループ（大学の人文、社会科学の4つの研究グループ）の代表が参加した、8回のチェンジラボラトリー・セッションを実施し、ビデオ撮影を行った。

次節では、私たちの研究を支える中心的な理論的考えと概念について詳述する。そして、本章で分析する組織的状況とチェンジラボラトリーの介入について記述する。その後で、データと方法を示す。そして、3つの節で、主なリサーチクエスチョンに対応させてデータ分析を行う。最後に、知見を議論し、様々な職場における拡張的学習のさらなる研究の重要性と必要性についてコメントし、結論を述べる。

研究課題としての拡張的学習

　学習行為という概念は、レオンチェフ (Leont'ev, 1978) の古典的な「活動・行為・操作」の区別に直接的な起源を求めることができる。「活動」は人間の営みの集合的な単位で、1つの目的や動機にもとづく比較的持続的、集団的なシステムとして形成され、通常は個々の参加者に説明することは難しい。活動は行為によって実現される。行為とは、目標のために行われるより短期のモジュール単位であり、少なくとも事後的に、通常当事者によって説明可能である。行為は、個人によって行われることもあるし、またグループにより協働で行われることもある (Rubtsov, 1991)。行為は、より小さな構成要素、つまり身近にある道具や状況に依存する自動的な操作により実現される。行為者は通常、ある行為において用いられる操作について自覚していない。

　学習活動は、学習の特定の歴史的一形態であり、その内容は理論的知識や概念を創造的に取り入れることである (Davydov, 2008)。ここで「理論的」というのは、抽象的なものから具体的なものへと上向する方法で、系統的な対象の生成・発展・変化を再生産する認知の一形態を指している (Davydov, 1990)。抽象から具体へと上向する中で、混沌とした具体的な感覚状況に直面する学習者は、複雑な全体を説明する単純な関係であるところの「胚細胞的」抽象化を見つけてモデル化できるまで、当該状況を変革させ、実験を行う。この初めの抽象化は吟味され、「胚細胞」によって理解・解決可能な多様な具体的応用問題と課題を構築するために使用され、展開される。このような対話的な意味における理論的知識は実践に対立するものではなく、実践的な実験から生まれ、新たなかたちの実践をかたちづくり、生み出すものである。

　学習活動 ── もしくは拡張的学習 ── とは、抽象から具体へと上向するプロセスの全体である。学習活動とは、行為から新たな活動への拡張を習得することである。それは、「活動を生み出す活動」(Engeström, 1987, p.125, 強調原文) である。拡張的学習行為は、学習活動を成し遂げるために必要な段階である。拡張的学習理論は、以下の7つの行為を提案する。

- 第一の行為は、一般に認められた実践や既存の知恵のある側面に疑問を投げかけ、批判し、拒絶していくことである。簡略化のため、この行為を問いかけと呼ぶ。
- 第二の行為は、状況を分析していくことである。分析は、原因や説明メカニズ

ムを発見するために、状況を、精神的、言説的、実践的に転換することを含んでいる。分析は、「なぜ？」という問いや説明原理を呼び起こすのである。分析の1つのタイプは、歴史的・発生的なものである。そこでは、状況の起源と進化をたどることによって、状況を説明しようとする。もう1つの分析のタイプは、実際的・経験的なものである。ここでは、状況の内側にある諸関係のシステムを具体的に描き出すことによって、状況を説明しようとする。

- 第三の行為は、新たに発見された説明可能な関係性について、公けに観察可能で伝達可能な媒体を用いてモデル化することである。これが意味するのは、問題状況の解決策について説明し提案する新しいアイデアについて、明確で簡易化されたモデルを構築することである。
- 第四の行為は、モデルの動態とポテンシャルと限界を完全に把握するために、モデルを走らせ、操作し、実験することによって、モデルを検証していくことである。
- 第五の行為は、実践的適用、改良、概念的拡大によって、モデルを実行することである。
- 第六と第七の行為は、プロセスを内省することと評価すること、そしてプロセスの成果を実践の新しい安定した形態の中に統合し一般化していくことである。

　拡張的学習行為を実証的なデータに限定するのは、容易な作業ではない。チェンジラボラトリーにおける学習は高度に協働的・言説的な営みであり、参加者間の序列や競争関係は可能な限り括弧に入れられる。そのような場における学習行為は、会話とそれに付随する身振り、姿勢、視線、文字や絵による表現を含む物理的な人工物の使用を通して同定される。学習行為は、対話者間の ── 長くなることが多い ── 何らかのやりとりを含むのが典型ではあるが、他者からの明示的な反応のない単一話者の発話ですら、学習行為と見なされることがある。学習行為が生じるためには、何らかの課題が参加者によって採用されなくてはならない。課題は行為の初め、または途中で明示的に形成されることもあれば、もっと暗黙のうちに段階的に生じる場合もある。

　拡張的学習理論は、拡張的プロセスは純粋ではないと主張する。つまり、そこには拡張的ではない学習行為も含まれる。上述のチーム会議においては、問題の定式化・議論と既存の実践の強化という2つの非拡張的行為が観察された。第一のものは「チームによって始められ構築されたのではない、チームのために準備された問題の提示と議論」(Engeström, 2008, p. 133, 強調原文) として特徴づけられる。本格的なチェンジラボラトリーのプロセスにおいては、多くの非拡張的行為が見出されるだろう。もしこれらの行為が頻繁に観察されるならば、全体のプロセスを拡張的だ

と見なすための何らかの基準が必要となる。こうした基準は、調査している活動の対象の変化と密接に関連している。対象は、より広範囲の行為者のネットワークと、より長い時間的展望を含んでおり、社会・空間的にも、また時間的にも拡張するものと期待される（Engeström, Puonti & Sppänen, 2003）。

　また、提案された拡張的学習行為は、その内部が異種混交であることが多い。実際この理論は、分析の行為に2つのタイプ、つまり歴史的・発生的分析と実際的・実証的分析があるとする。それぞれの拡張的学習行為のサブタイプを同定することによって、この理論の経験的な使い勝手は格段に良くなるかもしれない。

　拡張的学習サイクルの概念は、抽象的なものから具体的なものへの上向という考えにもとづいている。拡張的学習理論は、矛盾を段階的に発展させることにより抽象から具体へと上向するというダヴィドフ（Davydov, 1990）の考えを発展させたものである。問いかけの行為においては、第一の矛盾が次第にやっかいなものとして現れてくるが、活動システムの中で緊張と障害を和らげる。分析の行為においては、活動システムの2つまたはそれ以上の構成単位の間のはっきりとした、さらに悪化した第二の矛盾が同定される（たとえば新しい対象と古い手段との間）。実行の行為においては、新たな活動モデルと以前の活動モードの残滓との間の第三の矛盾が出現する。統合・一般化の行為においては、新たに再組織化された活動とその近隣の活動システムとの間の第四の矛盾が現れる。統合・一般化の行為が一時的なものであれ、矛盾をある程度解消し安定をもたらすと、それは1つのサイクルの終わり（と次のサイクルの始まり）を示していると見なされる。

　拡張的学習理論は、サイクルにおける理念的－典型的な一連の行為は、実際にはその純粋なかたちで見出されることはないと強調する。実際には奇妙な組み合わせ、休止、逸脱や繰り返しが見られる。そうであるなら、いつサイクルが出現したと言うことができるのだろうか？　部分的な答えが、ムクテ（Mukute, 2010）による、アフリカの持続可能な農業共同体におけるチェンジラボラトリーの研究から得られるかもしれない。彼は、学習行為が明確な順序に従わないものであったとしても、「拡張的学習のすべての重要な要素を特定でき、その全体的なかたちはそれほど混沌としてはいない」（Dochy, Engeström, Sannino & van Meeuwen, 2011, p.144）という意味において、原型のサイクルに似たものであったことを示した。

　サイクルの辞書的な定義は、一般的に、定期的な間隔をおいた繰り返しであるとされる（Gould, 1987 も参照）。拡張的学習の繰り返し的な性質は、より大きなサイクルにおけるより小さなサイクルを分析することで実証的に検証できる。しかし、相対的に小規模なチェンジラボラトリーのプロセスを分析する際に、そして特に、全体的サイクルの中にありうるミニサイクルを調べるのなら、本当に理念的－典型的なサイクルの最終的行為（実行・内省・統合）が規則的に観察されると期待で

きるだろうか？　それとも、チェンジラボラトリーのプロセスは――特にフォローアップ・セッションが含まれていない場合には――サイクルの最初の4つの行為に限定されるのだろうか？　本研究は、これらの問題を明らかにすることを目指す。そうすることでまた、拡張的学習プロセスにおける循環性の実証的な基準を、より厳密にすることを目指す。

　チェンジラボラトリーのプロセスは、典型的には前もって注意深く計画される。それぞれのセッションは、特定の拡張的学習行為を促進することを目指している。介入者が遵守すべき台本も存在する。介入者の台本と、実際にセッションにおいて生じる出来事や行為を比較すると、決まって指示された意図と実際に生じた学習行為との間のギャップが露わになる。

　基本的に、そのようなギャップはすべての指示された学習において現れる。多民族構成の教室の研究においてグティエレスたちは、このギャップがいかにして教師の権威的な台本と生徒の対抗的な台本との衝突をもたらすかを分析した。時折、両者は、共通の土台を見つけ、有意義な交渉された学習を行うこともあった。グティエレスたちは、これらの出来事を教授‐学習プロセスにおける「第三空間」の創発と特徴づけている（Gutiérrez, Rymes & Larson, 1995; Gutiérrez, Baguedano-López & Tejeda, 1999; Gutiérrez, 2008）。

　成人の専門家たちに対して行われたチェンジラボラトリーにおいては、介入者の台本は、学校の教師の台本ほど固定された権威的なものではない。いくつかの研究において介入者の指示の意図からの逸脱が見出されているが（たとえば、Engeström, Engeström & Suntio, 2002, p.212; Toiviainen & Engeström, 2009, p.103）、チェンジラボラトリーのプロセス全体においてこれらの逸脱や、それに付随する争い、交渉、「第三空間」や新たな対象を体系的包括的に分析した研究はまだ出版されていない。そのような分析は、エージェンシーの形成プロセスとしての拡張的学習プロセスを理解する重要な資源を提供することにつながるだろう。

場面と介入

　2009年から2011年の終わりにかけて、私たちの研究グループとヘルシンキ大学図書館は、研究者と研究グループのための図書館サービスの新たなモデルを作ることを目指して、「図書館におけるノットワーキング」と呼ぶ共同プロジェクトを実施した。このプロジェクトの背景には、世界的な大学図書館の危機的状況がある。グリーンシュタイン（Greenstein, 2010）はこの危機の本質を、次のように的確に記している。

大学図書館はその運営費を主に大学の学部の費用（教員の給与がその重要な部分を占める）を賄うのと同じ財源に依存している。率直に言って、これらの財源は世界的な景気後退により減少しており、近いうちに増加傾向に戻ることはおろか、再び成長を回復するかどうかすら定かではない。…

　学術誌、辞書類、さらに絶版を含めた数百万の書籍が苦労することなくオンラインで手に入ることになるというのに、そもそも大学図書館に投資する必要があるのだろうか？（Greenstein, 2010, pp. 121-122）

　他の論者と同様にグリーンシュタインは、大学図書館は抜本的な改革を行う必要があると論じる。

　したがって、今日の図書館サービスの最先端にいる「サブジェクト・ライブラリアン」（間違いなく別の呼称で通っているだろうが）の役割は、ユーザーがますます複雑化する情報資源を活用するのを手助けすることだけではない。彼らは他にも、情報技術を授業に活用したり、研究や教育の成果のデジタルコンテンツを「収集整理（キュレート）」したり、ますます多様化しつつある学術出版媒体の案内をしたりと、学者の支援を行う。図書館はより広範な制度的役割を担うことになり、組織の情報インフラ（ITだけでなく出版・放送サービスも含みうる）を管理運営し、たとえば研究や教育の成果を表に出して、組織への支持、歳入の生成、または特定の公共サービスの達成を支援するようなしかたでアクセスできるようにして、戦略的コミュニケーションにおけるより大きな役割を果たすだろう。（Greenstein, 2010, p. 125）

　しかしながら、このような抜本的な大学図書館の再定義は容易ではない。「図書館の業務範囲の変化の方が、歴史的な情報アクセス機能と収集管理に影響するトレンドよりも予測が難しい」（Greenstein, 2010, p. 125）。大学図書館においては、2種類の仕事が同時に存在する。収集に対する手工業的な作業と、利用者に対する標準化された大量生産である。つまり、大学図書館は物理的な本と雑誌の収集の手当てと、個々人の利用者、特に学生に対する標準化されたサービスを合理化することに特化しているのである。大学図書館は、利用者とのサービスの集合的・相互的な協働創出や協働構成には用いられない。さらに、図書館は利用者と交渉するのではなく、彼らを指示するのが常であった。
　私たちの研究グループは2009年に、ヘルシンキ大学の図書館から図書館の職員・

管理職がサービス・仕事のしかた・図書館の組織を再定義するのを助けるための介入的研究を行うことを依頼された。大学図書館は、4つのキャンパス図書館と、集中化された電子サービス、事務を行う本部とからなる。大学図書館には約250人のスタッフがおり、年間予算は2,100万ユーロ以上にのぼる。約250万の貸し出しが毎年行われている。大学の運営側は、大幅な人員削減を行うことなく図書館を改善することを決定した。

　ヘルシンキ大学図書館は、少なくとも3つの点において大きな変革のさなかにある。まず、情報の電子化と、強力なウェブ上の情報の貯蔵と検索ツールの出現により、研究者が実際に図書館を訪れ本や雑誌を使う機会が激減した。第二に、特に人文・社会科学の書庫をもつ中央キャンパスにおいて、多数の小規模な分野・学部単位の図書館が、大きな統合されたキャンパス図書館に物理的にも管理面でも併合された。第三に、大学は新しい中央キャンパス図書館を建設した。懸念は、新しい図書館施設が、主に学生によってのみ使われ、研究者や教員はウェブ上の電子サービスのみを使うことになるかもしれない点である。

　私たちのプロジェクトの作業仮説は、研究者グループは実は膨大で複雑なデータ・セットをマスターし、情報検索、電子出版、自分の研究評価、科学共同体における注目度といった必要に応えるために、新しい種類の図書館サービスを必要としている、というものであった。私たちは予備的な分析から、現在の図書館の研究者向けの仕事の対象は、個々の研究者の個別の出版、もしくは出版に関連する情報に対する要求に応えることであると想定した。必要とされている新たな対象は、データ管理、出版、出版の世界的な流れをフォローする支援を必要としている研究グループとの長期的なパートナーシップであるだろう。この新たな対象は、図書館に新たな分業、新たな能力、そして新たな組織のモデルを求めることになるだろう。

　これらの新たに生じている需要に対応するサービスが、すべて提供されているわけではなかった。それらは図書館員と研究グループとの柔軟なノットワーキングにおいて協働的に構築され、常に再構成される必要があった（ノットワーキングの概念については、Engeström, Engeström & Vähäaho, 1999 参照）。そのようなノットワーキングのための基礎作業を、共同で構築された研究グループのためのサービス・パレットとして、そしてそれに対応する新たな仕事のしかたと組織構造というかたちで作り出すために、私たちはまずチェンジラボラトリーを生物科学のキャンパス図書館で、次いで中央キャンパスで行った。本章では後者の、中央キャンパスでのチェンジラボラトリーに焦点を当てる。

　8つのチェンジラボラトリー・セッションの日付、内容と参加者を表7.1に示した。表にあるように、最初のセッションは図書館スタッフとのみ行い、第2回のセッションは図書館スタッフと4つすべてのパイロット研究グループ —— 認知科学、コ

表7.1 チェンジラボラトリー・セッションと参加者の概要（2010年秋）

	日付	セッションの目的	L	R-CS	R-CL	R-FL	R-GS	I	T
1	10-5	次のセッションで研究グループに提示されるサービスの準備	17	-	-	-	-	6	23
2	10-5	4つの研究グループに対するサービス・パレットの提示	16	1	2	4	1	6	30
3	10-22	CSとCLグループの特定のニーズに合わせたサービス・パレットの調整	15	3	1	-	-	6	25
4	10-29	FLとGSグループの特定のニーズに合わせたサービス・パレットの調整	13	-	-	4	2	6	25
5	11-5	CSとCLグループとのサービス実施のための洗練化	15	2	1	-	-	6	24
6	11-10	FLとGSグループとのサービス実施のための洗練化	13	-	-	4	3	6	26
7	11-19	図書館組織のためのサービスモデルの要求	17	-	-	-	-	6	23
8	11-26	図書館組織のための実施計画	16	-	-	-	-	6	23

L=図書館、R-CS=認知科学研究グループ、R-CL=コミュニケーション法研究グループ、R-FL=フィンランド語研究グループ、R-GS=ジェンダー研究グループ、I=介入グループ、T=セッション参加者計

ミュニケーション法、フィンランド語、ジェンダー研究 —— とで行った。第3回のセッションは図書館スタッフと最初の2つのパイロット研究グループと行い、第4回のセッションは残りの2つのパイロット研究グループと行った。第3回と第4回のセッションの参加パターンは、第5回と第6回のセッションでも繰り返された。最後の第7回と第8回のセッションは、図書館スタッフのみと行った。

チェンジラボラトリーは、それが実施される活動の場から得られるエスノグラフィー・データにもとづいて実施される。本事例では、図書館の機能に関する問題と需要についてのインタビューをスタッフと利用者に対して行った。これらのインタビューからの抜粋は、セッションにおいて、「問題を映し出す素材」もしくは「第一の刺激」（Engeström, 2011）として、協働的分析を誘発し、支援するために用いられた。

このプロセスの初めにおいて私たちは、研究グループに提供したいサービスの視覚的モデルを作成するよう、図書館スタッフに要請した。このサービス・パレットは、想定される鍵となるサービスのカテゴリーを表す円を相互に連結したダイアグラムとして描かれた。このダイアグラムの様々なバリエーションと修正が中心的な概念モデルとして、つまり「第二の刺激」（Engeström, 2011）として、このプロセスを通じて用いられた。

データと方法

　私たちの生データは、8つのチェンジラボラトリー・セッションのビデオテープである。セッションの長さは120から151分であった。8つのセッションの合計の長さは1109分であった。合計で4184の発話交代があった。ビデオテープは書き起こされた。
　分析の手始めとして、私たちは書き起こされた記録の中から拡張的学習行為を特定した。拡張的学習行為の特定は、(a) 実質的内容にもとづいて会話のエピソードを見分け、(b) それぞれのエピソードについて行為単位で会話の交代を分析し、その行為の暫定的な記述を形成し、(c) 学習行為の流れにおける個々の行為の認識論的機能を特定することによって行った。認識論的機能は、前述した7つの拡張的学習行為の枠組みを用いて決定した。
　第二段階として、データの非拡張的学習行為を特定した。これは、拡張的ではないと特定された行為の内容と認識論的機能を検討することにより行われた。これらの行為は、理論的・系統的に分類することを意図せず、その内容にもとづいて、記述的に命名された。日程についての議論等の技術的な話や本題からそれた内容は分離され、データ分析には含めなかった。
　第三段階として、拡張的学習行為に戻り、可能な下位分類を同定した。これは所与の拡張的学習行為（たとえば問いかけ）のすべての例を調べ、それらを繰り返し分類し、名前をつけることにより行った。結果として出来上がった下位分類は、拡張的学習行為の頻度を数える際の基礎として用いられた。
　第四段階として、3つのレベル、すなわちチェンジラボラトリー全体のプロセス、それぞれのチェンジラボラトリー・セッション、セッションをまたぐ対象をめぐるサイクルの各レベルにおいて、拡張的学習行為の循環性を調べた。循環性は繰り返しを意味するので、介入において繰り返されるより小さな循環を見つけ出すことが重要であった。これを達成するために、拡張的循環性の最小限の操作的な基準が必要であった。私たちはこの分析におけるそのような循環性の最小基準を、1つのセッションもしくはセッションをまたぐ対象をめぐるサイクルにおいて、少なくとも4つの拡張的学習行為が意味のある順序で生じる場合であると定義した。意味のある順序とは、理論的に公式化された拡張的サイクルの一般的方向性のことである。もし行為が反対の順序、もしくは完全にランダムな順序で起こった場合（たとえば実行 → 検証 → 分析 → 問いかけ）、この基準を満たさない。他方で、もしある行為が理念的−典型的な理論モデルとは異なる順序で生じたが、行為の一般的な順序が

理論サイクルの方向性と一致している場合（たとえば問いかけ → 分析 → モデル化 → 問いかけ → 検証）、この基準は満たされる。

第五段階として、介入者の指示の意図するところと実際に達成された学習プロセスの逸脱を分析した。私たちは、逸脱の2つのタイプ、つまり（a）行為のレベルでの逸脱と（b）対象のレベルでの逸脱を同定した。行為のレベルでの逸脱とは、あるセッションにおいて1つ以上の拡張的学習行為が、介入者が計画した主な行為から逸脱した場合である。これらの逸脱は、典型的には、出来事の成り行きを一時的に変えた驚き、もしくは邪魔であったが、全体的な学習の対象を変えるものではなかった。つまり、逸脱の後プロセスは計画に戻った。対象レベルでの逸脱は、対象、したがって拡張的学習プロセスの全体の成り行きが質的に変化した場合である。質的な変化は、必ずしもその前に明確になった対象の否定を意味するものではなく、既存の対象の実質的な拡張であることもある。

逸脱を同定するために、介入者の指示の意図を特定する必要があった。このために、介入者が書いた計画と介入者グループの計画のための議論の録音が用いられた。これにもとづいて、それぞれのチェンジラボラトリー・セッションの機能を、計画された主な拡張的学習行為として記述し、この意図を実際に起こったことと比較する参照点とした。紙幅が限られているため、指示の意図と計画を明示化する文書と会話の分析は、本章では割愛した。

拡張的学習行為

私たちのリサーチクエスチョン1.1は、チェンジラボラトリーにおける拡張的学習行為の出現とその頻度である。表7.2に示したように、7つの拡張的学習行為のうち6つがデータにおいて生じた。最も多かったのが状況分析行為で、113回であった。モデル化行為は64回生じた。新たなモデルを検証する行為は44回生じ、問いかけの行為は36回生じた。新たなモデルを実行する行為とプロセスについて内省する行為は最も頻度が少なく、それぞれ16回と8回であった。統合・一般化は、このデータでは生じなかった。

全体の努力について言うと、このチェンジラボラトリーはモデルを実行しプロセスについて内省するよりも、状況の問いかけ、分析、新たな状況のモデル化、そのモデルの検証に重点が置かれた。プロセスを実行し内省する行為が相対的に少ないことと、統合・一般化の行為が見られなかったことは、数ヶ月後に行われたフォローアップ・セッションを当分析に含めなかったことに大部分の理由を求めることができるだろう。異なる拡張的学習行為が全体のプロセスの異なる段階でどれほど

表7.2　チェンジラボラトリー・セッションにおける、拡張的・非拡張的学習行為のタイプと頻度

拡張的学習行為	S1	S2	S3	S4	S5	S6	S7	S8	合計
問いかけ	10	3	3	3	2	1	14	0	36
分析	23	14	10	6	16	34	10	0	113
モデル化	3	1	6	22	5	1	17	9	64
検証	0	0	0	0	14	0	0	30	44
実行	0	0	0	0	9	4	0	3	16
プロセスの内省	0	0	0	0	1	1	3	3	8
合計	36	18	19	31	47	41	44	45	281
非拡張的学習行為	S1	S2	S3	S4	S5	S6	S7	S8	合計
情報を知らせる	10	8	7	3	10	3	7	1	49
明確化	0	1	0	0	0	0	0	0	1
要約	0	2	2	4	2	1	4	3	18
合計	10	11	9	7	12	4	11	4	68
全学習行為	46	29	28	38	59	45	55	49	349
技術的話題と脱線	11	14	8	3	5	11	5	5	62

S=セッション

頻繁に生じるかという興味深い論点については、循環性について論じる節で扱う。すべての拡張的学習行為を、それが生じたセッション、それぞれの内容のエピソードと会話の交代と結びつけて別表7.1（pp.165-168）に示す。

　私たちのリサーチクエスチョン1.2は、チェンジラボラトリーにおける非拡張的な学習行為の出現とその頻度である。非拡張的学習行為の総計は68であった。表7.2にあるように、私たちは非拡張的学習行為の3タイプを見出した。すなわち情報を教えること、明確化すること、そして要約することである。相対的に非拡張的学習行為が多数見られるのは、全体の学習プロセスが拡張的であるという想定と相いれないように思えるかもしれない。しかし、これらの非拡張的学習行為は、拡張的学習行為を妨げたり、それと反対の性格をもつものではない。これらは単に、抽象から具体へと上向していく認識論的プロセスにおける必要な要素ではないということである。

　これらの知見に照らして言えることは、拡張的学習行為は、それを支援する、または中立的である、または逸脱的である、もしくは邪魔になるような非拡張的学習行為が入り混じったプロセスの中で生じる、ということである。もし理論において、もしくは先行研究において、拡張的学習行為がしばしば相対的に純粋なプロセスであるとして描かれていたとしたら、これらの知見は、拡張的学習行為をむしろ多様な分岐の中で生じる経路、もしくは補完的、あるいは競合する音を背景にするメロ

表7.3 拡張的学習行為の下位タイプ

問いかけ	Q1 参加者に疑問を抱かせる Q2 既存の慣行を批判する Q3 提案された発展を疑問視する
分析	A1 ニーズと考えを明確化する A2 歴史的分析 A3 問題と課題を明確化する A4 矛盾の同定 A5 代替案の比較
モデル化	M1 モデルの初期の考えを描く M2 既存のモデルを利用する M3 モデルを名付け定義する M4 モデルを物理的描写的に固定する M5 モデルを変化させ適応させる
モデルの検証	E1 モデルを批判的に議論する E2 モデルを拡張する
実行	I1 実行のデモ I2 実行を準備する *I3 新しいモデルを実際に使う* *I4 新しいモデルの使用を報告する*
プロセスの内省	
統合と一般化	

ディのようなものととらえる。

　私たちのリサーチクエスチョン1.3は、拡張的学習行為の下位タイプである。表7.3に要約したように、データの中から全部で17の下位タイプが見出された。

　最も多くの下位タイプは分析とモデル化行為に見られ、それぞれ5つの下位タイプを示した。このチェンジラボラトリーのフォローアップ・セッションは分析対象に含まれていないため、モデルの実行とプロセスについて省察する行為の下位タイプがそれほど多くないのは驚くにあたらない。論理的に、実行のある下位タイプ（「I3：新しいモデルの実際の使用」と、「I4：新しいモデルの使用についての報告」）の存在は明らかであり、表7.3に字体を強調して含めたが、これらは私たちのデータにおいては観察されなかった。

　拡張的学習行為の下位タイプが17（もしくは19）も同定されているが、多すぎるように思うかもしれない。しかし、私たちの主眼は、下位タイプの分類を完全に決定することではない。私たちの分析は、単に拡張的学習行為の中における重要な認識的相違に注意する必要があることを示している。既存の慣行を批判すること（Q2）と提案された新たな発展を疑問視すること（Q3）は同じではないし、歴史的分析（A2）と代替解決案を比較衡量すること（A5）とは同じではない。将来の研究において、拡張的学習を目指した介入において求められる拡張的学習行為の下位タ

イプの可能な一覧が見出されるかもしれない。

　まとめると、私たちの拡張的学習行為の分析は、拡張的学習についての純粋主義的な見方に挑戦するものである。実際の形成的介入においては、拡張的学習行為が単独で、きちんと標準化されたかたちで現れることはない。以下では、このプロセスにおける循環性の分析を行う。

学習プロセスの循環性

　全体のチェンジラボラトリーのプロセスのレベルにおける循環性は、図7.1を用いて検討できるだろう。

　図7.1は、最初の2回のセッションは問いかけと分析に多くを費やしたことを示している。第3回と第4回では、修正されたサービスパレット・モデルが研究者グループと議論されたため、モデル化の行為と分析が多くなった。第5回と第6回ではこのモデルが検証され、それらの含意が分析され、実行行為が初めて現れた。ここまでは、パターンは大体拡張的サイクルの理論モデルの一般的な順序どおりである。

　しかし、実行への変化は続かなかった。代わりに、第7回のセッションにおいては奇妙なことが起こった。問いかけとモデル化が突出し、再び強くなった（それぞれ14回と17回）。これらの行為は通常サイクルの初期、もしくは中間で生じると見なされており、したがって介入の後期においてこれらが再び頻発したのは非常に興味深い。第8回のセッションにおいても、かなりモデル化が多く見られ（9回）、モ

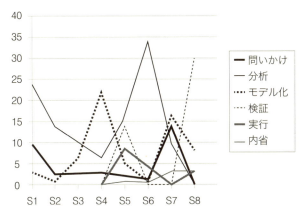

図7.1　チェンジラボラトリー・セッション全体における
　　　　異なる拡張的学習行為の頻度の推移

デルの検証は非常に多く見られた（30回）。これは、最後の2回のセッションにおいて、何か普通ではないことが起こったという観察を支持するものである。

　サイクルの中で繰り返しループが生じていたと思われる。最初の検証と実行行為が第5回と第6回のセッションで見られた。しかし実行に注力すると思いきや、第7回では問いかけとモデル化が大勢を占め、第8回での集中的なモデルの検証へと移行した。問いかけ、モデル化と検証の行為は、最後の2回において初期のセッションよりも飛躍的に集中して行われた。単純化するなら、全体のサイクルは図7.2のようであったと言えるだろう。内側のサイクルは、第7回と第8回のセッションにおける繰り返しループを表している。太い矢印は、所与の行為がより頻繁に起こっていることを表している。

　図7.2は、形成的介入のプロセス全体のレベルにおいても拡張的学習における繰り返しと再起が見られるかもしれないことを示唆している。次節では、何がそのような繰り返しを誘発し、その内容が何であったかを検討する。

　表7.2に見られるように、8回のチェンジラボラトリーのうち4回（第5、6、7、8回のセッション）において、少なくとも4つの異なる拡張的学習行為が見られ、本章で採用した循環性の基準を満たした。これらの中で、第7回のセッションは最初の3つの拡張的学習行為とプロセスについての省察の連続が見られ、第8回では最後の4つの拡張的学習行為の連続が明確に見られた。これら2つのセッションは、したがって、不完全な小循環と見なすことができるだろう。第5回と第6回では、データ中で見つかった6つの拡張的学習行為のすべて、もしくはほぼすべてが見られた。これらは学習プロセスを完結させる、もしくは統合させる、中間的な取り組みであると考えられる。しかしながら、第7回ではこの完結から逸脱し、問いかけとモデル化が再び集中的に行われた。つまり、第7回のセッションは実際的に、第1回から4回の不完全な循環パターンをより強化して繰り返したのである。最後に、第8回のセッションでは重点が拡張的循環の後半部分に移り、新たなモデルの検証が非常に集中して行われた。

　まとめると、私たちのチェンジラボラトリーのプロセスにおいて、セッションレベルでの循環性が実際に観察された。しかしセッションは完結した、もしくはほぼ完結したサイクルによって特徴づけられるものではない。完結性をもつのは第5回と6回のセッションのみであり、不完全な循環性（第7回と第8回）、循環性の欠如（第1回から第4回）が、セッションレベルにおいては実際、より普通のパターンであった。

　私たちは、セッションをまたいだ対象をめぐる循環性の明らかな例をデータ中に3つ見出した。このタイプの循環性は、時間を隔てた介入セッション間の、それをまたぐ拡張的小サイクルの力と持続性を示しているという点で興味深い。これらの

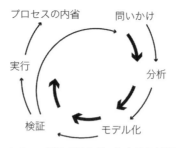

図7.2　図書館でのチェンジラボラトリーにおける拡張的学習の全体像

3つの例は、(1) 認知科学グループの研究データ管理、(2) FeedNavigatorサービスの導入と開発、(3) 利用者とサービスのピラミッドモデルの出現と進化、において見られた。

最初の例は、第2回から第3回、そして第5回のセッションにわたった。それは認知科学研究グループのメンバーたちから表明された必要性に端を発した。図書館スタッフが、膨大な量の電子画像データを高品質で保管するために可能な制度的な取り組みを特定し、交渉するための拡張的な努力を行った。これらの努力は、大学と国レベルでのインフラとルールの欠如に行き当たって、データ保管の努力は立ち消えとなった。この努力と並行して、そして最終的にはそれに取って代わるものとして、図書館スタッフは研究グループと共同で、研究グループ内におけるデータ管理のための小さいガイドブックを作成した。このガイドブックは実際に完成され、使用された。そのための作業の大部分は、チェンジラボラトリー・セッションとは別の、図書館員と研究グループメンバーのノットワーキング会合において行われた。この小循環はそれ自体詳細な分析に値するものであるが、ここでは紙面の都合で割愛する。

FeedNavigatorサービスの導入と開発に集中した、セッションをまたぐ対象をめぐる循環性の第二の例について詳しく検討する。FeedNavigatorは、ヘルシンキ大学の医学部キャンパスにおいて開発された、新たな出版物、特に学術誌の論文を追跡するための無償のウェブベースのサービスである（www.terkko.helsinki.fi/feednavigator/）。

私たちは、すべてのセッションについてFeedNavigatorの話題が拡張的学習行為に関連するエピソードを探した。そのようなエピソードは第1、2、3、5回のセッションで生じた（表7.4参照）。第1回と第2回のセッションでは、FeedNavigatorは分析行為において見られた。第3回のセッションでは、FeedNavigatorは問いかけの行為と関連していた。第5回のセッションでは、FeedNavigatorは問いかけ、実行、検証とモデル化の行為と関連していた。

FeedNavigatorサービスは、最初に第1回のセッションで取り上げられた。参加者

表7.4　チェンジラボラトリー・セッション 1, 2, 3, 5 における、FeedNavigator サービスに関連する拡張的学習行為

ターン	セッションのエピソードと内容	学習行為
	1-2 ビデオサンプル：クライアント・インタビュー（124-463）	
433-462	出版物の追跡	A1
	2-2 ビデオサンプル：クライアント・インタビューと第1回セッションからの切り抜き	
52-88	出版物の追跡	A1
	2-4 サービスモデルに対するクライアントの反応（124-260）	
132-169	ジェンダー研究グループのニーズと望み	A1
194-216	コミュニケーション法研究グループのニーズと望み	A1, A3
217-235	認知科学研究グループのニーズと望み	A1
	3-5 認知科学研究グループの特定のニーズ（407-639）	
437-446	図書館員がFeedNavigatorサービスを紹介する	M3
447-498	研究者が代替サービスを提案する	Q2
	5-2 研究グループに提供されたサービスの検討（2-288）	
105-160	コミュニケーション法研究グループのために判例をFeedNavigatorに追加する	E2
	5-3 FeedNavigator サービス（289-475）	
289-295	FeedNavigator の紹介	M3
296	FeedNavigator の利用者への利便性が確かめられない	Q1
297-299	FeedNavigator へ関連性のある学術誌を加える	E2
300	FeedNavigator の利用者への利便性が確かめられない	Q1
301-321	FeedNavigator へ関連性のある学術誌を加える	E2
322-373	FeedNavigagorへ追加された学術誌を閲覧	E2
373-400	FeedNavigator で個人プロファイルを作成する方法	E2
401-410	FeedNavigator で個人プロファイルの作成	I1
411-416	FeedNavigator のインターフェイスで使用上の問題	E1
417-444	FeedNavigator で検索を限定	I1
445-457	より実地のFeedNavigatorの訓練の必要性	I2
458-464	より大きな全体の一部としてのFeedNavigator訓練	E1
465-471	FeedNavigatorにおいて法学と言語学のための特定のカテゴリを設ける必要性	E2
472-474	FeedNavigato r を改善するためのアイデアをまとめる	E2
475	クライアントに対する実地での手引の重要性	M3

Q=問いかけ；A=分析；M=モデル化；E=検証；I=実行

に図書館利用者に対するインタビューのビデオ録画を見せ、利用者のニーズに対する分析を促した。録画では、利用者が自分の専門分野の新しい出版物についてのタイムリーな情報を得る方法はないものかと聞いていた。ある図書館員が解決策となるかもしれないとして、FeedNavigatorに触れた。このツールは、もともと医学分野のために開発されたもので、人文・社会科学においてどのように用いることができるかは不明であった。しかし、図書館員たちはFeedNavigatorをチェンジラボラトリーにかかわったパイロット研究グループに導入することを決定した。

　第2回のセッションでは、4つのパイロット研究グループの代表が参加したが、2つのビデオ録画を見せて、利用者のニーズとそれへの対策についての分析を促した。最初の録画は第1回のセッションで見せたものと同一であった。第2の録画は図書館員がFeedNavigatorを解決策として提示した場面を含んでいた。研究者たちはこのサービスに一応興味を示したが、新しい本や判例を追跡するといったそれぞれの特定のニーズについて言及した。利用者はまた、自分たちの分野の雑誌がサービスに含まれる可能性を疑った。図書館員はそれらの特定のニーズが満たされる可能性と方法を検討すると約束した。

　第3回のセッションでは、初めて問いかけの行為が現れた。認知科学グループのメンバーで、前回のセッションに参加していなかった者から、FeedNavigatorとはどのようなサービスなのかという質問が出た。手短な紹介を受けて、彼はすでに似たようなサービスを受けているが、それはFeedNavigatorではないと述べた。明らかに驚いて、図書館員と介入者は、その似たようなサービスがFeedNavigatorと同じ特徴をすべて持ち合わせているかと聞いた。研究者の応答を聞いた後、図書館員の1人が、そのサービスはFeedNavigatorと似ているということを認めた。もう1人の図書館員が、FeedNavigatorをユニークな追跡ツールであると擁護した。

　第5回のセッションで、初めて検証の学習行為が見られた。図書館員が、コミュニケーション法の研究者とともに、判例をどのようにFeedNavigatorに取り入れることが可能かを議論した。彼らは「判例」がFeedNavigatorのサービスに含まれるべきだと結論づけ、図書館が最も重要な国々からの判例をFeedNavigatorに含める努力をするとした。このセッションにおいて、問いかけの短いフェーズも2つ見出された。介入者が、図書館員がサービスの有用性を信じているだけでは不十分で、その利点が利用者にとって具体的なものでなければならないという点を強調した。他の検証の行為は、介入者がFeedNavigatorでの個人プロフィールの作成のしかたについて質問したときに生じた。これは図書館員が個人プロフィールを作るやり方を示し、実践の行為につながった。これに認知科学グループの研究者が、サービスの使い勝手についての問題を指摘して、検証の行為へと戻った。

　介入者がFeedNavigatorの検索を明確にすることにかかわる具体的な質問をすると、

議論は再び実行に移行した。1人の図書館員がこの手続きのやり方を例示した。これが引き金となって、図書館員、研究者、介入者の合議が行われ、もっと実地の訓練の必要性が明らかにされた。その後会話は検証に戻っていった。FeedNavigatorの使い勝手に関する問題と欠点がリスト化され、必要な改善点が特定された。モデル化の行為として、図書館の新たな仕事の方法である、利用者の職場における実地指導と説明が一般的なレベルで議論され、FeedNavigatorの小サイクルは終わった。

　FeedNavigatorの小サイクルは、5つの異なる拡張的学習行為を含んでいる。循環的ではあるが、あらかじめ決められた順序では進まず、分析とモデル化の後で問いかけが生じ、サイクルがモデル化で終了した。実際、認知科学研究者の問いかけの行為（表7.4の第3回セッション、エピソード5、会話447-498）なしには、サイクル全体はむしろトップダウンで、非拡張的なままであったかもしれない。この問いかけがFeedNavigatorモデルのさらなる検証を促し、一般的な結論につながって、図書館の将来の仕事についての全体モデルに加えられた。

　セッションをまたぐ対象をめぐる循環性の第三の事例である、利用者とサービスのピラミッドモデルの創発と進化は、第7回と第8回のセッションで生じた。これは、対象レベルでの介入者の指示の意図との逸脱であり、拡張的学習の成り行きを相当に変えるものであった。それゆえ、これを次節で詳細に検討する。

指示の意図との逸脱

　私たちの第三のリサーチクエスチョンは、介入者の指示の意図と、チェンジラボラトリーの参加者によって実際にとられた学習行為の間の逸脱に関係する。私たちはまず、行為レベルでの逸脱を特定した。表7.5に、7つの行為レベルでの逸脱をまとめた。

　表7.5が示すように、1人の利用者に始まった逸脱（前節で論じたFeedNavigatorの問題）を除いて、行為レベルの逸脱は、介入の内容と図書館の仕事の将来モデルを問いかける行為であった。これらの行為は、2人の図書館スタッフによって始められた。この2人の実務家は、拡張的学習のプロセスを通して批判的抵抗と懐疑の代表として行為したと言えるかもしれない。このような「抵抗する」参加者が介入において存在することが、拡張的学習が自己内省的で議論的になるための、必要ではないにしても重要な条件だと思われる（Sannino, 2010b）。この種の行為レベルでの逸脱がどのように受容され、扱われ、どのような帰結を生むかは、今後の分析に値する。

　データ中で、対象レベルでの逸脱が1つ見つかった。それは、利用者とサービス

表7.5　行為レベルにおける、指示の意図からの逸脱

エピソードと内容	ターン	拡張的学習行為
S1：問いかけ（Q1）と分析（A1）		
1.1　導入（1-123） 図書館員1：裁量的なサービス提供ではなく、まず情報の必要性のマッピングをするところから始めるべきだ	72	Q3
1.3　図書館のテーマ（463-525） 図書館員2：このプロジェクトはテーラーメイドのサービスではなく、均一化されたコースを提供するところから始めるべきだ	466	Q2,Q3,M2
S2：問いかけ（Q1）と分析（A1）		
2.4　クライアントのサービスモデルに対する反応（124-260） 図書館員2：このプロジェクトはテーラーメイドのサービスではなく、均一化されたコースを提供するところから始めるべきで、その後に初めてテーラーメイドサービスと特定のニーズを評価することができる	240-241	Q2
S3：モデル化（M1）		
3.5　CSグループへの提案（407-639） 認知科学者：私は新たな出版物の追跡には他のサービスを使っており図書館が提供するFeedNavigatorの独自性と有用性は疑わしい	447-498	Q2
S7：モデル化（M3-M5）		
7.2　研究者サービスモデルの要約 図書館員2：より大きな構造を作り上げることが重要で、明確な最終地点なしに細かい点をいじるべきではない	83-91	Q2,Q3
7.3　図書館の仕事とクライアントの定義 図書館員2：クライアントに会うのに一番良いのは既存の研究施設であり、図書館員が自分の施設で会う必要はない	155	Q2,Q3
図書館員2：クライアントはそれぞれを個人のプロファイルを持っているのだから、クライアントを研究グループとしてプロファイルする必要はない	208-219	Q3

のピラミッドモデルの創発と進化で、第7回と第7回のセッションで生じた。第7回の意図された機能は、図書館が研究グループに提供する新たなサービスパレット・モデルを要約し、定式化することであった。第8回の意図された機能は、新しいサービスパレットの図書館の内部組織での実行について概略を描き、新しいモデルの実行計画を作ることであった。

表7.6に示したように、実際に起こったことは、第7回セッションの始めの方で、図書館員2がサービスパレット・モデルが十分かということに疑義を呈し、質的に異なるモデルが必要だと提案したのである。そのモデルは標準化されたパッケージを下部にもち、頂点にテーラーメイドの専門化されたサービスをもつピラミッドモデルであった。このイニシアチブは、同じ実務家が第1回と第2回のセッション（表7.5を参照）において行った問いかけの行為を詳細にし、拡張させたものであると

表7.6　セッション7、8における、対象レベルでの指示の意図からの逸脱

ターン	セッションとその意図された機能 エピソードとその内容	拡張的 学習行為
	S7：モデル化	
	7.2　サービス・パレットモデルの要約（4-141）	
52-56	図書館員2：今の研究グループに対するサービス・パレットモデルは不十分だ、標準化されたサービスからテーラーメイドや専門化されたサービスまでより広いサービスを射程に入れたピラミッドモデルが必要だ	Q3、M1
57-61	介入者：次のセッションのためのタスク：サービスを標準化されたものとテーラーメイドのものに分類すること	M3,M5
62-68	図書館員3：特定のテーラーメイドサービスをすべての研究グループに提供するのは不可能	M4
69	介入者：次のセッションのためのタスクを言い直す；ピラミッドモデルを用いてサービスの構造を描くこと	M3
70-73	図書館員2：研究者へのサービスが我々のサービス全体から切り離されないことが重要だ	M2
	介入者：繰り返し：ピラミッドモデルを用いてサービスの構造を描くこと	
	7.3　図書館の仕事とそのクライアントの定義（141-291）	
173-179	介入者：ピラミッドモデルは研究者向けサービスを標準化されたものとテーラーメイドのものとに分類するツールとして使うことが出来る	M3,M4
267-272	介入者：次のセッションの最初の挑戦は、ピラミッドモデルを用いた標準化されたサービスとテーラーメイドのサービスの差異化・分類	M4, M5
	S8：モデル化と実行	
	8.2　課題：作ったモデルの発表（2-135）	
7	図書館員2［最初のピラミッドモデルを発表；図7.3を参照：このモデルは研究者の観点から訓練と特定のサービスがどのように見られるかということを示している；モデルを用いると、研究者向けのほとんどのサービスを標準化し、その後になって初めてテーラーメイドサービスへの特定のニーズを同定することができる；研究者が受動的にテーラーメイドサービスを受けるというのは問題がある	M4
14-18	介入者：「受動的」の代わりに「個別の一回きりのサービス」という言い方ができる	E1
19-21	図書館員2：カスタム化とサービス・パレットという概念は受動的な対象に仕えるという納得のいかないイメージを与える	E1
22-26	介入者：カスタム化とテーラーメイドサービスの代わりに、「共に作り上げる」という概念が使える	E1
27-31	図書館員2：タスクは、異なる標準化の努力を全キャンパス共通の訓練サービスとしてまとめることだ	E1
32-36	介入者-コンサルタント：全ての新しいサービスは既存の基本的なサービスにもとづいている	E1
37-43	図書館員4［第二のピラミッドモデルを見せる、図7.3参照］：訓練に加えて、このモデルは「パブリシティとマーケティング」と「ともに作り上げることとクライアントとのコミュニケーション」という側面を持っている	M4
44	介入者：これらのピラミッドモデルは研究者向けサービスの考えをクライアントに伝えるのに使える	E1, I2
68-84	図書館員5［第二のピラミッドモデルに言及して］：上に行くほど、より共に作り上げることとクライアントとのコミュニケーションが必要になってくる	E1
	介入者：それでは共に作り上げることの側面の記号をひっくり返そうか；カスタム化されたサービスに近づくほど、共コンフィグレーションとクライアントコミュニケーションは強まる	
	図書館員4：はい、もちろん記号はひっくり返っていなくてはならない	

表7.7　対象の拡張としてのピラミッドモデルの逸脱

	図書館の研究者向けの仕事の伝統的な対象	仮定された対象	参加者によって実際に作られた対象
記述	個々の研究者の出版もしくは出版関係の情報に対する要請	研究グループのニーズと、データ管理、出版、新しい研究結果のモニタリングのためのカスタマイズされたサービス	研究グループの特定のニーズと標準化されたサービス関連のカスタマイズされたサービス
対象に関するモデル	既存の階層組織チャート	研究グループ向けサービス・パレットと、カスタマイズされたサービスと研究グループとのノットワーキングを支援する組織チャート	サービス・パレットと、標準化されたものからカスタマイズされたものにわたるピラミッドモデルを媒介とした組織チャート
社会・空間的拡張		個々の顧客と個々の図書館員から、補完的な専門知識を持つ複数の図書館員とノットワーキングをする顧客としての研究グループ	集合的な図書館の専門知識と、ノットワーキングと伝統的なやり取りをする顧客としての研究グループと個人の研究者
時間的拡張		個々のサービスから長期的パートナーシップ	長期的パートナーシップと個々のサービス（標準的なコース）との統合

見ることができるが、それらのセッションにおいて彼は、本プロジェクトの出発点はテーラーメイドサービスではなく、均一化されたコースであるべきだと論じたのであった。

　この問いかけと提案は介入者の1人によって承認され、他の図書館実務家にも取り上げられた。この議論によって、第8回では、図書館スタッフが標準化とカスタム化の程度に応じてサービスをピラミッドとして描く、新たなモデルを提案することになった。指示が意図したカスタム化されたサービスを提案するという台本と、図書館員2による標準化された訓練コースを強調する対抗的な台本との間の、議論と交渉のための「第三空間」（Gutierrez, 2008）が生み出された。

　大量生産される標準化されたサービスと、カスタム化され、利用者とともに作り上げられるサービスとでは、異なる利用者を想定しており、異なる組織的配置と能力が必要であり、これらは図書館の分業と組織チャートを設計する際に考慮されねばならない。サービスパレット・モデルは、この区別を含んでいなかった。この意味において、ピラミッドモデルを生み出した展開は、介入全体の対象の重要で質的な拡張であった。対象の拡張は単に、モデルにさらに図を1つ付け加えることではなかった。ピラミッドモデルは、サービスのパレット表現とその後に進化した組織チャートを仲介し統合するという、重要な役割を果たした。この拡張を模式的に表

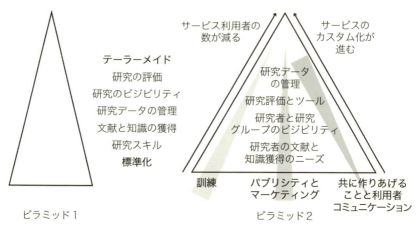

図7.3　図書館スタッフによって作られた2つの補完的ピラミッドモデル

7.7に示した。

　第7回のセッションで合意された、次のセッションに向けてピラミッドモデルを作成するという課題は、実際1つだけではなく、2つのピラミッドモデルを生み出した（図7.3）。図書館員2が作成した最初のピラミッドモデルでは、サービスパレットのサービスをカスタム化する際に利用者を受動的な受け手として描いていた。表7.6に示すように、この点については介入者の1人によって異論が出された。より重要な点として、図書館員4によって提示された第二のピラミッドモデルでは、サービスのカスタム化が反対に利用者とのより多くの意思疎通を必要とするものとして描かれていた。当初はこの次元を表す記号（図7.3における第二のピラミッドモデルの右側）は、カスタム化により利用者とのコミュニケーションが減るかのように描かれていた。この間違いが指摘され、議論の中できっぱりと修正された（図7.3では修正されたものを示した）。したがって、第三空間は、主として介入者と図書館員2との交渉によってではなく、別の図書館スタッフが考案したモデル（第二のピラミッド）によって生じ、当初の対立を超えて、2つの観点が意味あるかたちで統合された。

　全体として、この節での私たちの分析は、指示の意図からの逸脱の決定的な重要性を示唆している。行為レベルでの逸脱は、拡張的学習プロセスを通して批判的抵抗と懐疑の声として機能したという点で重要であった。ある種の行為レベルでの逸脱は、介入の最後の方で主要な対象レベルの逸脱へと拡張していった、初期のきっかけと見ることもできる。最後の2回のチェンジラボラトリー・セッションにおける対象レベルでの逸脱なしには、全体のプロセスがかなり限定的で、不毛な、もし

かしたらほとんど実際的な変化をもたらさないものになっていたかもしれない。対象レベルでの逸脱はモデル化と検証の行為を突発させ、学習プロセスを白熱した活気づいたものにし、参加者のエージェンシーがついに古風なトップダウン型の発展の殻を打ち破り始めたかのようであった。今後の研究が、ここで分析された拡張的活動の帰結と持続可能性をさらに探究していくだろう。

結　論

　本章では、拡張的学習の理論の実証的な使い勝手と方法論的な厳密さを吟味した。私たちは、形成的チェンジラボラトリーによる介入における拡張的学習の長期的な発展型の詳細を記述することを可能にする、方法論的な解決策を開発し、検証した。
　具体的には、拡張的学習の3つの側面、すなわち（1）拡張的、非拡張的学習行為、（2）循環性、そして（3）指示の意図からの逸脱、を分析した。これら3つの側面についての私たちの知見は、拡張的学習に対する現在の理解を豊かにしてくれる。
　第一に、私たちの拡張的学習行為の発生分析は、実際の形成的介入において拡張的学習行為が単独では生じない、ということを示している。私たちの事例では、拡張的学習行為は、数多くの、中性的、支援的、敵対的な非拡張的学習行為のさなかで創発した。さらに、私たちはデータ中に、17の拡張的学習行為の下位タイプ（とさらに、2つの論理的に自明なタイプ）を特定した。私たちの知見は、拡張的学習行為間の認識論的違いと、必須であるかもしれない行為内の下位タイプを、より意識する必要性を指摘している。
　第二に、私たちの拡張的学習の循環性の分析は、全体のチェンジラボラトリー内における繰り返しループの存在を明らかにした。これは、少なくとも対象レベルの逸脱が全体の学習プロセスの対象を質的に変化させる場合においては、繰り返しと再起が、形成的介入の全体プロセスのレベルで生じうる、ということを示唆している。私たちはまた、チェンジラボラトリーの個々のセッションにおいても循環性を見出したが、セッションはもっぱら完全な、もしくはほぼ完全なサイクルによって特徴づけられるものではない。個々のセッションのレベルでは、不完全な循環や非循環の方がより一般的であった。最後に、私たちはデータ中に、セッションをまたぐ対象をめぐる循環の例を3つ見つけた。このタイプの循環は、時間的に離れた介入セッションをまたぐ継続性を作り出す対象の力を示しているという点で、特に重要である。
　第三に、非拡張的学習行為がかなり多いということに鑑みると、この介入が展開する際に、対象が推移する様子をより詳細に検討することが特に重要である。表7.7

に示したように、伝統的な図書館の対象が、実際に社会・空間的、時間的に拡張された。最も重要なことは、拡張は介入者の作業仮説を実現することにとどまらなかったという点である。実務家は重要な、予期しなかったモデル —— ピラミッド —— を構築し、それによって標準化されたサービスとカスタム化されたサービスを包括的に差異化・統合することが可能となった。指示の意図と計画からの逸脱についての私たちの分析は、拡張的学習は実際に、介入者の計画の単なる再現、もしくは強制ではないということを示した。プロセス自体が逸脱によって中断され、そこで学習者のエージェンシーと真に新しい解決策や概念の創造のための空間が生じる。これらの逸脱の受容、交渉、拡張的な橋渡しは、将来の研究にとっての胸躍る課題である。

拡張的学習は、特に職場の組織における集団的な人間活動の質的変革に必要な、創発しつつある歴史的に新たな形態の学習である。本章は、いくつかの最近出版された、またこれから出版される論文（たとえば、Engeström & Sannino 2011; Schaupp 2011）と同様、拡張的学習の研究を、形成的介入における学習の長い完全なサイクルの包括的な行為レベルの分析へと発展させるものである。本章で取り上げた拡張的学習の3つの側面は網羅的なものではなく、追加的な側面が系統的に検討される必要がある。そのような研究はまた、異なる仕事の場と文化における複数の形成的介入における拡張的学習プロセスを比較する必要があるだろう。

私たちの研究は、仕事共同体が活動システムを集合的に再設計するために真剣に努力する機会を与えられたときの創造的可能性を証明している。図書館員と利用者は、チェンジラボラトリー以前には存在しなかった、研究者と研究グループのための包括的なサービスパレットを生み出した。おそらくそれより重要なのは、図書館員たちが実際に、彼らバージョンのノットワーキングの考えを、図書館組織の長期的な発展と仕事のしかたを先導するための概念として見出し、使用し始めたということである（Engeström et al. 2012 参照）。

私たちの分析は、図書館員たちが彼らの拡張的学習の旅における次のステップをじっくり考え計画するための手段として役立つだろう。より一般的には、介入者と仕事共同体が拡張的学習サイクルを目指した形成的介入を準備し設計する際に、私たちの知見を道具として使うことができよう。

別表7.1　チェンジラボラトリーにおける拡張的学習行為

ターン	行為
S1: Q1 & A1	
1.1 導入（1-123）	
72	Q3
73-100	A1
1.2 ビデオサンプル―クライアント・インタビュー（124-463）	
124-127	A3
130-131	A3
135-141	A3
141	Q1
142-177	A3
177	Q1
178-185	A3
186-198	M1
199-213	Q1
214-225	A3
232	Q2
233	A1
234-235	Q2
236-248	A3
249-250	A1
251-273	Q2, M1
275-284	A5
288-290	A5
292-304	A3
306-351	A3
352-385	A3
386-419	A1
421-432	A1
433-463	A1
1.3 図書館のテーマ（463-525）	
466	Q2, Q3, M2
467-489	A1, A3
491-493	A1
494	Q1
495-515	A3
516-525	A1
1.4 おわり（526-546）	
S2: Q1 & A1	
2.1 導入（1-36）	
1	Q1
2.2 ビデオサンプル　クライアント・インタビューと最初のセッションからの抜粋（36-89）	
37-51	A3
52-88	A1
2.3 データ管理と出版物の追跡（89-123）	
2.4 サービスモデルに対するクライアントの反応（124-260）	
124-131	A1
132-169	A1
170-193	A1, A3
194-216	A1, A3
217-235	A1
236-240	A1
240-241	Q2
242-245	A1
246-250	M2
253-260	A1
2.5 コミュニケーション、設備、ミーティングの馬に対するクライアントの反応（261-313）	
261-283	A1
284-294	Q1
301-306	A1
2.6 おわり（315-318）	
S3: M1	
3.1 導入（1-29）	
3.2 CLグループへの提案（29-206）	
40-101	M5
109-139	M5
156-183	Q1
3.3 コミュニケーションと設備の提案（207-255）	
212-233	A1
3.4 研究データベースTUHATの管理（256-407）	
265-350	A3
355-370	A1
371-380	Q2
381-390	A1
391-396	A1
397-407	A3
3.5 CSグループへの提案（408-640）	
415-436	M5
437-446	M5
447-498	Q2
501-583	M5
584-597	M5
598-624	A1
625-627	A3
638-639	A1
640	A3
3.6 おわり（640-644）	
S4: M1	
4.1 導入（1-26）	
4.2 両方のグループに文献と知識の獲得についてのニーズについて提案（27-432）	
47-49	M5
97-214	M5

ターン	行為
240-255	A_5
255-259	M_5
260-269	M_5
282-292	A_1
293-324	M_5
325-238	M_5
239-387	M_5
388-409	M_5
410-428	M_5
429-432	M_5

4.3 両方のグループに研究評価について提案（432-522）

ターン	行為
432-452	M_5
453-460	M_5
461-476	M_5
476-494	M_5
495-518	M_5

4.4 両方のグループに研究データの管理について提案（523-662）

ターン	行為
523-527	M_5
528-540	M_5
541-554	M_5
555-565	M_5
566-578	M_2
590-602	A_1
603-605	Q_1
606-628	A_1
629-639	Q_1
640-648	A_3
649-658	M_1, Q_1
660-662	A_1

4.5 おわり（663-673）

$S_5: I_2$

5.1 導入（1）

5.2 研究グループに提供されるサービスの概観（2-288）

ターン	行為
2-30	A_1
30-36	A_1
37-47	A_1
48-59	A_1
60-71	A_3
72-74	A_1
75-77	A_1
98-104	A_1
105-160	E_2
160-180	A_3
181-194	M_1
197-208	A_1
209-213	A_1
216-236	A_3
237-277	A_3, M_1
278-288	M_1

5.3 FeedNavigatorサービス（289-475）

ターン	行為
289-295	M_5
296	Q_1
297-299	E_2
300	Q_1
301-321	E_2
322-373	E_2
373-400	E_2
401-410	I_1
411-416	E_1
417-444	I_1
445-457	I_2
458-464	E_1
465-471	E_2
472-474	E_2
475	M_3

5.4 E-bookサービス（476-599）

5.5 実施スケジュール（559-757）

ターン	行為
476-506	E_2
507-515	E_1
516-524	E_2
525-536	E_1
536-558	I_2
559-622	I_2
622-639	I_2
639-663	E_2
679-695	I_2
696-711	I_2
718-735	I_2
736-742	RP

5.6 発表：新しい図書館の建物KAISA（758-784）

ターン	行為
772-774	A_1
775-778	A_1
779-783	A_1

5.7 おわり（784）

$S_6: I_2$

6.1 導入（1-3）

6.2 発表：新しい図書館の建物KAISA（4-170）

ターン	行為
10-16	Q_2
17-52	A_5
53-60	A_1
61-83	A_3
84-97	A_3
104	A_2
105-108	A_3
109-114	A_1
115-116	A_1
118-121	A_3
123-127	A_5
128-134	A_1
135-411	A_3
143-163	A_3

6.3 グループに提供されるサービス（171-437）

ターン	行為		ターン	行為
176-186	M_1		159-160	A_3
187-195	A_3		161-162	A_3
195-199	A_1		162-164	Q_2
199-203	A_1		165-172	A_1
206-211	A_1		173-179	M_3, M_4
212-214	A_1		179-189	Q_1
214-237	A_5		189-193	A_3
237	A_1		194	Q_3
239-258	I_2		195-207	Q_1
259	A_1		208-219	Q_3
260-281	A_3		219-223	M_1
282-299	A_1		223-231	A_3
300-317	A_3		232-241	A_3
317-318	A_1		242-248	M_1
319-321	A_1		248-252	M_4
322-337	A_3		253	RP
338-351	A_1		254-266	M_1
351-365	A_1		267-272	M_4, M_5
366-377	I_2		S8: M_3, M_5 & I_2	
378-396	A_3		8.1 導入（1）	
397-418	A_1		8.2 課題：ピラミッドとその他のモデル（2-1335）	
419-424	A_1		7	M_5
425-437	A_3		14-18	E_2
6.4 おわり（438-471）			19-21	E_1
438-440	I_2		22-26	E_2
449	RP		27-31	E_2
450-459	I_2		32-36	E_2
459-468	A_1		37-43	M_4, M_5
S7: M_3 & M_5			44	E_2, I_2
7.1 導入（1-3）			45-43	E_2
7.2 研究者サービスモデルの要約（4-141）			53	M_4, M_5
49-51	Q_1		54-63	E_2
52-56	Q_3, M_1		64-84	E_2
57-61	M_3, M_5		85-94	E_2
62-68	M_4		95-102	E_2
69	M_3		103-125	E_2
70-73	M_2		126	$M_4, N5$
74-75	M_1, RP		8.3 組織チャート（136-247）	
78-82	Q_3		136-137	M_4
83-91	Q_2, Q_3		138-151	E_2
92-103	M_2		152-159	E_2
103-104	M_3		160-177	E_2
105-106	Q_3		177-185	E_2
108	Q_3		186-199	E_2
109-123	A_3		200-213	E_2
123-131	A_3		214-237	E_2
131	RP		238-244	E_2
7.3 図書館の仕事とそのクライアントの定義（141-291）			245-247	E_2
141-148	A_3		8.4 Knotworkingと研究者サービスの課題とサポート（248-288）	
148-154	A_3			
154	Q_1		253-268	E_2
155	Q_3		269-279	RP

ターン	行為	ターン	行為
281-287	E$_2$	357-362	E$_2$
8.5 今後数ヶ月の4つの試験的試みの課題（289-319）		8.8 研究評価に参加している研究グループへの接近（363-391）	
289-319	I$_2$	363-369	M$_1$
8.6 市内キャンパス図書館外のより広範な論点（320-362）		370-372	E$_2$
320-325	E$_1$	373-380	E$_1$
329-349	E$_1$	381-391	E$_1$
8.7 日々の仕事において新しいアイデアをどう実施するか（350-362）		8.9	おわり（392-422）
		410	RP
350-356	I$_2$, E$_2$	411-422	RP

脚注　"行為"の列の拡張的学習行為の下位分類の略は本章の表7.3にて説明されている。

第8章
不連続を超えて——拡張された組織学習再び

　何年にもわたって継続されるプロジェクトにまたがる学習の長期的プロセスや結果についてはあまり研究されておらず、組織内でもよく理解されていない（Pettigrew, 1995）。本章で私たち*は、フィンランドの2つの一次医療保健組織における組織学習の連続性と不連続性の長期的ダイナミックスを明らかにするため、過去の組織変化プロジェクトの足跡を分析する。組織学習の概念化にあたり、よく見られる順応的で二元論的な先入観を克服するため、拡張的学習の理論（Engeström, 1987）を用いることとする。

　本章で分析する2つの事例では、似たような変化プロジェクトが1990年代初頭に2つの組織で同時期に立ち上げられた。私たちは2005年まで続いた変化の経路を再構築したが、これは組織寿命のおよそ15年をカバーしている。これらの経路分析にあたっては、どんな種類の連続性や非連続性が特定され、組織学習の理解にどんな意味合いをもつかを探究する。

　はじめに、組織変化における連続性と非連続性というやっかいな概念について議論する。それから、組織変化と学習との関係性、とりわけ拡張的学習理論が提示する見解を精査する。その後、2つの事例研究のデータ、方法、主要な結果を示す。本章の結論では、組織学習の長期分析における非連続性を超える理論的挑戦に戻ってくる。

連続性と非連続性

　制度的・組織的変化の研究において、連続性と非連続性の概念が主要な役割を演じている。その中心である断続平衡モデル（たとえば、Gersick, 1991; Romanelli & Tushman, 1994; Loch & Huberman, 1999）は、基本的に、組織の質的変革が小規模な漸次的改善の蓄積から創発するという。大きなブレークスルーに先立って、長い安定的なルーチンが機能する期間、つまり平衡がある。ある点で、漸次的変化の蓄積が崩壊点に達し、集中的な再組織化が比較的短期間の混乱の間に起こる。言い換えれば、発展は長期間の連続が、ときどき起こる集中的な不連続によって中断される

こととして描かれる。

　長期の平衡期間がはっきりとわからない事例では、どの断続平衡モデルもまったく役に立たないように見える。クインとカメロン（Quinn & Cameron, 1988）やオルリッコフスキー（Orlikowski, 1996）、ブラウンとアイゼンハート（Brown & Eisenhardt, 1998）といった著者たちは、組織変化は断続平衡モデルが考えるよりももっと継続的で分散的、多面的であると主張している。アイゼンハート（2000, p.703）が言うように、「おそらく変化を1つの氷結状態から次の状態への量的跳躍であるとする概念化は、もっと複雑で継続的なスケール分布をもつとする見方に取って代わられつつある」。ファン・デ・フェンとプール（Van de Ven & Poole, 1998, p.34）も、「断続平衡モデルでは、断続プロセス自体は探究されていないままである」と述べる。近作『連続性を超えて（*Beyond Continuity*）』において、ストリークとセレン（Streeck & Thelen, 2005, p.8）は「既存の概念枠組みに内在するバイアスは、私たちのもののように、漸次的変化プロセスが徐々に制度的変革を引き起こして主要な歴史的不連続性に至るようなときには、ときに非常に制限的である」と指摘している。

　ストリークとセレンのようなアプローチは、変化の二元論モデルに代わる歓迎すべきものではあるが、それでも決定的要素、つまり変化の指向性を見過ごしたり、当然視したりしがちである。経路依存性の考え（たとえば、Garud & Karnoe, 2001）は方向性を考慮に入れているように思われるが、しかし、ディーグ（Deeg, 2006, p.172）が指摘するように、まさに経路という概念そのものが、とりわけ明白というわけではない。

　　　この議論における紛れもない（そして驚くべき）ギャップの1つは、誰も古い経路上にいないのに、誰も理論化はもとより、明確に定義しようとしなかったことである。変化が古い経路内に「縛られた変化」であるときや、変化が新しい経路の始まりであるときをどのように知るのか？　実際、経路内にある変化と新しい経路への変化にはっきりとした区別がつけられなければ、この概念自体、むしろ役に立たないことは明らかである。

　本章では、組織変化の取り組みにおける2つのまったく異なる不連続性のタイプを見ていく。最初のタイプは変化プロセスにおける日常的な中断からなる。プールら（Poole et al., 2000, p.237）は「中断点」を、「発展的進歩の性質が、決定的事象ないし外的ショックによって突然変化する転換点」として特徴づけている。それらは「年次レビューや年度末のような一時的中断、経済の混乱や上層部の決定のような外的ショック、今までと違うやり方との葛藤やそれへの移行といった内的事象」によって引き起こされる。私たちはもっと穏当な見方をとる。私たちにとって、中

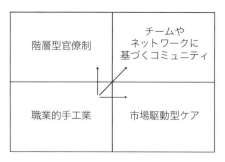

図8.1　ヘルスケア組織の変革における別々の方向

断は基本的に、ある取り組みを諦めたり、単に忘れ去ったときの停止であって、プロセスの一時中断である。この種の日常的不連続性は、変化の取り組みが様々なプロジェクトに分断され、あらゆる締め切りや気ままな予定に中断される組織ではよくあることである。過去の知識は、新しいプロジェクトではしばしば使われない（Prusak, 1997）。プロジェクトベースの偏狭な学習や知識は、組織の他部門に簡単に広めたり移転したりできない（Scarbrough et al., 2004）。こうした日常的不連続性は、単に行為の欠如として現れるので、能動的に振り返られることはほとんどない。ただ、もはやもう起こらないのである。

　私たちが関心をもつ不連続性の第二のタイプは、変化の取り組みにおける方向性のシフトの形態をとる。これはディーグ（2006）が「新しい経路への変化」と言うものである。この種の方向の不連続性を特定し、理解するには、活動領域内で明確にされた代替的な発展方向の歴史的分析を行う必要がある。本章の実証事例は、フィンランドにおけるヘルスケア分野を取り上げる。広い意味で、この分野における代替的な発展方向の現在の配置は、図8.1で示されるカテゴリーによってとらえることができよう。

　図8.1は、ヘルスケア分野が伝統的な手工業の専門家気質から離れていくさまを表している。階層モデルや市場駆動モデルは大量生産される医療サービスを整理するのに最も広く使われる代替モデルである一方、ヘルスケア組織での協働的コミュニティを達成するためにチームやネットワークにもとづくモデルを模索する方向性も創発しつつある（Kerosuo, 2006; Maccoby, 2006 も参照）。変化の努力が図8.1の1つの枠から別の枠へと目的を移すなら、それは方向における不連続性と言える。

組織変化と拡張的学習

　組織変化と組織学習との関係は、不連続的変化に対処する「連続的学習」の一般的な要請として、取るに足らないことのように表現されることがよくある（Nadler, Shaw & Walton, 1995）。こうした立場は、経験の蓄積とルーチンの形成にもとづく学習理論の根深い、保守的で順応的なバイアスを反映している。ディアーケスたち（Dierkes et al., 2001, p.824）が指摘するように、「文献の大半の暗黙の仮定は、組織学習や知識創造プロセスは、それがひとたび動き出せば、予期された軌跡に沿って円滑に進展するというものである」。探究や革新的な問題解決を組織学習の要素として認識している説明でさえ、連続性や漸次的改善という一般的な見方にもとづきがちである。

　他方、アージリスとショーン（Argyris & Schön, 1978, 1996）によるシングルループ学習とダブルループ学習の二分法は、断続平衡説の二元論に近い。似たような二元論はセンゲ（Senge, 1990）による適応的学習と生成型学習や、ドッジソン（Dodgson, 1991）の戦術的・戦略的学習の区分など、数々の概念化に現れている。

　組織変革の最近の研究では、同時に漸次的でかつ革新的な、より複層的で複数箇所的、そして一時的に分散した現象として学習にアプローチし始めている。ハバード、メーハン、シュタイン（Hubbard, Mehan & Stein, 2006）による『学習としての改革（*Reform as Learning*）』は、この例である。著者たちはアメリカの主要都市における学校改革プロセスを多面的で空間的・時間的に分散された学習プロセスとして分析した。そして変化がシステムのある1ヵ所で導入されると、予期しえないやり方でシステム全体に反響すると指摘している。「この面倒な予測不能性の結果として、絶え間ない誤解、対立、さらに価値や信念、暗黙の仮定をめぐる権力闘争が、組織内や周囲のコミュニティで常に発生する」（Hubbard, Mehan & Stein, 2006, p.8）。組織学習は、変化に取り組むプロセスにおけるこうした対立を解消するために、とりわけ必要とされる。「複数のコミュニティの間での不連続性は、やっかいなものではありうるが、学習に対する機会にもなりうるものである」（Hubbard, Mehan & Stein, 2006, p.17）。

　組織学習の分析において順応的で二元的なバイアスを乗り越えようとするいくつかの理論的試みの1つが、文化・歴史的活動理論の枠組み内で発展した拡張的学習の考えである（Engeström, 1987, 1995, 2001a）。ハーヴィストによる『変化する法廷業務（*Court Work in Transition*）』（2002）は、この理論を活用した好例である。

大きな拡張の可能性は、実施中の法廷実務で起こるわずかな変化の中にある。外から見れば、これらの変化は偶発的とか、些細なことかもしれないが、法廷業務を根底から変革させ、組み換える可能性を内にもっている。… 非公式の聴聞や依頼人の主導権の拡大、そして示談は、法廷システムの核心に押し込まれた「トロイの木馬」のように働く。ひとたび内側に入れば、それらは何が正義かについての私たちの理解を、根本的に変化させうる …。（Haavisto, 2002, pp. 303-304）

　つまり、拡張的学習は不連続であり、連続でもある。拡張の大きなサイクルは通常数年続き、質的に新たな仕事や組織モデルを生み出す。そのようなサイクルは、局所的な変革や再組織化の、連続的かつ並行して起こる多数の小さなサイクルを通じて実現される。

　　組織の変革にかかわる大きな規模の拡張的サイクルは、常に革新的学習の小さなサイクルから構成される。しかしながら、革新的学習の小さな規模のサイクルは、それが現れているからといって、拡張的サイクルが進行していることを保証するものではない。小さなサイクルは依然として孤立した出来事のままであるかもしれず、組織の発達に関する全体的なサイクルは、淀み、後退し、バラバラにさえなりうるのである。（Engeström, 1999, p.385）

　1つの小さな革新的学習の努力のサイクルが終わるとき、典型的に全体のプロセスに多少なりとも問題となる中断が発生する。そうした日常的不連続性は一般的に、それまでのサイクルの結果や経験を踏まえて、次の小さなサイクルにつなぐ橋渡しの行為を必要とする。橋渡し行為は、組織のどこかで過去に発生したか、発生するかもしれない個々のプロジェクトや局所的な取り組みをまたぎ、時間と社会的空間の中断やギャップをつなぐ。かくして橋渡しは、拡張的学習の重要な成分なのである。こうした行為がなければ、拡張的学習のプロセスはバラバラに空中分解するだろう。
　しかしながら、方向における不連続性は、単なる橋渡し行為では修正できない。方向における不連続性は、代替的方向性が説明され議論されるような歴史的分析とモデル化の協働を要する。そのような行為が達成されず、変化の競争的方向性が現行の変化の取り組みの外側や背後で構築されるなら、拡張的学習の全体サイクルは消え去るか、終焉となる。

フィールドワークとデータ

　私たちは、全国規模の「労働ヘルスセンター」プロジェクトに参加した2つの市営ヘルスセンターにおける過去の組織学習を追跡した。この労働ヘルスセンタープロジェクトは社会厚生省からの助成による大規模なプロジェクトで、フィンランドのヘルスセンターが研究グループの助けを得ながら1990年から93年までの間に活動した。研究では、1990年から2005年までのプロジェクトの成果を遡及的に調査した。労働ヘルスセンタープロジェクトの目的は、対象住民への一次医療保健サービスに責任を負う複数の専門チームへと改組することで、地域のヘルスセンターにおける患者ケアの継続性と患者中心性を改善することであった。フィンランドでは、一次医療は市のヘルスセンターの法的責任である。患者はそのサービスを受けるのに少額を支払うだけでよい。

　1980年代末、フィンランドのヘルスセンターは患者の長い待機リストを抱えており、どんどん官僚的で非効率になっているという批判を受けた。患者は、たまたま最初に予約がとれた医者に割り当てられるので、1人の患者に対するケアの提供は継続性を欠いていた。この時期、ケアを支援するために特定の医者に住民を割り当てて複数の専門家からなるチームを形成する実験が期待どおりの結果をもたらして、労働ヘルスセンタープロジェクトはこれらのモデルを普及させ、共同学習の参加型プロセスでローカルな状況に適用させることを目指した。ところが1990年代の不況がほどなく市のプライマリケア財政を直撃し、地域基盤型組織の導入は遅れることとなった。

　組織モデルをたどっていくと、私たちは当初の組織学習プロジェクトの所在地を超えて進むことになった。私たちはこの手法を「考古学的エスノグラフィー」と特徴づける。語られた記憶や文書、具体的な人工物を収集することで、参加者の仕事や組織の日常における変化を追跡する。過去の組織学習プロジェクトに注目することは、状況と時間に拘束されたフィールド観察から、複数時間的かつ歴史的に位置づけられた分野へと、エスノグラフィー手法を拡張する (Des Chene, 1997; Marcus, 1995)。デ・シェン (Des Chene, 1997, p.71) によれば、フィールドとは「まったく場所ですらなく、ある時期、ないしある一連の出来事であるかもしれず、研究は研究者を多くの場所へと連れ出すだろう」。

　この研究のフィールドワークは、アーカイブの文書収集と、観察やインタビューの組み合わせである。インタビューはアクティブ・インタビュー (Holstein & Gubrium, 1998) やナラティブ・インタビュー (Czarniawska, 2004) の原則に従う。社

会的行為として思い出すのはよくナラティブというかたちでなされ、多くの知識は組織的世界におけるナラティブによって媒介される（Czarniawska, 1998）。私たちはまた、インタビュイーに対し、過去の出来事を思い出す助けとなるような個人的なメモや文書を、インタビューの際に持参するようにお願いした。先行研究によると、思い出す行為は特定の物理的空間や書かれた文書と結びついている（Engeström et al., 1990; Radley & Taylor, 2003）。たとえば、本研究では、プロジェクトの最中で仕事場が変わったことを指摘するインタビュイーがいた。また、特定の時期の出来事を確認するために文書を用いたインタビュイーもいた。

　事例1では、当初から労働ヘルスセンタープロジェクトに参加した10名の実務家にインタビューした。3名の中間・主任経営者と7名の従業員である。事例2では、12名の参加者にインタビューし、5名は主任・中間経営者で、7名がヘルスケアワーカーであった。どちらの事例も、2名の従業員を一緒にインタビューし、残りは個別にインタビューした。どちらも、各インタビューにおよそ1時間半かかっている。インタビューの質問事項は半構造化され、インタビュアーは職場での変化に関する出来事を思い出すようインタビュイーにお願いした。インタビューでは、次のテーマを取り上げた。(1) 労働ヘルスセンタープロジェクトの出発点、(2) プロジェクトの主要な出来事、(3) プロジェクトの結果と成果。プロジェクトにかかわっていない研究助手が、インタビューの文字起こしをした。

　私たちは関連する文書、物証、過去の組織学習プロジェクトの職場を突き止めるのに「考古学的態度」（Des Chene, 1997, p.77）を用いた。文書は組織的学習プロジェクトのイベントや成果について記録されたデータを提供した。参加者には、私的なファイルから文書を持ってくるよう、そして、重要な文書に案内してくれるよう頼んだ。たとえば事例2では、門外不出のフォルダで埋まっている非公式な収納室に保管された文書があった。私たちは、ワーキンググループで回覧されたメモや、プロジェクト期間中に作成された図形モデルなどの文書も収集した。また、変化という観点から重要と思われる仕事場や物をビデオや写真に収めた。

分析の段階

　本分析は4段階からなる。第一に、データにある変化や学習についてのナラティブを特定した。ナラティブは人間行為を理解するための装置である（Bruner, 1986; Middleton & Edwards, 1990）。私たちはインタビュイーの創作としてナラティブを、個人と組織のナラティブ、研究者とインタビュイーを結ぶコミュニケーション的行為として語りをとらえる。人々は過去の経験を構成するためにナラティブを創作す

る。ゆえに、ナラティブには、経験や感情が染み込んでいる。私たちはナラティブを思い出す行為、そして、組織の記憶を表すものと見なしている（Kerosuo, Kajamaa & Engeström, 2005）。

　私たちはデータからナラティブを抽出するのに、ミシュラー（Mishler, 1986）の4つのカテゴリーを用いた。それらは（1）ナラティブの設定や性格を記述する方向性、（2）ナラティブのイベントや事件を要約する要旨、（3）ナラティブの出来事や対立、テーマについての評価的コメントを提供する複雑な行為、（4）ナラティブや対立の結果を記述する解決策、である。たとえば、ナラティブはプロジェクトの開始時の組織や組織実践の状態を記述する説明から始まる。次の段階では、ナラティブはプロジェクトで起こった出来事を要約する。その後、問題や課題がストーリーに持ち込まれる。最後に、ナラティブは問題や課題の解決で終わる。

　第二段階として、ナラティブのカテゴリー化によって、ナラティブにおけるプロットが区別できる。私たちはプロットにタイトルをつけ、それらをマップ構造に配置した。たとえば、以下のようなプロットを識別した。地域包括ケアのプロット、コンピュータシステムの導入のプロット、組織発展のプロット、業務発展のプロット、そしてチームワークのプロット。関連があると見られるすべてのプロットに短い要約を書いた。それから、インタビュイーがストーリーの中で結びつけたものにもとづいて、プロットのタイプ間につながりをもたせていった。たとえば、多くのインタビュイーが地域包括ケアとチームワークのプロットを結びつけた。プロットを分析することによって、組織学習プロセスにおける中断やそれを橋渡しする試みを精査することができる。プロット分析は、変化の取り組みの方向性が変わっているかどうかも明らかにした。

　第三に、提供や指摘のあった文書を調査した。文書分析は1990年から2005年までの組織の文脈分析であり、組織の文脈における大きな特徴にもとづいてマトリックスを作成することによって行われた。文脈分析のテーマは、経済と資金調達、人的資源、顧客や患者の変化、ヘルスセンターでの活動における重要な変化のプロジェクトと、他の変化の取り組みにまで及ぶ。組織文脈の変化は、他の研究から利用可能な国レベルでの大きな変化に合わせられた（Kerosuo, 2006）。私たちは過去の組織学習プロジェクトが現在どのように利用されているかも追った。たとえば、初期プロジェクトの結果建設された新しいヘルスセンターのビルや仕事場を研究した。文書や具体的な人工物の分析は、インタビューにおける時間的・文脈的ギャップを埋めてくれた。

　第四段階では、2つの事例における組織学習プロセスを比較した。この比較には、拡張的学習理論、特に学習行為の循環モデル（Engeström, 1987, pp. 321-337）を適用した。拡張的学習サイクルは不連続性や橋渡しを特定し文脈に位置づける、ヒュー

リスティックな装置として役立つ概念モデルである（モデルの初期の利用については、たとえば、Engeström, 2001; Foot, 2001 参照）。

主な知見

　本節ではまず、事例1と事例2における組織学習を概観する。この概略は、上述した分析の第一、第二、第三段階の知見にもとづく。その後、分析の第四段階の知見を示すことで過去の組織学習プロセスを記述する。

事例1

　最初の事例は、北フィンランドの中堅都市にあるヘルスセンターの診療所である。1980年代、このヘルスセンターは機能的なセクター組織として運営されていた。だが、この組織モデルは、ヘルスケアと社会福祉サービスとの協働を必要とするサービスを支援していなかった。ヘルスセンターの管理者側は、全国的な労働ヘルスセンタープロジェクトに参加すれば、ヘルスセンターの機能を組み直す支援を受けられると考えた。
　事例1の労働ヘルスセンタープロジェクトの目的は、機能的なセクター組織から地域包括ケアへとシフトすることであり、これを通じて、患者の視点から業務の効率や質を改善することであった。地域包括ケアを実践に移すことは、居住地域の患者を社会福祉とヘルスケアの職員のチームに割り当てる、ということである。地域プロジェクトグループの参加者は、社会福祉サービスとヘルスケアの両方を代表していた。焦点は、複数の問題をもつ患者ないし依頼者とともに協働する、新しいやり方を開発することであった。プロジェクトも終わりに近づいた1993年、多専門家のチームワークのモデルが開発され始め、実際に実験された。しかし新しいモデルの適用は、簡単ではなかった。経済不況によって、ヘルスセンターの職員の将来の雇用が不安定になった。職員の間でも、ケアの地域モデルにかかわるにあたって業務や問題に追われることがあった。ヘルスセンターの職員とソーシャルワーカーとの協力は、依頼者業務に関する意見の対立をはらんでいた。
　多専門家のチームワークは、支援的チームワークプロジェクトが実施された1996年に少し拡大された。地域住民にもとづくケアとかかりつけ医師の取り組みが1997年と1998年に実行に移された。個々の患者がより継続してケアが受けられるよう、住民はそれぞれ決まった医師に割り当てられた。地域住民にもとづくケアのモデルに従って、地方のヘルスセンターは7つの地域基盤型組織ユニットに分割

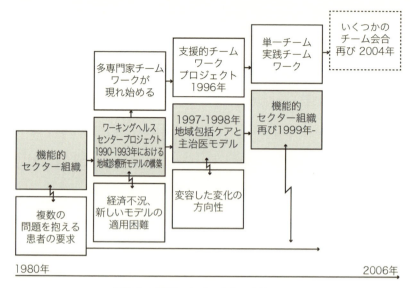

図8.2　事例1における変化の全体マップ

された。これらのユニットでは、6つの異なる多専門家チームが従事した。新しい組織構造とともに新しい報償制度が実施されたが、医師の昇給は看護スタッフの不満を生んだ。

　1999年初めに、再び新しい組織改革が行われた。より効率的で費用効果が上がるとされたヘルスケアモデルへの全国的な動きに呼応して、管理者側はヘルスセンターを組織の機能的セクターモデルの方向に戻した。この転回は多専門家チームを維持する支援をしなかった。チームワークの実践が残ったのは、たった1チームだけだった。だが、2004年以降、患者の複雑な要求に応えるため多専門家チームの要求が増大し、ヘルスセンターの運営にもう一度チームを導入せざるを得なくなっている。

　図8.2のマップは、事例1のストーリーや文書、観察の分析を統合したものである。このマップは左から右に読むことができ、1980年と2006年の間の事例1の変化の全体的な流れを表している。ヘルスセンターの組織構造の変化は中央の灰色のテキストボックスで記されている。多専門家チームを設立する努力は、図の上部にあるテキストボックス内に示され、雷型の矢印は新しい組織モデルとその実行に対立する要素を表している。「いくつかのチーム会合再び」を囲む点線は、チーム構築が発展し始めたものの、まだ安定していないことを示す。

事例2

　第二の事例は、8つの地方自治体の住民にヘルスサービスを提供するヘルスセンターコンソーシアムからのものである。このヘルスセンターの活動は1980年代、機能的セクター組織の原則に従って組織化された。人々はヘルスケアの提供が満足だと思っていなかった。与えられるサービスは官僚的で、長い待機リストに名を連ねなければならず、サービスを提供する者は訪問するたびに異なっていた。事例1と同じく、ヘルスサービスを向上させるため、ヘルスセンターの管理者側は労働ヘルスセンタープロジェクトへの参加を決めた。

　1990年から1993年までのプロジェクト当初、ヘルスケア管理者側や医師、看護師などの代表は実際の問題を解決すべく、組織や業務の新しいモデルを作り出した。新しいモデルは地域住民にもとづくケアと多専門家チームのアイデアを使い、プロジェクト終了後にヘルスケア・コンソーシアムで実行された。研究者は新しい活動体系のデータ分析とモデリングを手伝うことで、プロジェクトを支えた。プロジェクトはワーキンググループごとに組織化され、組織構造の変更や地域住民にもとづくケアとチームワーク、新しいコンピュータシステム、業務の質など、各グループが特定のテーマに責任を負った。1990年代の全国的な経済不況とヘルスケア・サービスへの資金の問題により、1991年、ヘルスセンター・コンソーシアムの管理者側は単年度の緊縮政策に転換した。これは地域住民にもとづくケアの発展と実行に影響を及ぼした。たとえば、地域住民にもとづくケアの実務に見合った業務施設を建設、改造、改築することができなかった。新しいヘルスケアのモデルに抵抗する職員もいた。

　事例2では、労働ヘルスセンター・プロジェクトによって、1994年に4つの地域コミュニティ・ヘルスクリニックが設立された。コミュニティ・ヘルスクリニックは、地域コミュニティに医学的・予防的ケアを提供開始した。新しいタイプの組織は、ヘルスクリニックの医師と看護師との間の多専門家協働を増やした。医師、看護師、准看護師のチームが作られ始め、公共サービスにかかわる他の専門家グループとの協働も広がった。この間、ヘルスセンターの管理者側はヘルスセンターに新しい質的管理の方法を導入した。

　多専門家チームによる新しい地域ケアモデルの実行は、問題がなかったわけではない。全職員が何の疑問もなく、日々の仕事に新しい業務モデルを採用したわけではなかった。1994年末までに、コンソーシアムは安定した予算を取り戻したものの、別の問題が持ち上がった。人員が増強されたにもかかわらず、職員たちに疲労が蔓延していたのである。プライマリケアとセカンダリケアとの間のサービス構造の変

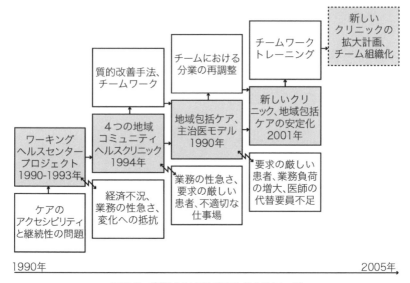

図8.3 事例2における変化の全体マップ

化も、要求の多い患者がプライマリケアに流れるにつれて、職員の負荷を重くした。さらに言えば、地域ケアは個々の患者のヘルスケア対策の継続を保証できなかった。

ケアの継続性を改善するため、地域住民にもとづくケアとかかりつけ医師の取り組みが、1999年に採用された。社会問題のために地域住民の全体的サービスに注意が向けられるようになると、ヘルスセンターは二次医療からも要求の多い患者を受け入れるようになった。新しいモデルは待機リストをなくしたが、仕事場では時間に追われることが多くなった。とりわけ看護師は働きすぎだったのに、数は増えなかった。医師の労働時間も1999年を通じて増加し、交代要員を見つけることも難しかった。しかし、かかりつけ医師は正規雇用スタッフのいるクリニックでうまく機能していた。チームワークは、こうしたクリニックで足がかりをもち始めた。チームはヘルスケア活動において、医師と看護師との分業を再調整し始めた。

地域住民にもとづくケアの決定的なブレークスルーは、コンソーシアム最大の自治体で新しいクリニックの建物が完成し、古いクリニックが改築された後の2001年に起きた。最新の業務施設で、ヘルスクリニックでの適切なチームワークが可能となった。ヘルスケアコンソーシアムの管理者側も、2001年にチームワークを支援する新しいトレーニングを導入した。2004年には新しいクリニックの建物を増築する計画がなされた。地域住民にもとづく組織は良く機能しており、患者のほとんどはケアプロバイダーとの継続的な関係をもち、業務施設も最新のものとなり、

専門家間の情報交換も円滑になされた。組織構造は多専門家チームにもとづいている。

　図8.3のマップは、1990年から2005年までの事例2における変化の概略である。事例1のマップのように、組織構造の変化は中央の灰色のテキストボックスで示されている。新しいモデルを構築する取り組みは図の上に示し、雷型の矢印はモデルと対立する要素を表す。

2つの事例における組織学習プロセス

　事例1と事例2では、本質的に階層的な官僚制からチームやネットワークを基盤とする協働的コミュニティへの移行という、根本的な変化をねらいとする組織学習への集団的な要請が明確になった1990年に、拡張的学習が始まった。両事例とも患者ケアで広く行われていた取り組みが批判され、管理者側も職員も、仕事のジレンマに苦しんでいた。

　職員のなかには、プロジェクトへの参加を拒む者もいた。彼らはプロジェクトが理論的すぎてモデルは複雑すぎるし、通常の業務時間内にプロジェクトに参加することは困難だと感じていた。だが、両事例ともヘルスセンターの管理者側は、プロジェクトは明確で、ヘルスセンターの活動を改善するのに必要だと結論づけた。

　1991年、広く行われている活動の問題が分析された。両方の事例で、組織学習に似た難しさが現れた。つまり分断されたサービスのセクター組織と、アクセス可能で調和的、継続的なケアという患者のニーズとの矛盾を乗り越える必要である。多専門家チームワークにもとづくクライアント志向の組織が、この矛盾を解消するために提案された。このモデルの立ち上げによって、1992年に両方の組織でケア組織とチームワークの地域住民にもとづくモデルが実験された。

　事例1では、職員はヘルスクリニックで地域住民にもとづくケアを実行しているときにプレッシャーや疲れを感じていた。看護師や医師は、慢性的に不足していた。職員は乏しい財源を奪いあい、多専門家チームワークにはほとんどサポートが与えられなかった。当初計画された6チームのうち1つの多専門家チームが、私たちが分析したヘルスセンターのクリニックでの実践を展開、安定させ始めた。

　事例2では、地域住民にもとづくケアとチームのモデルが1994年初めにヘルスケアコンソーシアム全体で実行された。それ以前、医師と看護師からなるプライマリケアチームの1つが、地域住民にもとづくケアの新しいモデルの実験に成功していた。チームミーティングに使う時間はクライアントのサービス時間ではないと感じる職員もいた。1990年代の不況とスタッフ不足も、事例2における地域基盤型組織

の実行を不安定にさせた。住民の人口動態構造や社会状況に関して各地域はそれぞれ相異なるので、地域モデルは実際には実行が難しかった。このことは、医療専門職の負荷を不均等なものにした。同じ頃、新しいコンピュータシステムが事例2のチームに対して新しい道具としてテストされる。新しいコンピュータより古いやり方の方が早く仕事ができると思っている現場の人々もいたので、コンピュータシステムは抵抗に遭った。この時期、事例2では質の改善手法も取り入れられた。

1999年までに、両事例とも、地域住民にもとづくケアがかかりつけ医師の取り組みとあわせて実行された。その当時、事例1ではヘルスセンターの1つの診療所でごく一部のチームがチームワークを採用していたのに対して、事例2ではチームワークはもっと進められ、チームはチームメンバー間での分業を再調整し始める。質の改善手法も、事例2では広く採用され、開発が進んでいた。

事例1では、変化の取り組みの方向は、機能セクター組織へと急激により戻され、1999年に始まって数年間続いた。採用されたチームモデルは管理者側からもはや支持されず、たった1つの先駆的なチームだけが生き残った。管理者側と現場との間で方向の不連続性が分析されることも議論されることもなかったので、拡張プロセスはしぼんでしまった。

他方、事例2では、2001年に地域住民にもとづくケアの適切な場所として新しい診療所が開設され、ヘルスケアコンソーシアムがチームトレーニング・プロジェクトを立ち上げたとき、拡張が具体的なものとなった。チームマネジメントの考えは、ヘルスサービスを提供する際に、皆で合意したケアに対するルールや実務的ガイドラインの中で、独立に各職員・チームを支援するというものである。

事例1における学習サイクルは図8.4に示されている。網かけの部分はプロセスの中断を回復させるために築かれた橋渡しを表す。中断1は地域住民にもとづくケアと多専門家チームワークの新しいモデルがヘルスセンターに定着して拡大することができなかったとき、つまり、初期の労働ヘルスセンタープロジェクトの終了直後の1995年頃に見られた。1996年の橋渡し1は、外部のコンサルタント兼研究者が率いる別の支援チームプロジェクトによって始まったばかりの多専門家チームワークを強化する診療所の試みを表している。

図8.4の中断2は、医師への新しい給与体系の導入が看護スタッフの不満を招き、多専門家チームワークが挫折した1997～1998年の展開を示している。同じ時期、別のやっかいなプロジェクトが進められていて、仕事は急かされ、スタッフは不足していた。ヘルスセンターの管理者側はチームワークへの支援をしなかった。橋渡し2は新しいモデルを続ける1チームの取り組みと、それが中断に橋渡ししたことを表す。このチームは、ヘルスクリニックに当初設けられた6つのチームの1つであった。このチームでは、職員が複合的な問題を抱えた多くのクライアントと協働

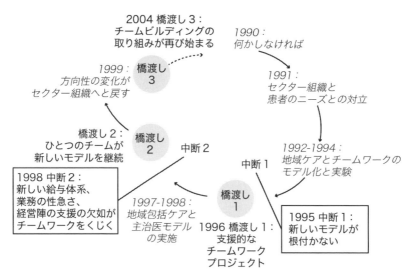

図8.4 事例1における拡張的学習の壊れたサイクル

することで、チームワークの必要な本当のニーズを体感していた。

　図8.4のサイクルから広がっていく矢印は、管理者側が変化の取り組みを機能セクター組織へと回帰させた、1999年に現れた方向の不連続性を示す。橋渡し3は、2004年以降のいくつかのチーム構築の取り組みの再登場を表している。言うまでもなく、組織の全体的発展が機能的官僚制へと方向転換されたとき、こうした橋渡し行為がとりわけ確実なものというわけではない。

　まとめると、事例1は拡張的学習の壊れたサイクルとなっている。1999年以降の決定的分岐点では、異なる方向性どうしの衝突を分析、モデル化、議論するためになされた行為の証拠は見つからなかった。新しい方向が天から降ってきて、チームにもとづくモデルは置き去りにされた。

　事例2では、図8.5に示すように、管理者側が唐突にヘルスケア予算を削減し、職員の間に腹立たしさや不確かさが生じた1991年に最初の中断が起こった。その中断は1つのパイロットチームにおける地域住民にもとづくケアの実験と、安定した予算への回帰、4つの地域クリニックの形成という取り組みからなる橋渡し1によって埋め合わされ、これらすべては1994年までに完了した。これは、新しいモデルへの確信を取り戻した管理者側の断固たる行為だった。

　2番目の中断は、地域住民にもとづく組織とかかりつけ医師の原則が実行された1998年に起こり、仕事の時間的制約が増し、代わりの者を雇用することも難しくなった。この時期、中断を橋渡ししたのは主に、業務負荷を計画し再調整し始めた

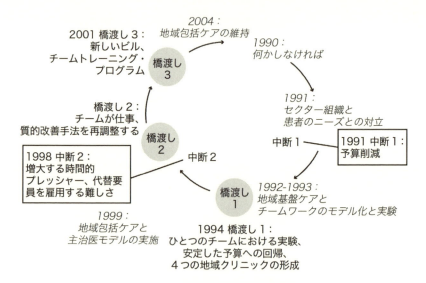

図8.5　事例2でうまく橋渡しされた拡張的学習サイクル

チーム自身である。これらの橋渡し行為は、管理者側が導入した質的改善手法の適用によって支えられた。新しいクリニックのビルと改築された古いビルが使用に供され、チームのトレーニング・プログラムが立ち上げられた2001年に、決定的な3番目の橋渡し行為が行われた。

結論

　組織におけるプロジェクトにもとづく変化の取り組みと学習プロセスは、その性質上不連続である。1つのプロジェクトが終わると、中断があり、次のプロジェクトが継続するかもしれないし、しないかもしれない。この必然的な不連続性は、組織の様々な部署で起こる同時多発的な変化プロジェクトの存在によって、より複雑となる。

　拡張的学習理論はこの不連続を包含し、同時に克服しようとする。図8.4と図8.5に示した大きなサイクルは、革新的学習の数々の小さなサイクルを含んでいる。小さなサイクル間の中断には橋渡し行為による改善を要する。本章で分析した事例が示すように、あらゆる橋渡し行為が有効というわけではない。事例1で、1997年から1998年の第二の中断のときには、1つの現場チームによる橋渡しの取り組みしかなく、連続性を取り戻す基盤としては明らかに十分ではなかった。管理者側が組織

の変革プロセスにおいて拡張的学習を追求し維持しようとするなら、橋渡しは大きな挑戦である。

　方向の不連続性は、また別の話である。拡張的学習では、活動の差し迫った矛盾を解く他の方向性が明確化され、分析され、モデル化され、議論されねばならない。拡張的学習サイクルの理念的－典型的モデルにおいては、こうした行為は新しいモデルが完全に形成され実行される前に、早めに行われる。そのリスクは、方向性をめぐる早くからの議論があまりに浅くまた限定されすぎていて、本当に有力な発展の方向性を分析の視野の外に置いてしまうことだ。これが事例1で起きたことだと思われる。1999年に上から降ってきた方向性の転換がそのプロセスを襲ったとき、現場の人々はこの転換に挑むことができなかった。

　だが、事例2で橋渡しを構築し、拡張プロセスを継続できたのは何によってだったのだろうか？　初期段階の突然の予算削減と、それに続くスタッフへのプレッシャーにあって、中断は確かにかなり深刻だった。1つの答えは、管理者側が繰り返し橋渡し行為をし、包括的、多面的に関与したことである。安定した予算への回帰、4つの地域コミュニティ・クリニックの形成、質的改善プロジェクトの開始、チームトレーニングの立ち上げ、そして最終的に新しいクリニックのビルが建設されたことはまさに、管理者側における継続的な橋渡し行為の例である。1998年の2回目の中断は、チーム行為によってかなりうまく改善されたが、2001年の管理者側の行為は、新しいモデルの決定的なブレークスルーを告げるものだった。この教訓は、おそらく、橋渡しは、ビルのような物質的形態で新しいモデルを安定化するといったことを含め、一連の行為を波状的に繰り出して、真剣に取り組まなければならないということである。

　事例2でのヘルスケア組織の管理者側は、機能的官僚制の費用効果モデルに舵を切り戻すという全国的に広まっていた誘惑にまったく動じなかった。管理者側は実際に、公共の場で何年も声を上げ、自分たちのモデルを推し進めた。まさにこの主張が示しているのは、管理者側の中では少なくとも、他の取り得る方向性を明確化し、分析し、議論するという行為が繰り返し何度も行われ、それが拡張サイクルの初期段階に限らなかったということである。つまり、拡張的学習サイクルのモデルは、連続的な段階のモデルとのみ理解されるべきではないことを意味する。大きなサイクルの中にある小さなサイクルは、ある鍵となる行為が繰り返されるという意味である。これは、変化の方向性の明確化と再明確化の行為に対して最も切実に当てはまる。

　分析が終わった後、私たちは事例1の現場の人々と管理者のためのフィードバック・セッションを設けた。私たちの知見は、行政官、政策決定者、職員の間で活発な議論を生んだ。多専門家チームワークの消失は参加者の多くを驚かせ、衝撃を与

えもした。機能的なセクター基盤の組織に戻ることは多専門家チームの考えと根本的に相いれないことに、彼らは気づいていなかった。将来、長い間無視されてきた行為の復活が何をもたらすかがわかるだろう。

　拡張的学習の理論は、革新的な組織変革を目的とした学習プロセスの分析のための適切な枠組みである。上で議論した両者の事例とも、目的はヘルスケアを組織する階層的・官僚的やり方からチームとネットワークにもとづいた協働的なヘルスケア・コミュニティへと、移行することであった。私たちの分析が示したのは、この取り組みでなぜ事例1が失敗して事例2が成功したかは、連続性と不連続性を管理するやり方の違いに関係していたということである。事例2では、管理者側は日常的な中断を橋渡しするような、より系統的な行為を繰り返し行い、発展の方向を機能的官僚制モデルに移すことで節約を求めようとする誘惑に慎重に抵抗した。組織学習の経路におけるそうした違いを把握するため、私たちは組織学習・開発の基礎的側面として、不連続性と連続性の両方を認める理論的枠組みに依拠した。革新的で長期的な変革を達成するのに必要な連続性は、当たり前に達成されるものではない。それには日常的な不連続性と、それを橋渡しする取り組み、そして方向性に関する議論から絶えず学ぶことが必要なのである。

第3部
未来の展望

第9章

野火的活動 ── 流動性と学習の新様式

　本章では、流動性と学習に関する歴史的視点について述べる。社会的生産やピア・プロダクションにおいて流動性は、横への移行と境界横断に力点を置きながら、拡張的な群がりや多方向の脈動となっていく。そこで私は、バードウォッチングやスケートボーディング、赤十字による災害義援金のような活動がピア・プロダクションと同じような特徴をもつ一方、インターネットに先行し、主にデジタルの仮想空間外で行われるということを指摘するために、野火的活動の概念を紹介しようと思う。本章を通して、これら3つの例を使って論じる。3例それぞれは流動性と学習の未来について洞察を得る豊かな機会であるにもかかわらず、これまでそれらの活動に関する研究はわずかしかない（既存の研究としては、バードウォッチングに関して Law & Lynch, 1988、スケートボーディングに関して Beal, 1995; Borden, 2001; Bäckström, 2005、災害義援金に関して Majchrzac, Jarvenpaa & Hollingshead, 2007; Palen, Hiltz & Liu, 2007 がある）。

　まずはじめに流動性の概念を歴史化し、野火的活動の特色を説明するつもりである。その後、野火的活動の中で、そしてそのまわりで生じるコミュニティの「菌根」的特徴に焦点を合わせながら、変化するコミュニティの質について考察する。それから、認知的形跡と遭遇（encounter）という考えをもとに、野火的活動に関するより詳しい分析のための概念的枠組みを概観する。最後に、野火的活動に固有な学習の新たな潜在性を理解するために、基礎となる仮説を形成する6つの命題を提示しようと思う。

流動性の再概念化

　教育者として私たちは、流動的な学習者に携わってもらいたい流動性の望ましいパターンをトップダウン式に定義しがちである。そのリスクは、それらのパターンが学習者の生活で、そして歴史の底流で起こっていることに触れない、ということである。

　クリス・グティエレスと共同研究者たちが指摘するように、すべての教育のプロ

セスでは、一方に教育者の公式の台本があり、他方に学習者の対立する台本がほとんど不可視に存在する（Gutiérrez, Rymes & Larson, 1995; Gutiérrez, Baquedano-Lopez & Tejeda, 1999）。それら2つの台本はしばしば衝突する。しかし、2つが対話状態で混じり合うとき、私たちは強力な学習の「第三空間」に至る。

　グティエレスの分析を敷衍して、流動性に関する公式の台本とそれに対立する台本について述べてみよう。公的な流動性の台本は、博物館や教育上有益な場所への校外学習を、携帯電話やデジタルカメラといった機器によって促される流動性のルートとしておそらく規定するだろう。対立する台本は、流動性を、近くにスケートボーディングのできる場所がある地域として描くかもしれない。2つの台本には、明らかに構造上の相違がある。公式の台本は活動について、たとえば博物館といった、固定した終点を決めている。学校から博物館へのルート自体はむしろ重要ではない。したがって、効率的で一直線の移動となるべきものである。一方、対立する台本には終点がない。土地は探検のために全方向に開かれている。良好なスケートの場所は喜びを与えるが、場所間の移動も、新しい場所を目を見開いて歩き回ることでようやく見つけられるのだから、場所以上ではないにしても同じように重要である。公的な流動性の台本は、あらかじめ計画されたA地点からB地点への直線に似ている。一方、対立する台本は、行為が展開していくにつれて十字やらせん状の線が絡み合うタペストリーに似ている。

　それら2つの動き方は、ティム・インゴルド（Ingold, 2007）による徒歩旅行と輸送の区別と一致する。

　　　徒歩旅行（wayfaring）は、人間や動物が地球に住むための最も基本的な様式だろう。私は居住（habitation）を、人々がそこに居を構えるようあらかじめ用意された領域で場所を獲得することという意味で使わない。居住者とはむしろ、世界の連続的な生成のまさしくプロセスの中に入り込み、生の形跡を残すときにその織り目と質感を世界に与えるものである。それらの線は概して曲がりくねって不規則だが、しっかり結びついた織物になって完全にからみ合っている。…それらには、究極の目的地も合流すべき最終地点もない。…

　　　しかし歴史の流れの中では時折、帝国の権力は、彼らの目に形跡の織物ではなく、何もない表面のように見えるものを横断するネットワークを連結し、居住世界を占領しようとしてきた。それらのつながりは占領の線である。占領の線は入植し絞り取る場所への外部からの人員や設備の投入、そしてそこから引き出される富の回収を容易にする。そのような線は、徒歩旅行の実践によって作られる小道と違って、線を上下に往来する交通に先立って測量され、建設される。それ

らは概して真っ直ぐで規則正しく、力の結節点においてのみ交差する。（Ingold, 2007, p.81）〔訳注：邦訳インゴルド『ラインズ』工藤晋訳、左右社、2014、133-134ページを参照したが、訳は一部変更した。〕

　インゴルドは交通機関の台頭と資本主義的な近代性の発生を結びつけて考えている。それゆえ徒歩旅行は前近代であるとともに、人間であることの真髄を表象する。説得力はあるが、インゴルドの説明は歴史を単純に2つに分けたものである。私はむしろ、いまだ図式的ではあっても、もっとニュアンスに富んだ流動性の歴史的様相に関する説明を探りたいと思う。その説明は一連の歴史的に優勢な仕事の様式に潜んでいる。すなわち、手工業から大量生産、マス・カスタマイゼーション、協働構成、そして最後には社会的生産やピア・プロダクションに至る変遷である（Victor & Boynton, 1998; Engeström, 2008 参照）。

　レイヴとウェンガー（Lave & Wenger, 1991; Rorabaugh, 1986 も参照）が指摘するように、伝統的な手工業の活動では、流動性は周辺から中心へ、つまり新米から徐々に親方になるよう方向づけられていた。これは、インゴルドによる徒歩旅行の考えとは大きく異なる。手工業において徒歩旅行は一時的な例外としてのみ起こると言えるようなもので、Wandergesellen、すなわち放浪職人（wandering journeyman）、あるいは「渡り職人（tramping artisans）」（Hobsbawm, 1964）によって代表される。

　大量生産における諸活動では、流動性は直線的に前に、そして上に向けられる。すなわち、組み立てライン・プロセス、ビジネス・プロセス、そして個々の経歴である（たとえば、Walker & Guest, 1952; Kanigel, 1997）。良く設計された工業プロセスは、見方によっては、輸送に関するインゴルドの考えの究極的な実現である。しかしながら、フォード・モデルの大量生産では発足以来、多くの点で修正と変更が加えられてきた。今日、リーン生産方式（Womack, Jones & Roos, 1990）とマス・カスタマイゼーション（Pine, 1993）のバリエーションが、仕事の世界で優位を占めている。それらは、継続的改善や顧客との交渉の繰り返しサイクルといった、重要な非線形で双方向性の要素を含んでいる。

　社会的生産やピア・プロダクション（Benkler, 2006）では、境界や構造は消えていくようである。流動性は、横への移行と境界横断に重点を置いて、拡張的な群がりや多方向の脈動というかたちで現れる。プロセスは同時的、多方向的で、しばしば相互的になる。その密度と交差は、プロセスと構造との区分をいくぶん陳腐化する。情報と人々と物の動きは、絶えず変化するが恣意的でも一時的でもないテクスチャを生み出す。そのテクスチャは、なぞったり引きずったりした跡からなり、「心の中の」認識でもあり、「世界の中の」素材でもある。ウィキペディアが良い例で、すべての修正がその前の意見と変更に上書きする記録として自動的に保存され、誰

にも検索できる。それゆえ、絶えず動いているテクスチャはまた、重層的で歴史的に永続性がある。

では、社会的生産やピア・プロダクションの出現は、インゴルドの徒歩旅行への回帰を意味するのだろうか？ 3つの歴史的に重要な違いを指摘すべきだろう。第一に、社会的生産における行為者たちは何かを達成し生産するために参加しており、ある対象を志向している。彼らはインゴルドの説にほのめかされる、怠惰な放浪者のようには見えない。彼らの対象は終わりがなく、予測不能であるが、非常に惹きつける力と意欲を起こさせる力をもっている（Knorr-Cetina, 1997）。第二に、ピア・プロダクションの群がりをなす動きは、基本的に集団によるものであり、インゴルドの説明が呼び起こす個人的な歩行者のイメージとは対照的である。第三に、社会的生産の新たな様式は、純粋なかたちをとらない。それはハイブリッド化し、大量生産の垂直で線形の構造との共生を図る（たとえば、Siltala, Freeman & Miettinen, 2007）。歴史的に新しい可能性を開く見込みがあるのは、そうしたハイブリッドで共生的な形態である。

野火的活動の意味と重要性

今日、かつてないほどに人とその組織は、継続的にかかわる自己再生や革新や拡張を可能にし、持続可能で自らのエネルギーと環境を枯渇しない活動のモデルを模索している。群がり的な流動性のパターンをもつ社会的生産やピア・プロダクションの多様な形態は、この点で期待できる。しかしながら、それらは一般に、もっぱらインターネットの副産物として理解されており、それゆえ完全にデジタル・バーチャリティの領域に位置づけられる。この見方は、そうした「野火的活動」の潜在的な範囲と内容の理解を過度に狭め、歴史的に限定してしまう。

野火的活動には、インターネットに先行し、主にデジタル・バーチャリティの領域外で生じるものがある。例として、スケートボーディング、バードウォッチング、赤十字の災害救助が挙げられる。それらの目立った特質の1つは、予期せぬときに思いがけない場所で出現し、急速に拡張することである。そしてまた、ときどき消えたかのように見えると、再度現れて燃え上がる。

そうした活動は、いくつもの厳しい逆境や束縛にもかかわらず、驚くべき持続力を示す。すなわち、(a) 金銭的な報酬、組織的な支援の仕組み、そして法による保護がほとんどない、(b) 時間とエネルギーの過度な消費を必要とする、(c) 失敗、当局とのトラブル、あるいは身体的危害という大きなリスクさえある。しかし、それらの活動は常に束縛を超え、逆境を克服する学習である。言い換えれば、それ

ほど慎重で一元的に組織化された労力を要さず、自らを更新することを学んでいる。変革を起こす学習は、参加者に押しつけられるのではなく、それらの活動のまさに動作原理と日々の社会的なテクスチャに組み込まれている。

　野火的活動はパラドックスに満ちている。活動は不連続だが、明らかに長期にわたり存続する。バラバラに拡散しているが、うまく調整され、それぞれのローカルなノードにおいて全体を認識している。典型的なのは迅速な採用と最新の情報とコミュニケーション技術の創造的な使用だが、特にそれらを重視し、依存しているわけではない。活動が閉鎖的な仮想世界を創造することはない。

　野火的活動は公式にわかる報酬を提示することはほとんどないが、きわめて高度に動機づけられている。ときどき「ギフト・エコノミー」という形態で特徴づけられる野火的活動は、対象と使用価値に強い志向をもち、完全な商業化に抵抗する。この点で野火的活動が表すのは、単に一般的な「群知能（swarm intelligence）」や「スマートモブズ（smart mobs）」（Rheingold, 2002）にとどまらない。世界の金融市場における取引の特徴もまた群がりと見なせるかもしれない（Knorr-Cetina, 2005参照）。利益の最大化にかられた本質的に貪欲な群がりは、結局、2008年の金融危機が十分な証拠であるように、破滅的な結果をもたらす。野火的活動は、人間における有徳の群がりの可能性を現す。

　そうした活動は、単にウィキノミクス（Tapscott & Williams, 2007）だけでも、何かに携わっている非常に多くの人々だけでもない。MySpaceやYouTube, Facebookのようなソーシャル・ネットワークに限られない。また、インターネットだけでも、オープンソースだけでもない。バードウォッチングやスケートボーディング、赤十字の災害救助は、まさに身体的で実際的な活動なのだ。

　野火的活動は非常に流動的である。その流動性は、行為者の身体的動きであり、情報とアイデアの仮想の動きでもある。意義深いことに、それはまた、活動対象の動きでもある。これは特にバードウォッチングではっきりしている。野鳥観察者は対象である鳥の動きに従うのだから。1つの例として、2008年11月19日、フィンランドの野鳥観察者の議論リスト"Lintuverkko"（lintuverkkobirdlife.fi）〔訳注：フィンランド語で防鳥ネットを意味する〕宛の電子メールを挙げよう。

　　やあ、
　　　人工衛星で監視下の2匹の鶴が、昨日と今日フィンランドからチュニジアに到着したんだ。2匹とも、ラップランドで発信機が装着されていたんだ。

　　詳細は、以下。
　　http://www.satelliittikurjet.fi/

では。マッチ

　災害は、赤十字の災害救助職員の対象であるが、次の被災地が程度の差はあれ、たいてい予測不能という意味で流動的である。同様のことは、スケートボーディングでも明白である。都市におけるスケートボーディングの場所には有限のライフ・サイクルがあり、しばしばアクセスできなくなる。そうすると、スケートボーダーたちは新たな場所に移動しなければならない。以上は、行為者と情報に関する流動性の源泉としての、様々な対象の流動性である。

菌根としてのコミュニティ

　伝統的な手工業のコミュニティは比較的閉鎖的で、安定していた。伝統と親方の個人的権威に支配された「ゲマインシャフト」（共同社会）の揺りかごだったのだ。大量生産のコミュニティは規則で統制され比較的わかりやすいが、はっきりと境界づけられ、中央で管理される（Adler & Heckscher, 2006; Engeström, 2007 参照）。
　野火的活動に関連するコミュニティはハイブリッドで縛りが少ない。そこでは中心はとどまらない。それは、菌類の目につかない下生えである菌根に似ている。菌根は菌類と植物の根や仮根との共生的な結合である。それは養分を得る基層を通じて、その中で成長する。体積に比して非常に大きな表面積があるが、単一の中心はない。菌根は、不可能ではないにしても、境界を定めて閉じ込めることが難しい。しかし、不明確でもつかまえどころがないというわけでもない。殺すのは非常に困難だが脆弱でもある。長期間休眠状態にあるかもしれないが、条件が良好のときは再び見た目も鮮やかなキノコを生み出す。菌根は、共生して働くハイブリッドな参加者からなり、相互に益を得、かつ搾取し合う協力関係によってうまく生育している。
　バードウォッチングは、野鳥観察者、バードウォッチング機器の製造者と販売業者、専門的な鳥類学や生態学の研究者、そして自然保護活動家との共生的、あるいはハイブリッドなコミュニティと捉えられるだろう。スケートボーディングは、スケーター、小売業のスポンサー、専門メディア、そして、スケートボーディングに格好の都市空間の、往々にして敵意のあるオーナーと住民と役人との、共生的あるいはハイブリッドなコミュニティと考えられるだろう。赤十字の災害救助は、ボランティアの救助職員、民間救助活動の専門的事務局、地元の被害者、そして地方から国際的なレベルに至る行政機関との、共生的あるいはハイブリッドなコミュニ

ティと見なせるだろう。

　言い換えれば、これらのコミュニティは状況によって異種混交的で、いくらか場当たり的に作られる。一時的で脆弱ではあるが、驚くほど耐久性があり、持続可能である。コミュニティの構成員は明確ではなく、囲われていない。構成員の資格は、コミュニティの試みに対して何らかの貢献をすることによって得られる。こうした菌根的コミュニティの特徴は、スティグマジー（stigmergy）の現象によっておおかた説明されるだろう。

　　　スティグマジーは、行為者間あるいは行為と行為の間を自然発生的、間接的に調整するメカニズムである。そこでは、ある行為によって環境に残された痕跡が、その後に続く同じか、もしくは異なる行為者の行為を刺激する。スティグマジーは自己組織化の一形態である。それは、いかなる計画も統制も行為者間のコミュニケーションさえもなく、複雑で明らかに知的な構造を生み出す。… スティグマジーは真社会性生物（eusocial creatures）、あるいは物理システムに限定されない。インターネット上では多くの新生の現象が、共有された仮想環境の局所を修正することで交流し合うユーザーたちから立ち上がる。ウィキペディアはその例である。ウィキで入手できる情報の巨大な構造やリナックス・カーネルのようなオープンソースソフトウェアは、シロアリの巣にたとえられる。つまり、最初のユーザーがアイデアの種（泥の塊）を残し、それに惹きつけられた別のユーザーがその最初の発想を修正し、最後には、結びつけられた思考の精巧な構造が組み立てられる。(Wikipedia, 最終閲覧日：2009年1月1日)

　スティグマジー的な協調は、シロアリについて言えば泥の塊のような、物質的で比較的耐久性のある痕跡による仲介という重要な質をもつ。ハイリゲン（Heylighen, 2007, p.165）は、オープンソースやオープンアクセス・コミュニティにおいてスティグマジーは、「進行中の仕事」を一覧することによって起こり、「潜在的貢献者に最も実りある貢献になりそうな仕事へ導く」と主張する。私は、物質的なインフラがコミュニティの形成と持続可能性に必要不可欠だと主張してきた（Engeström & Ahonen, 2001）。重要なインフラ、さらには菌根的コミュニティの「社会的な接着剤」は、物質的痕跡それ自体のパターンをなした蓄積から成り立っているように思われる。

　スティグマジーは、野火的活動において機能する。野鳥観察者は目撃情報をきわめて詳細に記録し、様々なルートを介して仲間に情報を広める。有能な野鳥観察者は、遠出する際、いつでも多種多様な信頼のおける目撃情報記録にアクセスできる。同様にスケートボーダーは、頻繁に彼らの動きと現場をビデオや写真にとり、多数

のルートを介してそのイメージを共有する。有能なスケーターはたいてい、ごく新しいスケートの場所とそこで行われた動きに関する多種多様なイメージと物語にアクセスできる。野鳥観察者もスケートボーダーも、それらの記録やイメージや物語を意図的に、そして目的志向の方法で使ったり分析したり議論をしたりしないかもしれない。しかし、それらは実践者に菌根的コミュニティの維持と発展への寄与を可能にする、必要なインフラとして役立つ。

　災害救助の仕事は、スティグマジーの観点からすると、より複雑な例である。災害は当然ながら混沌としている。方向づけ、協調するための有意義な痕跡は、混沌のさなかにある現場では特定することが難しい。それゆえ、救助職員のために多様な支援システムが設計されている。

　欧州委員会に代わって、ドイツ航空宇宙センター（DLR）は災害救助職員たちが現場にいて情報を交換する間、最新の衛星画像データにアクセスできるシステムを開発した。そのシステムは、欧州の安全保障の領域における衛生を基盤にした技術を開発し適用する欧州連合のプロジェクトである、LIMES（Land & Sea Integrated Monitoring for European Security: 欧州安全保障のための陸海域統合監視; http://www.fp6limes.eu/）の枠組みの中で試行されてきた。同様に国際連合は、災害救助職員のための災害管理と緊急措置のインターネットを基盤とする知識ポータルを提供するために動いている。UN-SPIDER（United Nations Platform for Space-based Information for Disaster Management and Emergency Response: 国連防災緊急対応衛星情報プラットフォーム; www.oosa.unvienna.org/oosa/unspider/index.html）プログラムと連携して、このプラットフォームは、地上で得られた情報に災害を追跡する衛星写真と地図を補足することを目的としている。そのような情報への迅速なアクセスは不可欠である。なぜなら、中国における地震やミャンマーでのサイクロンのような災害が起きた後、救助チームはどのような援助がどこで必要かを、できるだけ早く知らなければならないからである。支援は宇宙からの新たなシステムによって与えられる。つまり、衛星画像の助けを得て、救援活動者たちはふさがれた道路や破壊されたビルの概況を受け取る。

　コンピュータソフトウェアを使って、彼らは次に、地上での自分たちの観察と衛星画像を同期させ、その情報を人工衛星経由の専用ネットワークに送る。その目的は、災害区域の調査を早めることで、必要とされる正確な支援をできるだけ迅速に到着させることである。より多くの現場チームがつながりあい、結果を共有し転送できれば、国際コミュニティは災害においてより早く、効果的に援助することができるだろう。

　継続的に更新される現場の観察結果と結びつけられた衛星画像は、スティグマジー的な協調にとっての新種のインフラを提供するはずである。実際、トップダ

表9.1　野火的活動の重要な特徴

	対象	行為	コミュニティ
バードウォッチング	鳥	鳥の動きで区切られる群れ	野鳥観察者と研究者の混成
スケートボーディング	都市空間	スケート場所のライフサイクルで区切られる群れ	スケーター、スポンサー、そしてメディア
災害救助	災害	災害の発生と修復で区切られる群れ	救助活動者、被災者、そして役人

ウン型とボトムアップ型の視点の結合は、スティグマジーと「ホロプティック（holoptic）」原理の融合を示している。ボーウェンズ（Bauwens, 2005）によれば、「ホロプティック」空間は、活動の全参加者に、他者がしていることに関する水平的知識と起こりつつある全体についての垂直的知識の両者にアクセスすることを可能にする。

エリオット（Elliot, 2006）は、たとえばウィキペディアでは何を寄与しようとしているのか、創造しようとしているのかについての議論がなくても貢献可能なように、スティグマジーは社会的交渉の重要性を減少させると主張する。しかし、エリオットも認めているが、そのことは交渉や批判や討論や熟考された概念形成がスティグマジー的な協調を基盤とする活動では欠けているということを意味しない。

　　リナックスの開発コミュニティでは、仲間による評価プロセスが観察される。それは、現行バージョンに対する批評を生み出し、それらの批評を評価し、そして「エラー」を除去しながら、それらの解決法が改ざんされえないように存続させる組織化された取り組みである。（Lee & Cole, 2003, p.639）

野鳥観察者たちは、頻繁に互いの観察と解釈に意見を述べる。彼らは、特定の地域に固有な鳥類の群れが観察される頻度と希少性に対する、別の説明について議論する。スケートボーダーたちは動きを発展させ、その発想に名前が付けられ、スケーター・コミュニティの語彙やレパートリーを形成する。災害救助職員たちは、医療援助と別のかたちの救援を割り当てるための安定した地点を交渉し、設置し、決定しなければならない。

ここで、本章で考察した3つの野火的活動の重要な特徴を要約しよう。表9.1に挙げた重要な特徴は、活動の対象、活動の動きの性質、活動のコミュニティの特徴を含んでいる。この比較的記述的な特徴づけの枠を超えるために、理論の発展と実証的研究の足がかりになりうる概念的枠組みが必要である。次節では、そのような概念的枠組みの略図を提示しよう。

認知的形跡と遭遇

　エイドリアン・カシンズ（Cussins, 1992）が示唆するのは、認知や概念形成や学習の基礎となる仕組みは、物理的であろうと、心的、言説的、あるいは仮想的であろうと、空間における探索活動であるということである。カシンズの理論は身体的な認知の説明であり、そこでの基本的な隠喩は、ある領域を動いている個人の認知である。その鍵概念は、視点依存（perspective-dependence = PD）と安定化（stabilization）である。
　ある人がある都市の真ん中のどこかに立っていると想像してほしい。最初にいる位置がどこであれ、その人が希望の場所へ行く道順を見つける能力は、視点独立（perspective-independence）と呼ばれる。そのような場合、PD比率は高く、1に近い。PD比率は、その領域で行きたい所への道順をまったく見つけることができないとき、ゼロに近づく。
　人は、ある領域をあちこち動くことで、その領域で動き回ることを学ぶ。その際、人は認知的形跡を作る。

> 　形跡は、人が作るもの、世界が作るものの両方があり、そして、それが人と世界を作る。形跡は、間違いなく、環境の中にあるが、認知的対象でもある。ある形跡は物理的表面の単なる刻み目ではなく、環境のマーキング、つまり感覚と動きを調整する道しるべ、力の経験的な線である。それゆえ、マーキングは経験と環境、両者に関することなのである。（Cussins, 1992, pp. 673-674）

> 　それぞれの形跡は時間とともに起こる、1つの操作、あるいは試み、あるいは回避、あるいは捕獲、あるいは単に動きである。それは完全に文脈に依存する…。それにもかかわらず、形跡は一時的なものではない（もっとも、形跡をたどるのは一時的であるが）。つまり、環境のマーキングは存続するがゆえに、この特徴をもつ領域を通り抜ける能力が拡張される。（Cussins, 1992, p. 674）

　多様な形跡が付けられ、いくつかの形跡は交差する。交差する点はランドマークである。領域はランドマークのネットワークによって構造化される。そのような構造化はPD比率の増加を意味する。
　PD比率とともに、認知的形跡の発展段階、すなわち安定化を特徴づける別の次元がある。安定化はまた、ブラックボックス化と見なせるだろう。

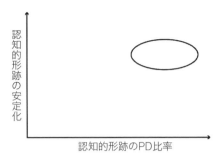

図9.1　高PD比率と高安定化としての一般性（Cussins, 1992, p.683）

　安定化は、流動している現象を取り上げて、その現象のまわりに線を引く（もしくは箱を作る）ことで、現象が単一の参照行動のうちに認知（そして世界）の中に入ることができるようにするプロセスである･･･。（Cussins, 1992, p.677）

　形跡のネットワークを安定させることで空間が所与の構成単位（対象！）として認知的に扱われ（機能し）、さらに高次の特徴空間を形成するのが最良の時がくる･･･。（Cussins, 1992, p.679）

　安定化を成立させる1つの良く知られた重要な方法は、特徴空間のまわりに言葉のブラックボックスを描くこと、つまり経験の構造に言語の構造を課すことである･･･。特徴空間の領域は、形跡のネットワークに支配され、名づけられて安定化すると、1つの対象として機能し始める。（Cussins, 1992, pp.679-680）

図9.1では、特徴空間の最も一般的な特質が楕円形を用いて描かれている。これは安定した対象や概念、明確な命題が現れる場である。
　カシンズは認知を、上記の二次元地形における「適切ならせん形（appropriate spiraling）」として描く。彼はその動きを「良き表象活動（virtuous representational activity）」と呼ぶ。

　認知的現象の経路（動的な表象活動）を、認知的形跡のPD比率と認知的形跡の安定化の程度を軸とするグラフに描けるだろう。ある活動が低いPD比率と低い安定性で始まると仮定しよう。その場が構造化され始め、生き物たちが（理論家風に言えば）景色のあちこちで自らの道筋を見つけ出すにつれ、PD比率は増すだろう。認知的形跡のネットワークが一時的に確立し、安定する可能性が出てくる。

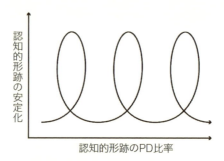

図9.2　良き表象活動のらせん（Cussins, 1993, p.250）

　安定化とPD比率は、その場の形跡の安定化に作業がほとんど完全に集中するまで、増加し続ける。しかしながら、ひとたび形跡のネットワークが強固になると、柔軟性に欠けるようになり、活動の場の性質が時間とともに変化するので、安定化が増加するにつれてPD比率は減少し始めるだろう。そこで状況を切り抜けるさらなる改善のために、PD比率が再び増加できるよう、認知的形跡の不安定な領域が一定期間形成されることが必要となる。言い換えれば、良き表象活動は、PD比率と安定化の相対的な長所と短所の、事実上のトレードオフである。良き表象は、それ自身はPD比率／安定化グラフの二次元空間の中で図や形で表せるだろう。表象活動の良き形態はらせん形であることが容易にわかる。（図9.2; Cussins, 1993, pp.249-250）

　認知的形跡に関するカシンズの理論は変化を、未踏地域を横切って多様に交差する形跡の構築と整備であり、徐々にその領野の安定した概念化をなし、再び不安定化するものとして描いている。その領野は、そこに入る行為者にとっての最近接発達領域と理解されるかもしれない。領野あるいは領域は、物質的なものでもあり、心的なものでもある。重要なのは、認知的形跡の理論がその中に、直線的方向性や終結、目的因論をもっていないということである。形跡は様々な方向をとり、前もって決められた禁じられたゴールはなく、創発する概念の内容は限定されていない。
　これらすべてはインゴルドの考えに似ているが、彼は大変興味深いことに、カシンズの研究に言及しない。2人の著者の間には、およそ15年間休止状態にあった認知的形跡があり、第三者が2人の邂逅を構成した時にそれは明らかになると言えるかもしれない。
　カシンズの説明では、そしてまた大体においてインゴルドの著作でも、認知的形跡の作者あるいは徒歩旅行者は、暗黙に比較的手つかずの場所を1人で動くものとして描かれる。しかし、そうした手つかずの場所というのはない。それらの理論で

欠けているのは、徒歩旅行者の形跡と、力を投入された既存の交通の安定した線との相互影響である。カシンズ－インゴルドの分析ラインは、遭遇の概念で補われる必要がある。

移動図書館に関する最近の議論（Needham & Ally, 2008）は、遭遇概念の必要性を例証している。新しい図書館の利用者は、しばしば、絶え間なく動くノマド（nomad）として表現される。図書館は、それらのノマドが利用できる効果的なサービスを提供しなければならない。この描写において、図書館員は奇妙にも不可視であるか、「知的エージェント」に置き換えられる。「仮想の図書館員は、利用者が個人の好みにもとづいて創造するアバターでありうる」（Ally, 2007, p.43）。この見方は、ノマドの利用者を世話する、または操る、集中化された情報提供者の見えない下位階層や抑圧的な支配層エリートを容易に生み出す。より興味深のは、図書館員自身を、利用者コミュニティと図書館の間で動き、本格的な境界横断とハイブリッド化を必要とする提携を取り決めて作り出し、維持する流動的専門家として描くことである。この考えを擁護するのに良い調査結果がある。

> 非常にしばしば、ある場面での問題は別の場面に移動することによって初めて理解できる。確かに、問題解決者は場面の間を繰り返し動くことが必要かもしれない。なぜなら、ある場面で（そしてそれについて）知識を得ると、別の場面や場所で（そしてそれについて）知識を認め利用することがよりうまくできるようになるからである。実際には問題解決の活動を別の場所に移動することで、学習者は問題の構造、行為の選択肢、そして用いることのできる知識を変化させる。（Tyre & von Hippel, 1997, p.79; Engeström, Engeström & Kärkkäinen, 1995 も参照）

遭遇あるいは境界遭遇の考えは様々な著者に使われてきたが（たとえば、Wenger, 1998; Kerosuo, 2001; Cobb, McClain, Lamberg & Dean, 2003）、ふさわしい理論的そして方法論的な地位を獲得していない。社会的インターフェースについて関連する概念を詳しく述べて、開発社会学者のノーマン・ロング（Long, 2001）は、遭遇の考えを補強する有益な一歩を提供している。ロング（2001, p.89）にとって、社会的インターフェースは「意味、価値、そして志向性をめぐる進行中の論争と交渉」を意味する。

> インターフェースという考えは、社会的不連続性や曖昧さ、そして文化的差異の場所を特定するためのヒューリスティックな道具を提供する。それは研究者や実践者を、いかに社会的関心、文化的解釈、知識、権力の不一致が、対立と連携の重要な時点で調停され、長期化され、あるいは変形されるかについて探究する

ことの重要性に対して敏感にさせる。（Long, 2001, p.89）

　遭遇は、異なる文化的背景と関心をもつ行為者の間で、部分的に共有された取り組むべき対象の変形や再定義に焦点を当てながら携わる、一連の相互作用として特徴づけられるだろう。私は、協働構成と社会的生産において高まる遭遇の重要性をとらえるために、ノットワーキングの概念を示唆した。その観点では、遭遇は、異種混交の行為者と彼らの動きの線の、一時的ではあるが効果的な協働のノット（結び目）を作る活動と理解されるだろう。

　遭遇は、異なる動きの線が同時に生じるときに起こる。特に興味深いのは、圧倒的に非線形な徒歩旅行者の形跡と、ほとんど真っ直ぐな交通の線との、決定的な遭遇である。後者の例にはスケートボーダーと役人や都市空間の所有者との、そしてまたスケーターとスケートボードの用具や衣料を販売して利益を得ている商人との、緊張をはらんだ遭遇が含まれるだろう。野鳥観察者と鳥類学および生態学の研究者との協働は、そうした遭遇の非常に望ましい例である。野鳥観察者間の対立的遭遇の例としては、フィンランドの野鳥観察者たちによる宗教と野鳥観察の関係についての議論リスト"Lintuverkko"（lintuverkkobirdlife.fi）における、2008年のクリスマス前後に引き続いた一部白熱したやりとりがある。

学習の新たな可能性

　1つの作業仮説として、野火的活動の中に創発する学習の可能性の特質を示すと思われる6つの特徴について論じよう。

1. 野火的活動における学習は、境界を横断し、バラバラでしばしば不案内な領野で行動している行為者の間でノットを作る、群がりによる学習である。こうした特徴は、ヴィゴツキーの基本概念である最近接発達領域（Vygotsky, 1978）と、この概念に関する私自身の集団的で拡張的な再定義（Engeström, 1987）の修正を要請する。

　　野火的活動では、ある領域は住まわれ探検されるべき領野であり、単に達成されるべきステージでも、横断されるべきスペースでもない。その領域は、その中で様々な方角と目的地へと動くことによって探検される。居住者は形跡を生み出し、交差する形跡は、特定の場所や目的地とは無関係に、徐々にその領域内を効果的に動く能力を増していく。領域は、そもそも始めから空のスペースではない。他者によって作られた支配的な形跡と境界があり、そ

こにはしばしば濃密な歴史があり、力が投じられている。新たな居住者がその領域に入ると、いずれ既存の形跡との決定的な遭遇が待ち構えている。新居住者は支配的な形跡に順応し、同時に、それを超えようともがく。後者は新しい形跡に至ることがあり、領域の集合的な形状と理解を拡張し、それゆえまた新たな境界をもたらす。居住者たちが領域に精通する確かなレベルに達すると、領域のまさに境界とぶつかり合い、そこから脱して新領域へ向かい始める。

2. 野火的活動における学習は、菌根的コミュニティを建設することによる学習である。それは身体化された、生きられた認知的形跡と社会的結合を切り開き、領野を理解できるものにし、住みうるものにする。スティグマジーのメカニズムは、菌根的コミュニティの物質的インフラを整備し、維持するための基礎をなす。
3. 野火的活動における学習は、形跡を安定化し、活動の拡張的再構築のプラットフォームとして役立つであろう集合的概念を構築することによる学習である。そのような概念は通常、その領野の異なる動きの線の決定的な遭遇の中で、その結果として創発する。遭遇は、討議と分析と交渉を引き起こす。
4. 野火的活動における学習は、いちかばちかの個人的関与と危険、そして決定的な衝突とアイデンティティの転換を経験することによる学習である。
5. 野火的活動における学習は、すばやい即興的適応と長期的デザインを結びつけることによる学習である。
6. 野火的活動における学習は、ホロプティックな監視による学習である。それは、懸命に局所での行動をしながら、出来事の全体的な視点を獲得することを目指している。

これら6つの特徴は、学習支援を目的とする教育学的、技術的、組織的な手はずに関して重要な結果をもたらす。もちろん、野火的活動は依然としてやや風変わりな現象であり、主流の学習の理解とデザインに資するところはほとんどないと論じる者もいるかもしれない。そうした視点は、私たちが作り出す歴史の力学を見落とす深刻な過ちである。

第10章
デザイン実験から形成的介入へ

　何がしかの特殊な心理科学を性急に構築しようとして、この問題を飛ばしたり、方法論を飛び越そうとする者は、乗ろうとする馬を飛び越してしまうに違いない。
（Vygotsky, 1997a, p.329）

　教育研究の名声が色あせるのは、反復可能な結果が不足しているというよりも、この分野の論文のもととなっている幾千もの実験が何かを生み出しているようには見えないのはなぜかを説明する、より深い理論が不足しているからである。
（Olson, 2004, p.25）

　人間の学習は、複雑で絶えず変化する活動システムの中で、またそれらの間で、行われる。学習ニーズそれ自体は、ますます不明瞭になっている。絶え間ない混乱の中にある複雑な活動とグローバルなネットワークの需要にうまく対応するためには、何が学ばれるべきかですら、まったく明確ではない。人間 ── 実践者や教師、生徒 ── は、多様で、変化に富み、そして時に予測不能なかたちで自身に迫る課題や作業に対し、解釈したり再解釈し続ける、意図的で相互作用する存在である。彼らは線形的な因果律にきちんと従っているわけではない。良くコントロールされた実験に基礎を置く古典的な学習研究の実践的な有用性と生態学的な妥当性は、かつてないほど揺らいでいる。

　ほんの数年前、アメリカの教育当局は、教育研究の「ゴールド・スタンダード」を定義する法律と国のガイドラインづくりに意欲的に取り組み始めた。この「ゴールド・スタンダード」は、ランダム化比較試験を用いること、妥当な統制群を選定すること、そして、大規模な統計サンプルと複数の研究場所を意味する「拡張可能性（scalability）」を強調する。

　この「ゴールド・スタンダード」は、教育研究を介入主義の研究と正しく見なしている。ランダム化比較試験は、教育的介入の効果の評価を意味する。介入研究のモデルは、医学や農学のような分野からとられている。ある専門家はこう述べている。

たとえば、雑草の抑制手法の効果を検証したいと思った場合、異なる作物区画を実験条件と統制条件にランダムに割り当てる。その際、それらはそれ以外、天候、肥料、日照時間、害虫ほかすべて同じく扱われる。これらの作物はモニターされ、成長シーズンを通して観察されるが、結果が十分目立つものであるなら、可視的にその結果を確認することができる。ただし、明確な証拠は、作物が収穫された際の収穫量である。統制区画に対し、すべての実験区画において収穫量に優位な差がある場合、私たちはその差が独立変数、このケースでは雑草抑制によると見なす。(http://specialed.wordpress.com/2006/02/10/educational-researchthe-gold-standard/)

教育研究におけるこの「ゴールド・スタンダード」思考は、研究者が何を実行したいのか、教育実践をどのように変えたいかを知っているという想定から出発している。言い換えると、介入とその望ましい結果があらかじめ良く定義されている。研究の課題は、望ましい結果が現実に達成されたか否かを確認することである。

教育研究者は、苦境に立たされている。彼らの多くは、一方ではランダム化比較試験の限界を認識しており、より実践ベースで創造的な、かつ理論としても野心的な研究を行い、正当化する方法を模索している。他方では、実証主義科学の証明された仮定や方法論的ルールに忠実であるよう、行政的、財政的、政治的、そして「科学的」な強い圧力を受けている。方法論的な変革に向けた試みの多くが弱々しい妥協となってしまうのも不思議ではない。

本章では、著者が形成的介入と呼ぶ革新的な方法論的アプローチを提案する。このアプローチは、L. S. ヴィゴツキーと彼の共同研究者、および学生たちによる方法論上のアイデアと経験に触発されたものである。著者のこの遺産の上に立つバージョンは、フィンランドの発達的ワークリサーチ学派における20余年に及ぶ研究で用いられてきた (Engeström, 2005; Engeström, Lompscher & Rückriem, 2005)。

ここでは、いわゆるデザイン実験、もしくはデザイン研究における最近の関心を精査することから始めたい。それらは、「ゴールド・スタンダード」に典型的な、介入に対する線形的な見方にいまだ囚われている。その後、介入に関するいくつかの社会学的分析の貢献について議論し、実行可能な介入者の方法論を発展させるのに、エージェンシーが決定的に重要であることを指摘する。さらに、「二重刺激」と呼ばれる介入者の方法論についてのヴィゴツキーの中心的なアイデアを提示し、線形的介入と形成的介入の4つの主要な相違点を指摘して締めくくる。これを受けて、4つの基礎的な認識論的な糸、もしくはこの方法論を特徴づける見解の助けを得て、形成的介入の「論証的文法 (argumentative grammar)」を提示する。

著者の研究グループがチェンジラボラトリー・ツールキットを用いて最近実施し

た介入研究からのデータを分析することにより、形成的介入の方法論を描く。この研究は、オウル大学病院中央外科ユニットにおける働き方の新たな形態の形成にかかわるものである（本書第6章参照）。この事例分析により、形成的介入の階層的な特徴を精緻化できた。本章の最後で、提案された論証的文法の4つの原則がどのように実施されたのか、そして、この病院の事例でどのような洞察が生成されたかを精査する。

デザイン実験−デザイン研究

　本節では、デザイン実験もしくはデザイン研究に関する最近の研究の問題点を取り上げる。なお、この研究アプローチの初期の定式化（Brown, 1992; Collins, 1992）については、その主な議論は広く知られているため、ここでは取り上げない。
　さて、デザイン実験もしくはデザイン研究の文献において、関心の焦点は孤立した個人の学習者から全体の学習環境、もしくは学習の生態系へと移行してきた。

> 　デザイン実験は、理想的には、その要素をデザインし、またこれらの要素が学習を支援するために互いにどのように機能するのかを予測することによって、学習の生態系 ── タイプとレベルの異なる多様な要素を含む複雑で相互作用するシステム ── についてのより良い理解をもたらす。（Cobb & al, 2003, p.9）

　デザイン研究の提唱者の多くは、分析の単位を描写するのにダイナミック学習環境（dynamical learning environments; DLEs）の概念を用いる。たとえば、バラブとカーシュナー（Barab & Kirshner, 2001, p.8）は、ダイナミック学習環境を「DLEsを構成するシステムの構成要素（生徒、教師、授業課題、資源）がそのシステムを安定化させたり、不安定化させるかたちで相互に影響を及ぼし合うように、絶え間なく進化するものとして」定義した。
　こうした複雑な分析単位の概念は、曖昧さを免れない。システムに関する一般用語で言うと、ダイナミックスと構成要素では十分ではない。何が正確に、このようなダイナミック学習環境の有用な解剖モデルとなりうるだろうか。デザイン研究者が彼らの提起する分析単位の決定的な構成要素と関係性を特定し、モデル化しないのであれば、理論と方法論の明確な連関は損なわれてしまう（「学習環境」概念の批判については、Engeström, 2009および本書第5章参照）。
　「デザイン実験」の議論においては、研究者がグランドデザインを行い、教師がそれを実行する（そして、その修正に貢献する）、そして生徒は結果として、より良

く学習するということが暗黙のうちに想定されているように見える。研究者は通常、「誰が、なぜデザインするのか？」を問わない。この線形的見方は、完全性、網羅性、最終状態の概念と結びついている。これは、「すべての変数」を捕捉するという、ばかげた概念の利用に例示されている。

> デザイン実験において、研究者はそれらすべてに注意を払ってはいないかもしれないが、重要な多くの従属変数がある。… ゴールは、すべての変数、あるいは関心のあるあらゆる従属変数に影響する状況の特性を特定することである。（Collins, Jeph & Bielaczyc, 2004, p.20; 強調は引用者による）

副産物として、コリンズ、ヨゼフ、ビエラチェクは、その背後にあるきわめて問題のある因果の概念に対して何の疑問も抱くことなく、研究に対する変数志向的アプローチを支持している（Maxwell, 2004）。

コリンズ、ヨゼフ、ビエラチェク（Collins, Joseph & Bielaczyc, 2004, p.33）の説明によると、デザイン研究の方法論は、「デザインの実行」に始まり、「デザイン研究の報告」で終わる、基本的に6つのステップからなる線形的な手続きである。このプロセスが実行から始まるので、そもそもの最初のデザインの作成は、方法論の中に含まれてさえいない。このように、誰がデザインをし、どのような理論もしくは原則に導かれるのかといったことは問題にされない。同様に、コッブと共同研究者たち（Cobb et al., 2003）は、デザイン実験の「終着点」を決定するのは研究者であると、当然のごとく見なしているように思える。

> 研究チームは、実験の理論的な意図を明確化することに加え、重要な学問上のアイデアそして、予想されるゴール、もしくは生徒の学習の終着点を設定する理由づけの形式も明らかにすべきである。（Cobb & al., 2003, p.11）

デザイン研究の段階的で線形的概念は、バナン-リトランド（Bannan-Ritland, 2003, p.22）においても展開されている。循環的な反復はデザインの構成要素の洗練に寄与しても、基本的に線形的イメージを変化させるものではない。これは、実験研究の伝統的モデルと循環的イメージに支えられるデザイン研究のモデルの両者を取り上げたミドルトンたち（Middleton et al., 2008）にも明確に表れている。彼らは、「デザイン実験はランダム化比較試験やその他の伝統的実験研究をすでに含む標準的な手続きに対する価値ある方法論的追加である」と結論づけている（p.42）。

この線形的見方は、抵抗や再解釈、下からの行為者の不意打ちに満ちている対抗的領野として、介入について私たちが知っていることを無視している。コッブと

共著者たちは、研究者によって考えられたデザイン実験は不連続性を生み出すが──しかし、さらなる振り返りを何ら要しないようだと言及している。

> その意図は、新たな学習の形態を研究するためにそれらを持ち込んで、その教育改善の可能性を調査することである。結果として、教育の典型的形態（これらは自然主義的に研究されうる）とデザイン実験の焦点である形態との間に、しばしば決定的な不連続性がある。(Cobb et al., 2003, p.10)

「ゴールド・スタンダード」の介入とデザイン実験の主な違いは、前者が開始時に完全な介入のデザインを期待している一方、後者は教育の状況の複雑さを認識した上で、デザインが多様な「微調整」の反復を通じて進むと期待しているところにあるように見える。しかしながら、デザイン実験であっても、終結と統制を目指している。網羅性、最終状態、そして終結の強調は、「微調整」としてのデザイン実験の考えに濃縮されている。これはフィールドにおいて完全なものになることが求められる1つの模範的モデルに、研究者が何とかしてたどり着くことを意味している。

> デザイン実験は、先行研究から導かれる理論的原則をベースに、教育デザインの検証と洗練によって形成的な研究を行う方法として発展してきた。デザインにおけるこの漸進的洗練のアプローチは、それがどのように機能するかを見るために、最初のバージョンのデザインを世界に投入することから始まる。その後、す・べ・て・の・バグが吐き出されるまで、デザインは経験にもとづいて継続的に改定される。(Collins, Joseph & Bielaczyc, 2004, p.18; 強調は引用者による)

> デザイン研究は、常に理論と実践の洗練という2つのゴールをもたなければならない。(Collins, Joseph & Bielaczyc, 2004, p.19)

コリンズ、ヨゼフ、ビエラチェク (2004, pp.18-19) は、彼らにとって評価の明確なモデルとして『消費者レポート (*Consumer Reports*)』を用いて、教育デザイン研究を自動車やその他の消費財のデザインと比較している。彼らは、完成された大量生産物と、教育介入のようなオープンエンドで継続的に協働構成される生産物との決定違いについて、何ら注意を払っていないように思える（協働構成については、Victor & Boynton, 1998; Engeström, 2008 参照）。完全性と統制への奇妙な強迫観念が、彼らの議論に赤い糸のように絡みついている[1]。

このように、このジグソーパズルにおいて、すべてのパズルのピースが一体となり、完全な理解を形成する。（Collins, Joseph & Bielaczyc, 2004, p.23; 強調は引用者による）

完全性への同様の魅了は、ミドルトンたち（Middleton et al., 2008）によっても、彼らの「完全」デザイン実験の概念に示されており、「確定検査（definitive test）」に至る。

ここで見逃しているのは、「何人たりともイノベーションを正しく理解できないこと、それは継続的なプロセスと見なすのがベストであり、1つの製品として具象化されていたとしても、単に途上の任意時点であるにすぎないこと」である（von Hippel & Tyre, 1995, p.12）。おそらくより重要なことだが、デザイン実験のほとんどの研究文献が、変革についての伝統的なデザイナー牽引モデルを当然のことと見なしており、最近のユーザー牽引、もしくは「民主的」変革への転回（von Hippel, 2005）を無視しているように思えることである。

要約すると、教育研究の方法論としてデザイン実験もしくはデザイン研究を提案している最近の研究文献は、それらが本来的に抱える深刻な弱点に苦しんでいる。デザイン研究には多くの異なるバージョンがある一方で、次のような弱点が蔓延していると結論することは公正であるように思える。まず、分析単位が曖昧なままであることである。2点目は、デザイン研究のプロセスが、研究者が原理やゴールを決定することに始まり、完全性もしくは網羅性を導く線形的なやり方で描かれていることである。この見方は、実践者や生徒、ユーザーのエージェンシーを無視している。変革プロセスのデザイナー牽引モデルとユーザー牽引のそれとの間、そして、完成された大量生産物とオープンエンドな社会変革間の決定的な違いに盲目であるように思える。最後に、デザイン実験のほとんどの研究文献において、研究への変数志向的アプローチが、その背後にある疑わしい因果概念に何ら疑問を抱くことなく、暗に受け入れられている。

このトピックにおける鍵となる論文において展開されているように、デザイン実験の一般的アイデアやアプローチには、このような限界が付随している。確かに、これらの限界のいくつかを重要なしかたで克服しているデザイン実験の研究も、個別には見られる。しかしながら、最近の一連のデザイン研究（van den Akker, Gravemeijer, McKenney & Nieven, 2006; Kelly, Lesh & Baek, 2008）は、その数年前の鍵となる論文において提出された基本的な仮定に議論を呈したり挑んでいるというよりは、主にその強化や精緻化を行っている。

社会学的介入研究からの教訓

　社会学的介入研究は、通常、外の世界の気まぐれな介入を防ぐための安全な制度的防壁をもたないという点で教育研究とは異なっている。これはおそらく、私がデザイン研究において観察した線形的見方が社会学においてはそれほど簡単に適用されない理由であると考えられる。この点に関する好事例は、ノーマン・ロング（Long, 2001）によるものである。

　　　介入は、それ自体の内的な組織的および政治的ダイナミックスによって、また、それが直面し、もしくはそれ自体が作り出す特定の条件によって、絶えず再形成される継続的な変革のプロセスである。これには、より広い権力のフィールドの中において、自身の社会的スペース、文化的境界、およびポジションを定義し、防御するために闘っているローカルで局所的な集団の反応および戦略が含まれる。（Long, 2001, p.27）

　ロングは、デザイン実験における最近の文献において著しく欠如している闘争、戦略、権力、ポジションのような用語を用いる（事実、これらの用語だけではなく、「エージェンシー」、「動機づけ」、「抵抗」といった用語でさえ、デザイン研究の最近のハンドブックの索引から消えている（Kelly, Lesh & Baek, 2008））。

　　　介入プロセスを理解するのに重要なのは、局所的な行為者が特定の介入を自分のものにし、操作し、転覆し、もしくは再編成するために考案する、新たな介入者の扱いに関する戦略を特定し、つかむ必要性である。（Long, 2001, p.233）

　言い換えると、抵抗や転覆は、排除されるべき偶然の撹乱ではない。それらは介入の本質的な核となる構成要素であり、実行可能な介入方法論において、特別の地位を与えられるべきものである。メルッチ（Melucci, 1996）は、この点を介入研究における3つの方法論的指針へと拡張した。

　　　私たちが認識すべきことは、行為者自身が彼らが行っていることから、研究者による福音主義的もしくは操作的な、あらゆる介入の意味を自律的に理解できるということである。…2点目は、研究者－行為者の関係は、それ自体が観察の対象であることを認識すべきである。それは行為のフィールドの一部分であり、そ

れゆえ、関係者間での明示的な交渉や両者間で交わされる契約の対象なのである。… 最後に、行為のフィールドにおける介入を含むすべての研究実践は、人工的な状況を生み出すのであり、そのことが明白に認められるべきことを認識すべきである。… 観察者と被観察者の関係についてのメタコミュニケーションの能力は、それゆえ研究枠組みの中に統合されなければならない。(Melucci, 1996, pp. 388-389)

言い換えれば、人間活動への介入は、匿名の機械的反応に出会うのではなく、アイデンティティとエージェンシーをもつ行為者に出会うのである。エージェンシーが方法論における中心的な関心事でないなら、そこには何かしらの深刻な間違いがある。

教育研究において、これを深刻に受け取っている数少ない研究者の1人が、デイヴィッド・オルソンである。

> 人間科学における研究は、ある主体の振る舞いを記述するようデザインされているというより、教師と生徒両方のエージェントが、彼らが働く多様で変化に富んだ文脈において何をすべきかについて、情報にもとづいた意思決定を行う際に利用可能な情報を提供するようデザインされている、と論じることができよう。(Olson, 2004, p.25)

ヴィゴツキーの二重刺激法

ヴィゴツキーは、高次精神機能の文化的媒介にもとづく新たな心理学の探究において、理論の特性に一致する方法論を構築する必要性を痛感していた。

> 主体の反応動作を容易に成立させるこの方法論（S-R理論にもとづく応答反応の研究）はしかし、基本的な問題が、与えられた個々の課題に最も適合する具体的なかたちで主体が自身の行為を組織化するために用いる手段や道具の研究であるとき、完全に無力になる。特にこれらの行為の（外的および内的）手段の研究に注意を向けるにあたって、私たちは心理学的実験それ自体の方法論の、根本的な見直しを行わなくてはならない。(Vygotsky, 1999, p.59)

ヴィゴツキー、レオンチェフ、ルリヤが発展させた方法論は、異なる名称で特徴づけられてきた。ヴィゴツキー（たとえば、1997b, p.68, 1997c, pp.85-89, 1999, pp.57-59）は、少なくとも、「実験・発生的方法」、「道具主義的方法」、「歴史・発生的方法」、「二重刺激法」という名称をあまり区別することなく用いた。本章では、「二重刺激法」という名称を用いる。

ファン・デル・フェールとヴァルシナー（Van der Veer & Valsiner, 1991, p.169）が言うように、二重刺激実験において、「主体は問題が存在する構造化された状況に置かれる。… その問題の解決の終了に対する新たな手段の構築に向けた積極的な助言が与えられる」。ヴィゴツキー自身は、この方法論を次のように述べている。

> 実験の文脈において子どもが直面する課題は、一般に、彼の現在の能力を超えており、既存のスキルでは解決することができない。このようなケースでは、子どもの近くに中立的な対象が置かれる。そして、私たちはしばしば、その中立的な刺激がどのようにその状況の中に引き込まれ、記号の役割を果たすかを観察することができる。このようにして、子どもは積極的にこれらの中立的な対象を問題解決の課題に取り込む。困難が生じたとき、中立的刺激が記号の役割を果たし、そしてそのときから操作の構造が本質的に異なる特性を呈すると言えるだろう。（Vygotsky, 1978, p.74; 強調を付加した）

> このアプローチを用いることにより、私たちは主体に直接的な反応を期待する、単純な刺激を提供する通常の方法に縛られない。むしろ、私たちは、特別な機能をもつ一連の第二の刺激を同時に提供する。この方法で、私たちは、特定の補助手段の助けを借りて課題を達成するプロセスを研究することができる。結果として、私たちは高次の心理的プロセスの内的構造と発達も、発見することができる。

> 二重刺激法は、あらゆる年齢の人々の行為における重要なプロセスの発現を引き出す。子どもでも大人でも、リマインダーとして結び目を作ることは、広く行き渡った人間の行為の調節原理、問題を解決しようとする文脈において、人々が一時的なつながりを創造し、以前には中立的であった刺激に意味を与える意味作用の1つの例である。私たちがこの方法を重要と見なすのは、これが内的な心理的プロセスを対象化するのに役立つためである。（Vygotsky, 1978, pp.74-75）

仲介する手段としての第二の刺激は、既存のあらゆる形式において、主体に必ずしも与えられる必要がないということを指摘するのは重要である。

> 実験研究において、私たちは必ずしも提示された問題を解決しうる、用意された外的手段を主体に提供しなければならないというわけではない。子どもに用意

された外的手段を与える代わりに、彼が自発的に補助的な道具を適用し、その操作の中でシンボルの補助システムを用いるまで待っても、実験の主要なデザインは何ら悪影響を受けないだろう。… 子どもに用意されたシンボルを与えずに、彼が用いる道具の自発的拡張を行っている間に子どもが発達させる複雑なシンボリックな活動のすべての基本的なメカニズムの道筋全体を追跡することができる。（Vygotsky, 1999, p.60）

ファン・デル・フェールとヴァルシナー（1991, p.399）は、実験状況をコントロールしたい実験者に対してこの方法論が課す、根本的な挑戦を指摘する。

> この「実験方法」の考えがヴィゴツキーによって方法論的な枠組みの中に打ち立てられ、実験において起こることへの実験者による最大限のコントロールという伝統的な規範は、様式的なものというより特別なケースとして位置づけられた。被験者は常に、記号のかたちで、一連の「刺激-手段」（心理的道具）を実験的設定の中に「持ち込む」のであって、実験者はどんなに厳密な方法をもってしても、外的にコントロールすることはできない。したがって、被験者が新たな心理的現象を構成するきっかけを与える（「生み出すのではない」）という意味で、実験的設定は実験者によってその構造が操作可能な調査の文脈となる。

言い換えれば、被験者のエージェンシーが、この構図の中に入ってくる。二重刺激の方法論の革新的な潜在力を完全に認識するためには、ヴィゴツキーによる志向性（intentionality）と、エージェンシーについてのより一般的な概念を再構築する必要がある。ヴィゴツキーは、志向的活動の人工物媒介的な性質を次のように記述している。

> 人は、事物や刺激の力を使いながら、それらを通して、それらをグループ分けしたり結合したり選別したりして、自らの行動をコントロールする。言い換えれば、意志の重要な独自性は、人間が、自らの行動に対して事物がもつ力の他に、自らの行動に対する力をもっていないということにある。しかし、人間は、自分自身を、行動に対して事物がもつ力に従属させるのである。そうして、事物を自らの目的に役立つようにし、自らが欲するように事物の力をコントロールする。人間は、外的活動を使って環境を変え、そのような方法で、行動を自分自身の権限に従わせながら、自分自身の行動に影響を及ぼす。（Vygotsky, 1997b, p.212）

ヴィゴツキー（1997b, p.213）は、自発的な行為が2つの局面、もしくは「2つの

装置」をもつと指摘した。1つ目は、媒介する人工物もしくは「自発的プロセスの閉鎖部」が、しばしば苦心して構成されるデザインの局面である。2つ目は、通常非常に簡単に見え、ほとんど条件反射のように自動的に見える実行局面、もしくは「作動装置」である。

　文化的に媒介された志向性の古典的な例は、私たちが朝早く起きる際に構築し、用いる道具を含む。ヴィゴツキーによる自発的行為の例は、ほとんど個人としての行為者に焦点が置かれている。これは、集団的志向性の軽視であると解釈されるべきではない。ヴィゴツキーの有名な原理によると、高次精神機能は2度現れる。1度目は集団的行為の中で心理間的に、次に個人によって内面化されて心理内的に現れる。

> ウスリースク地方の著名な研究者であるV. K. アルセーニエフは、彼が旅行中滞在したウデグ村で、地元民から、彼がウラジオストックに戻る際に、商人のリ・タンクが彼らを抑圧していることをロシア当局に告げてほしいということをどのように依頼されたかについて話した。次の日、地元民は旅行者について村はずれに向かった。アルセーニエフが言うには、人混みの中から銀髪の年老いた男が現れ、彼にオオヤマネコの爪を与え、リ・タンクについての請願を忘れることがないよう彼のポケットにそれを入れろと言った。男は、想起のプロセスに積極的に影響を与えようと、自身でその状況に人工的な刺激を導入したのである。ついでに言えば、他者の記憶に影響を与えることは、自身の記憶に影響を与えることと本質的に同じである。(Vygotsky, 1997b, pp.50-51)

　ヴィゴツキーの共同研究者であるA. N. レオンチェフ (Leont'ev, 1932) は、志向的行為の社会的起源に焦点を当てた。彼は、親方によって与えられる合図、ドラムのリズミカルな音、そして作業歌は、集団的な仕事に必要な方向性と継続性を与えると指摘する。この自発的行為 ── そして集団的な志向性の ── 心理間的起源は、リマインダーや計画、地図等と同様に、共有された外的な合図や刺激の原始的な利用の中に見出せる。

　ヴィゴツキーによる二重刺激の方法論的原則は、「ゴールド・スタンダード」やデザイン実験の文献の両者が提唱する線形的介入とは根本的に異なる、形成的介入の概念を導く。[2] その重要な相違は、次の4点に要約できるだろう。

(1) **出発点**：線形的介入では、介入の内容と目標があらかじめ研究者によって知られており、介入それ自体が参加者の重要な生活活動から一般的に切り離されている。形成的介入では、介入の対象となる参加者（子どもであれ、大人の実

践者であれ、両者であれ）が、重要な生活活動に埋め込まれた、問題のある矛盾を抱えた対象に直面し、新しい概念を構築することによって対象を分析し拡張する。その内容は、研究者によってあらかじめ知られてはいない。

(2) **プロセス**：線形的介入では、参加者が、通常、学校の教師や生徒たちであるが、抵抗することなく介入を実行することが期待されている。もし介入の実行に困難がともなうなら、それはデザインの弱点とされ、洗練され是正される。形成的介入の場合、介入の内容と進行は、交渉に委ねられ、介入のかたちは、参加者次第である。核となるメカニズムとしての二重刺激法が含意するのは、参加者がエージェンシーを獲得し、プロセスの主導権を握るということである。

(3) **成果**：線形的介入では、すべての変数をコントロールし、標準化された解決モジュール、通常は、新たな状況に移されて実行されたとき、同様の望ましい成果を確実に生成するだろう何らかの新しい学習環境を達成することをねらいとする。形成的介入では、局所的に適切な新しい解決策をデザインするための枠組みとなる新しい概念の生成（それは他の状況においても使うことが可能であるかもしれない）がねらいとなる。形成的介入の鍵となる成果は、参加者たちの間でのエージェンシーである。

(4) **研究者の役割**：線形的な介入において研究者は、すべての変数をコントロールしようとする。形成的介入では、研究者は、参加者によって導かれ担われる拡張的変革のプロセスを呼び起こし、持続させることをねらいにする。

介入は、シンプルに、「変化を創造するための、人間のエージェントによる、目的をもった行為」（Midgley, 2000, p.113）と定義できるだろう。この定義は、研究者が介入を独占するわけではないことを明らかにしている。学校や職場のように組織化された活動システムは、外部のあらゆる種類のエージェント（コンサルタント、管理者、顧客、競争相手、パートナー、政治家、ジャーナリスト）からの介入を浴びせられている。そして、活動システムの内部では、実践者と管理者が絶え間なく自分たち自身の介入を行っている。私たち研究者は、彼らの取り組みから結果が線形的にうまく得られると期待すべきではない。

論証的文法に向けて

教育におけるデザイン研究についての議論の中で、ケリー（Kelly, 2004）は、実行可能な方法論を形成するのに必要な「論証的文法」の根本的な課題を取り上げた。

論証的文法は方法の利用を導き、そのデータについての理由づけを支援する論理である。それは、ロ̇ゴ̇ス̇（理性、論拠）を方法論（方法＋ロゴス）に提供し、それから生じる主張を保証する基盤である。（Kelly, 2004, p. 118）

　私は、論証的文法を、一連の基本的な認識論的イデアとして、もしくは、あらゆる本格的な研究アプローチにおける理論、方法論、経験的研究に通底し、それらを接続する糸として、考えている。このような認識論的イデアは同時に、研究対象の性質についての実質的な仮定であり、また、介入、データ収集、および分析を実際的に行うための、ヒューリスティックなメタレベルの道具でもある。

　では、教育におけるデザイン研究のロゴスとは何であろうか？　一連の研究を横断して、異なるフィールドでも起こるとき、その文法とは何であろうか？　あるデータの収集を正当化し、他のデータを排除する「分離可能な」構造はどこにあり、それはどのような条件の下なのだろうか？　もっともに思われる議論を行うために、これらのデータを用いた推論を何が導くのだろうか？（Kelly, 2004, p. 119）

　私は、形成的介入の方法論のための論証的文法の構成要素として、4つの認識論的糸もしくは原則を取り上げる。これらの糸とは次のようなものである。（1）分析の単位としての活動システム、（2）変化および発達の源としての矛盾、（3）因果の階層としてのエージェンシー、そして、（4）拡張的概念形成としての実践の変革。これら4つは、完全なセットであることを意味しない。

　（1）分析の単位としての活動システム。文化・歴史的活動理論において、分析の主要単位の進化を3つの世代に識別できる（Engeström, 2001）。ヴィゴツキーの仕事にもとづく最初の世代は、分析単位としての媒介された行為を中心としていた（Zinchenko, 1985 参照）。レオンチェフ（1978, 1981）の仕事にもとづく第二世代では、分析の大きな単位として集団的な活動システムを取り上げた。現在、世界各地の活動理論家の多くは、2つ以上の活動システム間の相互作用に焦点を当てている。これは、最低限2つの活動システムが部分的に共有する対象をもつ、第三世代の分析単位を必要とする。

　活動システムの構造は、エンゲストロームによって開発された三角形モデルで描くことができるだろう（Engeström, 1987）。図10.1に明らかなように、活動理論では対象を、活動に永続する方向性、目的、アイデンティティを与える重要な要素としてみる。活動システムが内的な矛盾によって分断されるに従い、活動の対象は不鮮明になったり失われたりしがちになる。形成的介入の方法論は、活動対象の再発見

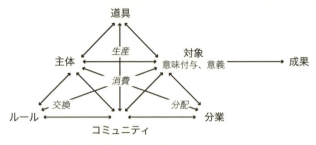

図10.1 活動システム（Engeström, 1987, p.78）

や拡張的再創出に方向づけられる。

　分析の単位は、通常、厳密に研究者のための概念的アイデアである。形成的介入において、私たちは分析単位を参加する主体および研究者の両者にとっての外的な補助手段、媒介する概念的道具へと変える。活動の三角形モデルは通常、介入の早期の段階において、参加者に提示され、説明される。その後、それらは参加者の活動の多様な側面を分析し、再設計するために繰り返し用いられる。

　活動理論における分析単位の重要な側面は、対象志向的な活動システムの長期の歴史的な時間的視点と、ゴール志向的な行為の相対的に短期の時間的視点の間の絶え間ない運動である（Engeström, 2000）。質的な変革として理解される発達は、活動全体の対象および動機の拡張的な再概念化によって駆動される。しかしながらこのような変革は、規定のコースからのずれとして、そして、日常的なイノベーションとして日々の仕事の行為の中で始まり、実行される。重要な問題は、これら2つのレベル間での運動である。

　形成的介入にとって、分析単位としての活動システムの鍵となる含意は、介入が参加者の意味ある生活活動の中に埋め込まれ、文脈化される必要があるということである。行為変革に制限された介入、活動の対象に起因する動機づけのダイナミクスを無視する介入は、技術的には短期的に効果があるかもしれないが、息の長い形成的な影響を長期的には持ちえそうもない。

　(2) 変化および発達の源泉としての矛盾。そもそも、何が変化を可能とさせるのだろうか？ 活動理論が矛盾の概念をもとに構築するのはここである。どれほど安定的で耐性があったとしても、内的な矛盾から自由な活動の領域はない。矛盾は問題や対立と同じではない。矛盾は、活動システムの中やそれらの間で歴史的に蓄積された構造的な緊張である。資本主義における第一の活動の矛盾は、商品の使用価値と交換価値の間のそれである。この基本的矛盾は、私たちの活動システムのすべての要素に広がっている。活動システムは、その要素内や要素間における緊張と矛盾に絶えず取り組んでいる。矛盾は、撹乱や革新的な問題解決策の中で表に現れる。

この意味において、活動システムは、仮想的な撹乱および変革生産機械である。

活動はオープンシステムである。活動システムが外部から新たなイノベーション（たとえば、新たな技術や対象）を取り入れるとき、ある古い要素（たとえば、ルールや分業）が新たなそれと衝突して、しばしば深刻な第二の矛盾を引き起こす。このような矛盾は、最近接発達領域を目に見えない戦場にして、撹乱や対立だけではなく、活動を変化させる革新的な試みも生み出す。固着したルールが進化した新たな道具によって開かれた可能性を遅らせ、打ち砕くのは一般的に見られる例である。

矛盾は活動の単なる不可避の特徴であるだけではない。それらは「自己運動の原理であり、…発達がその中で形成される形式である」（Ilyenkov, 1977, p.330）。これは、新たな質的段階と活動の形式が、前段の形式の矛盾を解消するものとして創発することを意味する。これは次に、「目に見えないブレークスルー」の形式で、下からの変革を起こす。

> 現実において、のちに普遍的になる現象は、当初ルールの例外として、個人的な、特定の、特別の現象として創発するということが常に起こる。それは他のどのような方法でも実際には創発しえない。そうでなければ、歴史はかなり神秘的な形態をもつだろう。このように、労働のあらゆる新たな改善、生産における人間行為のすべての新たな形態は、最初は、一般的に受け入れられ、認識されるようになる前に、それまで受け入れられ、体系化された規範からのずれとして現れる。1人もしくは数人の労働におけるルールからの個人的な例外として創発すると、新たな形式はその後他のメンバーに引き継がれて、時とともに新たな普遍的な規範となる。新たな規範が最初に正確にこのようにして出現しなかったとしたら、実際に普遍的な規範とは決してならず、単なる幻想や希望的観測としてしか存在しないであろう。（Ilyenkov, 1982, pp.83-84）

形成的介入にとって、変化と発達の源泉としての矛盾の鍵となる含意は、介入が、影響を受ける活動システムにおける矛盾のエネルギーに反応し、またそれの上に構築される必要がある、ということである。これは、形成的介入が活動システムの歴史的分析に根を下ろし、進行している活動における矛盾の経験的な発現が介入の重要部分として記録され、分析されるとことを求める（Engeström & Sannino, 2011）。

（3）因果の階層としてのエージェンシー。マクスウェル（Maxwell, 2004）は、伝統的な因果の概念を「規則性」アプローチと呼んでいる。私たちは直接因果関係を観察することはできず、観察可能なのは出来事間の関係における規則性のみであるということである。規則性アプローチは、必然的に研究の変数志向的な見方をともなう。因果関係は、因果プロセスというよりむしろ、変数間の体系だった関係とし

て理解される。プロセス志向の研究は、変数ベースの研究とは異なり、因果関係が現実における出来事の連鎖として実際に観察でき、再構築できると考える。そこでは、展開していく出来事の連鎖の緻密な観察と記録に加え、歴史的方法やナラティブな証拠を利用する。

　しかしながら、人間の間で起こる出来事の連鎖を、どのように観察し、再構築するのだろうか？　そのためには、どのような説明のレンズが必要とされるであろうか？　エスコラ（Eskola, 1999, p.111）は、答えは3つの側面にあると主張する。(1) 行為者がかかわっている活動の構造および発達と、異なる行為者にとってのその意味、(2) 行為者がこの活動において当然の前提とする法や規則、そして、(3) 彼らがそうする基礎となる論理、である。エスコラは、一方で伝統的な変数志向型研究の基本的な説明スキームを提示するとともに、他方で「人間活動における現実的な研究」のそれを示している。エスコラの現実的なパラダイムは、人間は単に物理的な対象として反応するわけではないという事実に着目する。彼らは活動、解釈および論理にもとづいて活動する。単純化のために、これを因果の解釈階層と呼ぶことにする。

　しかしながら、人間の文脈には、因果以上のものが存在する。人間は解釈し始めるだけではなく、歴史的に進化してきたコミュニティと対象の中に埋め込まれており、そしてそれらによって引き起こされた多様な動機間の矛盾にも直面する。これは、人間を非合理的で予測不可能なものに見せる階層である（Engeström, 1989）。これは人間の因果に別の階層を付加する。私はこれを矛盾の階層と呼ぶ。いまだ見過ごされているのは、活動の変革を目的としたエージェンシー、志向的な集団的、個人的行為に対する人間の潜在力である。そこで、エージェンシーの階層を加えて、この見取り図を完成させよう（図10.2）。

　ここで、先に議論した、状況の再定義をもたらす外的な人工物の利用に発するとするヴィゴツキーのエージェンシーについて振り返ってみよう。

　　　無意味な状況にかかわる実験において、レヴィンは、被験者は彼の外部にある何らかの支援点を探し、自身の行動をこの外部の支援を通して定義することを見出した。たとえば、ある実験場面において、実験者は被験者を残したまま戻らずに、離れた部屋から彼を観察した。一般的に、被験者は10 〜 20分待っていた。それから、何をすべきかわからずに、彼はしばらくの間動揺し、混乱し、どうするか決められない状態に陥った。ほぼすべての大人が、外部の支援点を探した。たとえば、ある被験者は、時計の動きによって自身の行為を定義した。時計を見て、彼は考えた。「針が垂直になったら退出しよう」。この被験者はこのように状況を変換し、2時半まで待ってそこを去ることに決めた。時間になったとき、行

解釈階層	活動における行為者	これかあれかの論理に従って説明する	もしXならその時Y法則、規則
矛盾の階層	集団的な活動における参加者として	矛盾する動機によって駆動される	しばしば予測不能な行為による解決の模索
エージェンシーの階層	潜在的な個人および集合のエージェントとして	意図的に変革力のある行為を行う	外部から行為をコントロールするための人工物の発明および利用

図10.2　人間活動における3つの因果階層

為は自動的に起きた。心理的場を変化させることで、この被験者はこの場に自身の新しい状況を創り出した。彼は無意味な状況を、明確な意味をもつそれへと転換した。(Vygotsky, 1987a, p.356)

　レヴィンの実験についてのヴィゴツキーの記述は、図10.2の3つの階層のすべてを簡略化されたかたちでとらえている。最初に、被験者は状況を、実験者のルールに従わなければならない実験として解釈した。何も起こらないとき、このような期待されるルールと意味の探究の間に矛盾が生じる。混乱の期間があり、予測不能で「非合理的」な行為へと至りうる。しかしながら、時計のような外部の文化的人工物を利用することにより、被験者は状況を転換し、エージェントとしての行為（agentive action）をとることができる。この初歩的な形態における行為主体的行為が、実験の部屋から去るといった非動作や単なる抵抗のように見えかねないことに留意すべきである。それにもかかわらず、受動的に待っていたり、「非合理的」に騒ぎ立てることとは根本的に異なる行為である。

　ある既存の活動パターンから離れ去ることには、変革力のあるエージェンシーを要する。これは、外部の文化的人工物を用いることで達成される。外部の文化的人工物は、意味を授け、それにより人間に外部から自身の行動をコントロールできるようにさせる力強い媒介の記号となる。これは、二重刺激のメカニズムである。これはしばしば、学習や問題解決の特定の作業において、パフォーマンスを高めるための単なる方法と解釈される。このような技術的な解釈は、基本的に新たな概念やエージェンシー、意志を構築するメカニズムとしての二重刺激の発達的な重要性を見逃している。

　形成的介入にとって、因果階層としてのエージェンシーの鍵となる含意は、参加

者のエージェントとしての行為が重要な結果として記録され、分析される必要がある、ということである。介入者は、自身の計画に疑問を呈する行為や、驚かされる方向に介入を向かせる行為を期待し、承認すべきである。

　(4) 拡張的概念形成としての実践の転換。拡張的学習（Engeström, 1987, 2001a）は、概念形成のプロセスである。この枠組みは、まさに概念というアイデア自体が再定義される必要があることを提起している。ホールとグリーノ（Hall & Greeno, 2008, p.213）が指摘するように、「概念とその意味は、実践がなされる状況の中で発達し進化するとともに、実践の中で維持される。なぜなら、それらはコミュニティの活動を行う上で役立つものだからである」。この考え方からすれば、概念とは、それを用いて働く人々の生活にとって重要な必然のものということになる。そうした概念は、重層化された多様な表象のインフラ、あるいは複合道具を備えた人間の活動システムの中や間で具体化され、埋め込まれ、分散されている。複合的で必然性をもった概念は、本来的に、複数の価値をもち、論争的で、未完成で、しばしば「ゆるい」ものである。異なるステークホルダーたちが概念の不完全なバージョンを生み出す。そのため、概念の形成と変化は、対立と論争、また同様に、交渉と混合を含んだものになる。概念は、未来に向かうものなのである。それは、感情、願い、恐れ、価値、そして集団的意図を担っている。特別に興味深いのは、「可能性に関する概念」（Engeström, 2007a）と「見通しに関する概念」（Engeström et al., 2005）である。それらは、未来の発達と変化に関する、時間に縛られた集団的意図、あるいはビジョンを説明するものである。複雑な概念の形成は、文化の中で与えられる概念を単に内面化するだけでなく、何よりも文化的に新しい概念を外面化し、生成することなのである（これらも使用の際に内面化される必要があるが）。

　拡張的学習は、対象に向かう活動の新たに拡張された対象やパターンの形成をもたらす。抽象から具体への上向として知られるこのプロセスには、新しい活動についての理論的概念の形成も含まれている。それは、「胚細胞」、すなわち出発点となる単純な関係について把握しモデル化することにもとづいており、そこから新しい活動が引き起こされ、その様々な具体的な姿が生成されていく（Davydov, 1990）。

　形成的介入にとって、概念形成としての実践の変革のもつ鍵となる含意は、分析者が、最初の不安定な試行や提案から名づけやモデル化のような安定化の段階まで、拡張的概念形成の段階を追跡する必要がある、ということである。

チェンジラボラトリー

　1990年代半ば、ヘルシンキ大学活動理論・発達的ワークリサーチセンター（現在は、CRADLEと呼ばれている）の研究者たちが、通称チェンジラボラトリーと呼ばれる介入の新たなツールキットを開発した（Engeström & al., 1996; Engeström, 2007d）。このツールキットの様々なバリエーションが、郵便局や工場、学校、病院、ニュース編集室に至る様々な場面における多くの介入研究において用いられてきた。チェンジラボラトリーは、潜在的に新しい働き方が経験され、そして実験される小宇宙として機能する（Engeström, 1987, pp. 277-278）。

　チェンジラボラトリーは、通常、重要な変革を迫られている活動システムの中で実施される。そうした活動システムは、しばしば、大組織における相対的に独立したパイロット的な部署である。その部署で働く実践者や管理者は、介入研究者の小さなグループとともに、5～10の回数で、一連のチェンジラボラトリーの会合を開く。多くの場合、数ヵ月後にフォローアップの会合が行われる。また可能であれば、顧客や患者が、自分たちの特別な状況について詳細に分析するために、チェンジラボラトリーの会合に招待されて参加する。さらに、チェンジラボラトリーは、協働やパートナーシップに関与している2つ以上の活動システムの代表が参加する「境界横断ラボラトリー」としても行われる。

　チェンジラボラトリーは、その対象となっている活動状況から得られたエスノグラフィー・データにもとづいて実施される。仕事の実践における危機的な出来事、トラブル、そして問題が記録され、第一の刺激になるものとしてチェンジラボラトリーの会合に持ち込まれる。この「問題を映し出す素材（mirror material）」が、参加者たちの間の関与、分析、そして協働的デザインの取り組みを刺激するために用いられる。

　問題の分析と解決を促進するために、介入者は通常、活動システムの三角形モデル（図10.1を参照）のような概念的ツールを、第二の刺激として導入する。一般に、介入者によって提案された概念的モデルは、参加者たちによって考え出された仲介的な概念化やモデルで置き換えられたり、それらと結合されたりする。

　参加者たちは、仲介的な第二の刺激を、変革しようと試みている活動に関する新しい概念をデザインするための道具として利用する必要に迫られる。デザインされた新しい解決策を実行に移すことは、たいてい、チェンジラボラトリーの会合がまだ続けられている期間内に、パイロット実験のかたちでなされる。こうした実行は、大概、より豊かで明確化された概念をもたらす。

分析とデザインにおいて、参加者たちは、過去と現在と未来の間を移動するよう求められる。このことは、現在の問題の歴史的な起源が掘り起こされ、モデル化され、未来の概念に向かうアイデアが、役割演技のような予測シミュレーションによって演じられるということを意味する。ラボラトリーの会合自体が分析のため録画され、振り返りの刺激として使われる。こうした手続きは、慎重に引き起こされた拡張的学習のサイクルに含まれる行為や相互作用に関する、豊かな長期的データの収集を可能にする（Engeström, 2001a）。

病院の外科ユニットにおける対象の再捕捉

先に指摘したように、形成的介入は、その出発点、プロセス、成果に関して線形的介入（デザイン実験も含む）とは異なる。以下では、これらの側面に関して、最近のチェンジラボラトリーの介入から得られたデータを精査しよう。

私たちの研究チームは、2006年秋に、フィンランド北部に位置するオウル市の大学病院の中央外科ユニットから、彼らのスタッフと協働する招待を受けた。このユニットは、有資格スタッフの不足と過度の仕事量によって、手術室のいくつかが一時的な閉鎖に追い込まれるほど危機に近い状況にあった。これは、患者のますます長い待ち時間と行列につながり、マイナスの評判をもたらした。このプレッシャーは、すべての病院に対して近い将来患者が短い待ち時間で治療を受けられることを保証するよう求める新たな法律ができた事実により、ますます高まった。これは、各病院が行列をなくすために断固とした運営上の処置を実行しなければならないことを意味していた。中央外科ユニットの管理者側は、ユニットの問題が長い歴史をもち、その場しのぎの解決策ではおそらく取り除けないことに気づいていた。私たちの課題は、この問題を診断し、全体的な長期の解決を探究する集団的なプロセスを扱うことであった。

私たちは2006年秋に、2時間のチェンジラボラトリー・セッションを8回行った。このセッションの参加者は、ユニットの筆頭医師から、執刀医、麻酔専門医、看護師、守衛や事務員に至る、ユニットで働くすべての実践者の範囲を代表するよう選定された。私たちはこのセッションをビデオ記録し、議論の文字起こしを行った。2007年と2008年にフォローアップ・セッションも行い、2009年に統計レポートとインタビューをして、展開を追い続けた。

2006年9月28日に実施した最初のセッションには、21名が参加した。執刀医4名、麻酔専門医4名（うち1人は全ユニットの手術管理者である）、外科看護師3名、麻酔担当看護師4名（ユニットの看護師長を含む）、管理職、事務員、守衛各1名、そし

て研究グループからの3名である。[3] 2時間のセッションの中で、402の会話交換があった。以下の分析では、データとして最初のセッションの文字起こしのみを利用する。出発点、プロセス、およびチェンジラボラトリー介入の暫定的な成果を特徴づけるために、このデータを精査する。

私たちは、スタッフ不足や過度の仕事量、長い待機リスト、手術室の閉鎖についての懸念が表明されている一連のビデオ・インタビューを提示することから、最初のセッションを始めた。この「問題を映し出す素材」は、豊富な議論を引き起こした。

(1) 出発点 ── 対象の喪失

最初のセッションにおける議論の多くは、仕事における意味の喪失の経験をめぐって展開した。これらの経験は、複数の異なるテーマの流れにおいて表現された。最初の1つは、手術室の避けられない一時閉鎖と、増大する患者の待機リストの悪循環に焦点を当てた。

> 048
> 研究者1：… 手術室を閉鎖したままにせざるをえない状況が続いていますが、それって問題ですよね？
> 049
> 麻酔専門医、手術管理者：それは、手術を必要とする待機リストに患者さんがいて、一方、彼らが治療を受けなければならないという多大なプレッシャーがあるという意味で、問題ですね。これは、世間の目に見えています。そのため、いつも板挟みです。これまで以上に懸命に働いても、いつも失敗しているという感覚をもたれてしまうし、待機リストを動かすこともできないので、やっぱり私たちが悪いっていうふうにとられてしまう。

「いつも板挟みです」という表現は、ベイトソン（Bateson, 1972）がダブルバインドと呼んだことを明快に表している。「やっぱり私たちが悪い」。

2番目の流れは、中央外科ユニットにおける困難な、もしくは「劣悪な」患者材料に焦点を当てたものであった。

> 087
> 麻酔担当看護師長：麻酔担当看護師を代表して言うと、私たちは現実に3つの異なる麻酔担当ユニットを抱えています。私たちのこのユニット、中央診療所、そして短期の日帰り手術です。仕事の条件、患者材料、労働時間を比べると、全

然違います。私たちは3つのシフトで働いており、緊急サービスの義務も負っています。患者材料は…

088
研究者1：もう一度言ってください、巻き戻してください。

089
麻酔担当看護師長：はい。最悪なのは確かに患者材料です。そして、手術は最大だし、最もきつい…

（中略）

092
麻酔担当看護師長：はい。そしてまったく同じ賃金です。そして、先ほども言いましたが、患者材料です。それはますますひどくて、これからも悪いままでしょう。今は民間では簡単な患者さんをより分け、私たちが全部のひどい患者さんを受けているのとは別の時間に、そこで手術を行っているからです。私たちにとっての大きな問題は、術後ケア、すぐにやらないといけない術後のケアで、別の言い方をすれば、術後室の問題です。そこに入ってくるのは、私たちの患者さんだけではなく、中央診療所や緊急サービス、内科の患者さん、集中治療の患者さん…

ここで、会話が「私たち」（実践者）から「彼ら」（患者）に、つまり、主体から対象に移行した。しかしながら、「悪い患者材料」についての会話は、具体化された対象を示した。これは、患者の別の側面を取り上げた執刀医によってすぐに反論された。

111
執刀医3：辞める人たちについて考えていて、仕事がとてもきついからだと言うんだったら、私はまったく反対ですね。この仕事で、患者さんと現実に接しているなら、それがどれだけきつくても、やりがいがあるとただ感じるんじゃないでしょうか。一方で、そのための教育を受けているんだったら、すでに挑戦する準備が整っているとも言えます。退職ですけど、困難なケースに直面していて、それと戦っているっていうのとは別の問題から確実にきています。家に帰ったとき、解放されたと感じますよね。私はそれをやり遂げた！といい気分になります。とてもきついからこの仕事を辞めます、とは思わないはずです。

112
研究者1：じゃ、患者材料がだんだんきつくなっているという事実は、必ずし

も直接的な理由ではない、と。

113

主任麻酔担当医：ただ、仕事がきついのにまったく報われないという経験をしているなら、それは理由になりえると思います。誰にも感謝さえされず、仕事が終わらないまま、家に帰る。すべてが終わらないけど、シフトが終わって、家に帰る。ハードワークに対する報酬は決して得られない。だから…発展させるべきことの1つは、本当に仕事がやりがいがあるって感じることです。仕事がうまくいっていると心から感じ、患者さんが良くなり、生き続けることができることです。こういうふうに、物事のすべてのイメージが構築されなければならないんです。

主任麻酔担当医（発言113）は、実際にこの議論に第三の流れを開いた。「ハードワークに対する報酬は決して得られない」。この流れは続き、このセッションの後半で精緻にされた。この流れのポイントは、視点の喪失と、仕事の対象に対するコントロールの喪失の経験であった。

345

主任麻酔担当医：なので、そこで起こることがわかるように、自分の仕事をコントロールできないんです。もう一度言うと、ちょっと思ったのは、『アステリクス』〔訳注：フランス漫画〕の登場人物みたいに、天が落っこちてくるんじゃないかと恐れています。ドアから何がやってくるかわかっていないんです。なんで怖いのか、なぜそれを怖れないといけないのか？ 人を生かしておける最高のプロフェッショナルがいるのに、ドアからやってくるものを怖れています。でも確かに、それに対して何もできないことを怖れているんじゃない、前もってその日のことがわからないから、それを取り除けないから…とにかく、これが私の見方です。そこに怖れがある、それが知らないものである、といった感じです。誰が患者さんになるのかまったくわからないときです。もし、今日手術予定の整形外科の患者さんのリストを見た場合なら、彼らは回復部を通ってやってくるし、そう期待できます。物事がどのようにして進んでいくか、モニタースクリーンを見て、次にまた誰がここに来るかわかります。

346

主任外科看護師：そういうのはわかることです。でも中央診療所を通って来る人とか、X線室から来る人や緊急室を通って来る人もいます…対処できないで病棟から戻ってくる人とか…。あるいは、集中治療室にいなければならないのにベッドがなかったので患者さんが3日間戻されたりしたときとか。そして彼を

入院病棟の廊下に置いておきたくはないでしょうし …。

347

主任麻酔医：つまり自分の仕事がコントロールできないし、前もって計画できないってことで、こうしたことはおそらく何か原因が …

348

主任外科看護師：はい、私たち自身の手術も混乱している状況なんです。

　チェンジラボラトリーの介入におけるこの事例の出発点は、経験された問題空間について、もしくはトラブルのスペクトラムについて、真剣に明確にしようとすることからなっていた。3つの流れを通じて、この明確化は最初に与えられた、皆が知っている問題（人材不足、長い待機リスト、手術室の閉鎖）を、不十分に理解された矛盾する対象へと転換させた。

　第一の流れは、この状態をダブルバインドとして明確化した。第二の流れは、患者を匿名の「悪い材料」（もしくは、その反面としての、111が言及したような「やりがいのある材料」）に具体化して明確化した。この種の分類、もしくは、経験的な抽象化（Davydov, 1990）は、複雑で混乱を招く問題に名称や単純な疑似説明を与え、典型的に「安定化知識」として機能する（Engeström, 2007a）。第三の流れは、コントロールの喪失や仕事中にどのような患者に出くわすかの概要が得られないといった、不測に対する恐れとしてこの状況を明確化した。総合すると、この最初の明確化における3つの流れは、対象の喪失として特徴づけることができるだろう。

(2) プロセス ── 第二の刺激としての代替的な組織

　介入は、多かれ少なかれ直接的なやり方で、失われた対象の再獲得や再同定を前進させると考える人もいるだろう。しかしながら、そのような線形的な調整は期待できない。第二の刺激が、対象の再獲得に向けて間接的な道を切り開くために必要とされた。

　このケースにおいて、第二の刺激は、私たち研究者が課題のための概念的道具を提供する機会を得る前に、すでに最初のセッションにおいて、参加者によって生成された。このことは、「私たちは必ずしも提示された問題を解決しうる、用意された外的手段を主体に提供しなければならないというわけではない」という、先に述べたヴィゴツキーの言葉を想起させる。私たちは「彼が自発的に補助的な道具を適用し、その操作の中でシンボルの補助システムを用いるまで待っても」よいのである。

　このケースにおいては、第二の刺激、あるいは媒介する概念的道具は、最初、ユ

ニットの規模の大きさについての不満として、比較的曖昧な言葉で現れてきた。

097
主任麻酔担当看護師：･･･ そしてスタッフ数が多くなり、私がまさに言ったように責任範囲が大きくて。

098
研究者1：スタッフの数が多いと何か問題でも？

099
主任麻酔担当看護師：管理は困難でコミュニケーションは非常に難しく、一緒にグループを作るのが本当に困難で、動機づけも大変です ･･･ 他に何があるかな。知識マネジメントも難しいです。

この課題はさらに、より小さなサブユニットの必要に発展した。

138
看護師長：･･･ 教育とか習熟とかを容易にしたいなら、みんなを小さなプールとか専門性とか、何と呼んでもいいけど、そうしたものに絶対分けるべきですよ。手術医みたいにね。そしたらもっと扱いやすくなるでしょう。

実際の第二の刺激の形成は、執刀医によって始まった。

193
執刀医1：ええ、T（看護師長）の言う通り、中央外科ユニットはおそろしく大きくて、そのために管理が難しいのです。もし分けたとしたらどうでしょうか。整形外科も低侵襲外科も心臓外科と血管外科も、それぞれユニットをもって3つに分かれるのです。各領域はそれぞれ看護師、医師が就いて、小さなユニットになれば管理しやすくなって、各自も全員もアイデンティティを築きやすく、新しい人も雇いやすくなるでしょう。この方が機能的じゃないでしょうか？

194
研究者1：フィンランドに似たようなモデルはありますか？

195
執刀医1：はい、タンペレに。

196
研究者1：それは機能してますか？

197

執刀医1：とっても。

ユニットを3もしくは4つの小さい独立したサブユニットに分けるというアイデアは、熱狂と留保の両方で受け止められた。この新しい組織モデルは、混乱への懸念を引き起こした。しかしながら、これは、共同のデザインの努力によって克服されるべき課題として受け止められた。

204
主任麻酔担当看護師：それから、手術や道具でそれは機能するし、それぞれの専門領域に責任をもつドクターがいるのはいいことだと思います。でも、これは一般的な話であって、専門医や麻酔担当看護師、彼らにとっては、救急の任務などがあるので、ローテーションは絶対的に必要ですね。すると、ある程度麻酔担当側で、システムを構築する際に柔軟性をもたないといけない。

205
研究者1：もし3つの分離したユニットがあったとして、それらを横断して移動できるようにすべきと。

206
主任麻酔担当看護師：ええ。

207
研究者1：確かに。スタートからすぐに固有の困難にぶつかりますね。

208
手術医長：そして、救急の任務は、一方で私たちがすでに計画し、軟組織と硬組織の救急サービスで予定されているように、部分的に分離すべきという事実にも行きつきますね。

209
研究者1：4つ目のユニット、救急サービスユニットがいるという意味ですか？

210
手術医長：いいえ、より小さなユニットに分けるのなら、各ユニットが各自救急サービスを引き受けるんだろうと。いずれにしても3つから4つのチームがあるでしょうが、それぞれが異なる専門領域の知識を代表しているでしょう。

第二の刺激、すなわち、より小さなサブユニットにもとづく代替的な組織構造の構築は、長く、骨の折れるプロセスであった。それは実質的にすべてのチェンジラボラトリー・セッションを通じて続き、結果的に詳細な新しい組織図となった。この新しい図は、中央外科ユニットにおいて後日実行に移された。

長期的プロセスにおいて二重刺激が適切であることは、ヴィゴツキーにとって異質なものではない。彼は、この原理が「死によってのみ終わる、その解決が何千回となく中断されたであろう継続的な現実世界の問題」にさえ適用できることを指摘した（Vygotsky, 1997b, p.213）。
　しかし、第二の刺激のアイデアはどこから来たのであろうか？ 4人の医師の間での意見交換は、そのアイデアがかなり長い間、身近にあったことを示している。

　　216
　　執刀医2：私たちは物事を少し混同しているのでないでしょうか。V（執刀医1）がタンペレについておっしゃったこと、あれは組織的に異なるユニットです。そして、あなたが機能を分けることについておっしゃったことは、ここの機能の再グループ化にすぎないように思います。
　　217
　　手術医長：彼らは自身の組織をもつことができるが、私たちはできない…
　　218
　　執刀医1：これはその方向へのステップです。
　　219
　　執刀医2：そう、本当に長いステップです。自身の病棟をもたなければならないでしょう。自身の財務管理をもつことになるでしょう、自身のマネジメント…
　　220
　　執刀医1：私たちはこれについて長い時間話してきました。
　　221
　　執刀医3：ベサのいう通りだね。少なくとも私は心から支持するし、評議会の選挙ではベサに投票しますよ（笑）。これは労働政策の問題です。外科の知識ベースは本当に巨大です。加えて、これが何回かの会合や話し合いで話されてきたことも知っています。これを何度も取り上げたのは、まさしく麻酔医、麻酔担当看護師、そして器械出し看護師です。やることがあまりにも多くて、すべてをコントロールすべきというのは、不可能なゴールです。すべての手術室で行うのでは十分コントロールしているとは言えないというのは事実です。その手で現実主義をとるべきだし、自分の専門を遂行しなければ。

　ヴィゴツキーは第二の刺激について、意味に満ちた「中立的刺激」であると述べた。結び目を結ぶ、あるいはきっかけとして時計の針の位置を用いるというような単純な例では、第二の刺激は実際中立であるように見える。しかしながら、中立な

対象というものはない。対象として認識されることで、それはすでに歴史をもつ意味と特定のアフォーダンスを帯びている。この意味において、「中立的」という概念は不適切であり、「多義的（ambiguous）」と置き換えられるべきである。最初は多義的であった人工物 ── この事例では、代替的な組織図 ── は、徐々に特定の内容や行為への要求によって満たされていく。きわめて重要なことは、第二の刺激は媒介する人工物であり、それ自体解決策ではないということである。新たな組織図の採用は、対象の喪失に対する自動的な解決策ではない。それは問題を解決するための道具として実行されるべきであり、それは、新しい解決策、新しい概念は第二の刺激が実行に移されて始めて創発するということを意味する。

(3) 成果 ── 責任の新たな概念？

ごく初期から、媒介する第二の刺激（代替的な組織モデル）は、本質的に多義的で、2つの可能な、部分的に相いれない結果を含意していた。1つ目は、専門化である。

> 228
> 執刀医4：… 中央手術棟は大きな病棟で、その大部分は、明らかにすべての手続き、特に道具の側では、四六時中全システムをめぐっています。そしてこれは、私たちがこういった専門性をもっているっていう事実に導きます。たとえば、道具側では、テーブルの上にナットとボルトの5つのコンテナを与えられて、これらすべてのナットとボルトを習得するには通常2、3ヵ月かかります。そして、トレーニングが、半年とか1年ごとに再開して、最初の2、3ヵ月は、運用も効率も落ちます。そしてスムースに動き始めるようになったとき、また同じラウンドを始めるんです。これは継続的な学習ですが、通常の運用に影響します。非効率的です。いつだって動きを鈍くし、その人が半年とか1年そこにいて、それからどこかに行き、5年後に戻ってくるっていう事実は合理的じゃありません。数回以上もすべてを忘れる時間をもつんですよ。加えて、まったく無駄です。それに、みんながこれらすべてを知る必要なんてありません。
> …
> 235
> 手術担当看護師1：逆にこうも言えます。経験豊富な看護師がいれば、経験の浅い執刀医が正しくやるようときどき監督してます。でも、救急サービスに関しては、矛盾しているって思うのは、すべての専門分野の医師がいて、バックアップとして、救急の任務を行っている担当医がいますけど、問題の専門分野に、そ

の領域のすべての作業を正確に知っている、少なくとも電話で尋ねることのできる、バックアップの救急看護師はいないってことです。そして、私たちがやって、言うなら、今日はここ、明日はあちらと渡り歩くんです。

もう1つの新しい組織モデルの可能な結果は、新しい種類の共有された責任として特徴づけられた。

> 202
> **主任外科看護師**：そういう小さなシステムをもてば責任を、おそらく … 言うなら、もっと多くの人が責任をとるだろうという感じがします。今は、簡単に全部をP（手術医長）に投げて、たぶんT（主任麻酔科看護師）にもちょっと任せているでしょうけど。
> …
> 266
> **手術医長**：私たちは溺れるかどうかの瀬戸際なんです。モデルとか何かをするたび、ボートに水を注ぎ込んでます。もし小さなユニットに分けるなら、全体を見る能力が各グループに養われるでしょう。ときどき、誰もが関心をもっていないって感じます。するように言われたことをただやるだけで、全体としてどうなされるかには関係ないっていうふうに。それで全体を見ているのは、大きな流れと闘おうとするコントロールルームの小さなグループだけなんです。

専門化と共有された責任は、ある意味、成果の反対のイメージである。専門化は、より深いが、より狭い領域に焦点化することを意味している。202と266において言及された新しい責任は、より広い領域への集合的な焦点化、「全体を見る」ことを言っている。このようなより広い、より全体的な観点は、患者の「ケアの連鎖全体」に関して形成された。

> 354
> **看護師長**：そしてケアの連鎖全体を考えるなら、みんなが注ぐ大きなバケツがあって、バケツからは、手術棟へ、その先には入院病棟へ向かう細いホースが出ています。多くの狭い通路があり、終点に栓がしてあります。これは、患者さんがいくつかの理由で家に帰れなかったり、さらにケアを受けられないという事実があるからです。そして入院病棟のキャパは、患者さんの数に対して十分じゃありません。そしてまた、これは一種のスパイラルだって話したとき、こういう患者さんのフローについて思うのは、患者さんが何日も、中には4日間も病棟で緊

急手術を待っていて、手術室に入ることができない一方、手術の済んだ患者さんや回復病棟にいる患者さんは、入院病棟に入ることができないということです。まるで漫画ですよね。あるいは患者さんが病棟を出て手術室にいく、そしてたとえば、1日か2日、集中治療ユニットに滞在することになっていて、入院病棟でのその患者さんの場所は、患者さんがいない1日、2日そこにいる患者さんはいないままで、だけど、長期的なケアを必要とする同種の患者さんはいるんです。ある患者さんを回復病棟やICUから入院病棟に移したいと思っても、新たな患者さんを今日10人引き受けるので、場所がないからその患者さんを引き受けられない、と言われます。救急や、待機している患者さんだってそうです。

本章では、データ分析を介入の最初のセッションに限定しているため、この新たな、より全体的な患者のケアの連鎖がこのケースにおける形成的介入の成果として、実際にどの程度どのように機能したか、概念化されたかは、将来の分析に委ねたい。

形成的介入の階層的な特徴

上記に示した分析は、図10.3のように要約できるだろう。このダイアグラムは、形成的介入の階層的な特徴を示している。

介入が出発点から第二の刺激の構築に進むにつれ、第一の刺激（解決されるべき問題）が新たな階層を獲得し、第二の刺激それ自体によって引き起こされた混乱として現れる。同様に、介入が第二の刺激を実行する段階に入り、新たな概念を生み出すと、第一の刺激に加え第二の刺激もまた、新たな階層を獲得する。第二の刺激は、実践者自らによってすべてが書かれ、新しい組織モデルとその実行のガイドラインを詳細に記した大部の文書のかたちをとった。第一の刺激は、新たな組織モデルの実行によって引き起こされた緊急の実践的な問題のかたちをとった。

形成的介入の階層的な特徴は、刺激が介入プロセスを通じて同じままではない、ということを意味している。第一の刺激（解決されるべき問題）と第二の刺激（媒介する人工物）の両者は、通常、介入のプロセスにおいて多様な再形成がなされる。これらの移行は、分析者の細心の注意が求められる。

第二の刺激の概念は、形成的介入のデザイン、実行、分析において決定的に重要である。先に指摘したように、ヴィゴツキーの用語である「中立的刺激」は、「多義的刺激」に置き換えられる必要がある。しかしながら、これは第二の刺激の十分な特徴づけとは言いがたい。本章で分析したチェンジラボラトリーのデータからは、次のような効果的な第二の刺激の特性が導かれる。

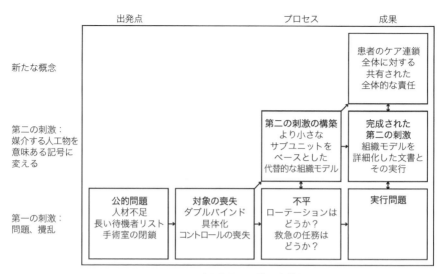

図10.3　形成的介入の階層的特徴

　まず第一に、効果的な第二の刺激は、対象者 —— 介入の参加者 —— によって能動的に構築される。これは、介入者が最初に第二の刺激を提案したり、提示したりはできないという意味ではない。チェンジラボラトリーにおいては、通常介入者は、参加者が分析やデザインのテンプレートとして活動システムの三角形モデル（図10.1参照）を利用するよう提案する。しかしながら、参加者は提供されたテンプレートを実際に利用するかもしれないが、遅かれ早かれ自身のモデルや道具に切り替えるか、少なくともテンプレートを修正し、自身のコンテンツでそれを埋めてゆく。中央外科ユニットにおいて、参加者は最初から、代替的な組織図を構築することに焦点を当て、最終的に、第二の刺激として練り上げられた組織モデルを構築した。

　第二に、第二の刺激を構築するには、多義的で時にはほとんど骨格しかない、不完全な人工物が、段階を経るごとにだんだん豊かな意味で満たされていかなければならない。この事例では、新たな組織図は当初、1ページの図として提示された。図は数回修正され、異なる要素が口頭での議論の中で、そして文章によって、練られていった。最終的に、新たな組織とその意味を詳細化した10ページの文書の集団的な作成につながった。ある意味、最初は多義的であったものが、次第に精密なものに置き換わっていった。しかしながら、この組織モデルは決して完全には固定化することも、安定化することもなかった。参加者は、そのモデルの実験的で開かれた特性を自覚しており、少なくともチェンジラボラトリーの終了後3年間、それを継続的に修正し、さらに発展させた。

第10章　デザイン実験から形成的介入へ | 235

第三に、第二の刺激が終点のないオープン性と修正可能性を保持していたとしても、長期にわたる集団的な概念形成の不連続なプロセスにおいて、「係留」装置（アンカー）(Hutchins, 2005) として機能しうる、相対的に安定的な物質的な表現のかたちをとらなければならない。この事例では、組織図と組織モデルを詳細化した文書が、そのような物質的係留として機能した。

　第四に、第二の刺激は、第一の刺激によって顕在化した矛盾による挑戦に対処するという目的のために構築される。言い換えれば、第二の刺激の効果は、それが用いられたときに明らかになる。ここでも、新しい組織モデルの実行は、今も3年間にわたって追跡しているプロセスである。ユニットの危機的状況は克服されている。病欠は著しく減少したし、患者の列や待ち時間は減少し、最近では手術室の閉鎖も起こっていない。

　2つの刺激の移行する階層を分析するのでは十分ではない。重要な三番目の要素は、2つの刺激間の相互作用から創発する、新たな概念である。形成的介入において、この新たな概念は、そもそもほとんど未知の要素であった。分析者にとってこれは、概念形成の徴候を非常に注意深く追跡する必要があるということを意味している。概念形成には、名づけとモデル化の努力、つまり、安定化の試みが含まれる。ただし、本章で分析した事例が示すように、第二の刺激のモデル化（たとえば、組織図）と新しい概念のモデル化は、切り分けることが重要である。参加者によってデザインされ、効果的に用いられた組織図は、新たな種類の実践を生み出す手段であった。新たな概念として、この新しい実践の質を明確にすることは、新しい組織モデルの形成よりもゆっくりしていて、かつ難しかった。

文法に立ち返る

　前述した論証的文法の第一の原則は、形成的介入が参加者の意味ある生活活動の中に埋め込まれ、文脈化されていることを求める。中央外科ユニットの事例では、介入は、参加者の仕事の活動の意味づけと再設計に焦点を当てていた。介入セッションは、ユニット自体の施設内で、仕事時間中に実施された。

　提案された文法の第二の原則は、形成的介入が影響を受ける活動システムにおける矛盾のエネルギーに反応し、その上に構築されることを求める。中央外科ユニットの事例では、介入は、仕事の活動における危機的状況への反応であった。活動システムの矛盾は、図10.4のように要約できるだろう。双方向の稲妻型の矢印は、悪化した矛盾が一方では対象と分業の間に、他方では対象と道具の間にあったことを示している。これらの矛盾は、シュワルツ、チャン、マーチン（Schwartz, Chang &

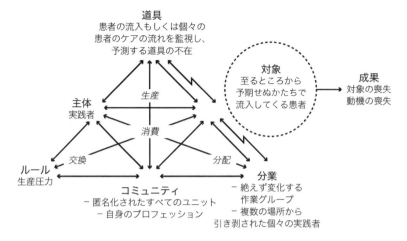

図10.4　中央外科ユニットの活動システムにおける矛盾

Martin, 2008)の用語を用いるならば、介入への強力な「根拠(warrant)」を生み出した。

参加者の新しい組織モデルが危機の克服につながったことを知るのは素晴らしいことである。しかしながら、それだけがこの方法論の唯一の関心であったならば、私たちは、閉鎖に対する探究をまた再生産するような、かなり技術的な介入のアプローチを行ったであろう。提案された論証的文法の残る2つの原則が、未知の、予測不能な光景を開く。

第三の原則は、参加者のエージェントとしての行為を形成的介入の重要な成果として記録し、分析する必要があると要請する。チェンジラボラトリーの介入において、私たちは、このタイプの介入にきわめて独特で特有と思われる、繰り返し起こる参加者に創発する変革力のあるエージェンシーの形態を同定してきている。ここで、中央外科ユニットにおけるこれらの形態の出現について簡単に議論しておく。

(a) 介入者もしくは管理者側への抵抗。これは批判や疑問、反対、拒否のかたちをとるだろう（Kindred, 1999; Sannino, 2010b 参照）。上で分析した病院の外科ユニットにおけるチェンジラボラトリー・セッションでは、抵抗は管理者側へのどちらかと言えば間接的な批判として現れた。

113
主任麻酔担当医：だけど、仕事がきついのにまったく報われないという経験を

しているなら、それはある意味理由になりえると思います。誰にも一度も感謝されないで、仕事が終わらないまま、家に帰り、すべてが終わらないのに、シフトが終わって、家に帰る。ハードワークに対する報酬が得られることは決してない…

特に、「誰にも一度も感謝されない」という表現は、かなり明確な管理者側に対するコメントである。

(b) 活動における新たな可能性、もしくは潜在力の詳細な説明。これは、認知されていない潜在力の証拠として、過去のポジティブな経験に関連づけるというかたち（Sannino, 2008b）や、より一般的には、問題のある対象を新たな可能性の源（Engeström, Engeström & Suntio, 2002a; Engeström, 2007a）やわくわくする挑戦として特徴づけるというかたちをとるかもしれない。病院の外科ユニットにおけるチェンジラボラトリー・セッションでは、執刀医3の発言の中にこれが例示されている。

    111
    執刀医3：…この仕事で、患者さんと現実に接しているなら、それがどれだけきつくても、やりがいがあるとただ感じるんじゃないでしょうか。一方で、そのための教育を受けてるんだったら、すでに挑戦する準備が整っているとも言えます。…家に帰ったとき、解放されたと感じますよね。私はそれをやり遂げた！といい気分になります。

(c) 活動の新しいパターンやモデルを思い描く。これには、予備的な部分的な提案（たとえば、Teräs, 2007, pp.111-136）から、将来のための包括的なモデルの提示や吟味までの幅がありうる。病院の外科ユニットにおけるチェンジラボラトリー・セッションでは、執刀医1による新たなモデルの論述が最初の暫定的なものであり、条件文が付けられ、オープンな質問で終わっている。

    193
    執刀医1：…もし分けたとしたらどうでしょうか。整形外科も低侵襲外科も心臓外科と血管外科も、それぞれユニットをもって3つに分かれるのです。各領域はそれぞれ看護師、医師が就いて、小さなユニットになれば管理しやすくなって、各自も全員もアイデンティティを築きやすく、新しい人も雇いやすくなるでしょう。この方が機能的じゃないでしょうか？

（d）活動を変化させることを目的とした、具体的行為へのコミット。これは通常、積極的に関与する発話行為のかたちをとる。「これは、定義により、エージェントとしての話し方である。話し手は、特定されたしかたで行為する意図を表現する」（Sannino, 2008b, p.247）。中央外科ユニットにおいて、この形態のエージェンシーは、チェンジラボラトリーの後半のセッションにおいて、次第に強く現れた。

（e）活動を変化させるための実効的な行為の実行。形成的介入のセッションにおいては時折、参加者が会話やシミュレーションを超えて、実効的な変化を起こす行為をすることがある。たとえば、特定の患者の診断や処置を再定義するといったことである。特に興味深いのは、このような特定の実効的行為が将来的な活動のより幅広い展望やモデル化と融合する場合である（Engeström, Engeström & Kerosuo, 2003）。チェンジラボラトリーのプロセスにおいて、実効的な変化行為の多くは、チェンジラボラトリー・セッションの後もしくは間に、活動現場の中で起こる。このような行為を記録し、振り返るために、多様な種類のフォローアップ・データが集められ、長期的な介入プロセスの中に特別なフォローアップ・セッションが含められる。最近、10年以上の期間にわたる形成的介入の結果を追跡し、分析した（Engeström, Kerosuo & Kajamaa, 2007）。

最後に、論証的文法の第五の原則は、分析者が早期の不安定な試みや提案から名づけやモデル化のような安定的な段階に至るまでの拡張的概念形成の段階を追跡しなければならないと提案する。図10.3に要約したように、たとえ弱く、相反するものであったとしても、新たな活動の概念の形成に向けての初期の段階は、すでに最初のチェンジラボラトリー・セッションにおいて見出されていた。芽生えつつある新たな概念は、患者のケアにおける責任の再定義をめぐって形成されたように思われる。現時点では、この発見は、今後の分析と学習努力の作業仮説にとどまる。

これらすべては、私たちに長期的な介入の方法論を課すが、それには簡単な終結などない。特に、新たな形態のエージェンシーや実効的な概念の創発と安定化をとらえ、分析することは、まだ端緒についたばかりである。それにもかかわらず、ヴィゴツキーの二重刺激の原理が、創発しつつある形成的介入の方法論において新たな命を得たことに疑いはない。

訳者あとがき

　本書は、Yrjö Engeström (2016). *Studies in expansive learning: Learning what is not yet there.* New York: Cambridge University Press. の全訳である。
　著者ユーリア・エンゲストロームは、本書の主題である「拡張的学習」と名づけられた学習理論の提唱者として国際的に著名な研究者である。彼は、拡張的学習理論を最初に提起した1987年の *Learning by expanding: An activity-theoretical approach to developmental research*（邦訳『拡張による学習——活動理論からのアプローチ』新曜社）の刊行以来、拡張的学習理論の基盤となっている文化・歴史的活動理論の現代的な発展を30年にわたり主導し続け、今日、世界的に最も代表的な活動理論家となっている。また、フィンランド、ヘルシンキ大学教育科学部に設置されている活動・発達・学習研究センター（CRADLE）のセンター長として多彩な研究プロジェクトと研究グループを組織し、さまざまな社会的実践現場において実践者の拡張的学習のプロセスに介入する、「発達的ワークリサーチ」と呼ばれる研究方法論の開発と、それを応用した実証的研究を数多く生み出してきている。
　本書は、エンゲストロームの驚異的に生産的な拡張的学習研究の展開と蓄積を背景に、「拡張的学習の理論にもとづく一連の実証的研究」（p.10）を現時点であますところなく叙述したものである。それは、銀行、ハイテク製造会社、一次医療保健センター、ミドルスクール、病院の外科手術室、大学図書館など、「多様な種類の組織現場での実証的な研究」（p.i）を含んでいる。この意味で本書は、拡張的学習理論という注目すべき革新的な学習理論の詳細な具体的内容と到達点、未来への可能性を実質的に理解する上で、絶好の書といえるものである。
　拡張的学習理論は、今日、学習理論の有力なニュー・パラダイムとして、世界的な広がりをもつとともに、日本においても、教育・学習・発達研究を中心に多様な領域において、大きな注目と関心を集めてきている。たとえば、クヌーズ・イレリス（Knud Illeris）が編集した *Contemporary theories of learning: Learning theorists – in their own words*（Routledge, 2009）には、現在、世界的に最も影響力があると思われる著名な16の学習理論家の論文が収録されており、エンゲストロームの拡張的学習理論も、その中のひとつにあげられている。
　拡張的学習理論は、通常の学習理論が、伝統的に学習を、既成文化の獲得や制度的な制約への適応としてとらえているのに対し、そうした狭い概念化を超えていこうとする新しい学習理論である。エンゲストロームが、活動理論の中核に、この拡

張的学習理論を据えるのはそのためである。彼による活動理論の創造的発展は、社会的実践への「形成的介入」の新たな方法論に照準を合わせたものである。いま、ここにおいて、過去との対話を通して協働の未来を生み出すことに焦点化した活動理論と形成的介入の方法論の中心にあるものこそ、新しい「集団的活動システム」を創り出す人々の拡張的学習なのである。

こうしてエンゲストロームは、「拡張」というメタファーに立脚して、「学び手は、自分たちの集団的活動の新しい対象と概念を構築し、その新しい対象と概念を実践の中で実行する」(p.37) という拡張的学習を理論化するのである。いいかえれば拡張的学習において学び手は、「自らの活動の対象と概念について、それを根本的に新しく、より広がりがあって複雑なものとして構築し、実行することにかかわっている」(p.36)。この意味で、拡張的学習は、今日、学習に関して優位を争う2つの基本メタファーとされている、「獲得」メタファーと「参加」メタファーのいずれにも解消することはできず、それらと質的に異なるものである。獲得も参加も、拡張とはちがい、ともに学習における「文化の変革と創造についてはほとんど語らない」(p.36) からである。両者に対して拡張的学習は、何よりも本書の原題のサブタイトルにあるように、「いまだここにないものを学ぶ (learning what is not yet there)」(p.10) ような学習を照らし出している。

したがって、学習の「野心的なプロセス理論」(p.32) としての拡張的学習理論は、その最大の性質として、教育による学習の完全なコントロールという誤った仮説を乗り越えようとするものである。そうした仮説は、プロセス理論によって提起される学習の継起が、「普遍的であり、唯一の可能な望ましいものである」として、「正統な方に向かう傾向」(p.14) をもつようになる。そのため、「完全な教授によるコントロールの仮説は知らず知らずに、自己成就的予言 (self-fulfilling prophecy) のかたちをとってしまう」(p.15) のである。アメリカの社会学者ロバート・K・マートン (Robert K. Merton) によって提唱された「自己成就的予言」という考え方は、ある予言や思い込みが直接・間接にその通りのことを引き起こし、当初の予言や思い込みを現実化してしまうことを指している。エンゲストロームは、学習のプロセス理論がこれまで陥ってきた自己成就的予言のあり方を次のように批判する。

> もし学習プロセスの強い普遍理論をもっているなら、それを自分のデータや事例に当てはめがちとなり、その結果、自分の理論が実践の中で機能すると確認する証拠を実際に発見することになる。同様に、介入を導く学習の最適なプロセスについての強い普遍的な理論をもっているなら、それを学習者に押しつけようとしがちになるだろう。両方のケースとも、求めるものを手に入れることになりがちとなる。

しかし学習に対する完全な教授によるコントロールという仮説は、誤りである。
　　実践において、そのようなコントロールは実現可能ではない。学習者は常に、教
　　授者や研究者、介入者が計画し、実行しよう、やらせようとするところから異なっ
　　て進んでいく。教授者や研究者、介入者は、この理論への抵抗とそれからの逸脱
　　を無視しなければ、望むものを手にすることはできない。(pp.15-16)

　拡張的学習理論は、まさに「拡張性」という考え方を新たな仮説とすることで、
自己成就的予言のパラドックスを次のようにブレークスルーしようとするものであ
る。

　　　もし学習の本質的な拡張性が正当に取り上げられるならば、学習をコントロー
　　ルされたプロセスと見る考え方自体が、揺さぶられることになる。拡張性を認め
　　ることは、学習が教授者の手を離れて、学習それ自身によって方向づけられてい
　　く可能性を受け入れるということである。(p.10)

　さらには、このような学習の拡張性は、「与えられた情報を超えていく学習者の
潜在力」(p.10) といった主に認知的な質の点から見られるものだけを問題にして
いるのではない。むしろエンゲストロームは、「より根源的な方法」で拡張性を理
解するために、次のように「主として事物や文化の観点」(p.10) から拡張性を見
ていくのである。「つまり拡張性を、新しい物質的な対象、実践、そして活動のパ
ターンを生み出す学習の本来的な潜在力として見る。この第二の見方を、私は本書
で推進していく。『いまだここにないものを学ぶ』というタイトルは、集団生活の
新しい物質的な形態の生成を意味し、学習者の心の中に新しい考えを構築すること
だけを示しているのではない」(p.10)。拡張的学習理論は、「人間とその集団は年
齢にかかわらず、新しい文化の創造者である」(p.25) ことを中心理念にしている
のである。

　しかし、本書は、そうした拡張的学習という新しい学習理論を「提示し売り込む
だけ」(p.139) のものではない。エンゲストロームは、理論の構築だけでは「もは
や不十分」であり、「その理論がもたらす実証的有用性や方法論的な厳密さを吟味
し検証することが、ますます重要になってきている」(p.139) ことを最大限に自覚
し意識している。それは、彼が、「拡張的学習は、デザインされた政策というよりも、
むしろ歴史的リアリティなのだ」(p.71) というように、学習理論の必須の要件と
して歴史性を自らに課していることからくるだろう。彼は、次のように学習理論の
歴史的な条件性を強調している。

訳者あとがき　243

そのような理論は、普遍主義を廃し、まさにどのような種類の学習を実際に記述し、説明し、促進しようとしているのか——そしてどのような歴史的文化的基礎に立脚しているのか——を、特定しなければならない。普遍主義者の正当性に陥るのを避けるためには、このような理論は自らの理論の限界を明らかにし、他の学習プロセスの理論と比較対照することに乗り出すべきである。(p.15)

本書の圧巻は、いうまでもなく、「複雑な理論は、実証的に適用し、さらに概念的・方法論的に発展させてこそ、生きたものになる」(p.i) というエンゲストロームの信念と情熱のもとでなされてきた実証的研究の数々についての緻密な分析と論証である。それは、各章において、「拡張的学習の理論を豊かにし前進させている、概念的ないし方法論的な発展」(p.i) として、具体的で詳細なデータにもとづき論述されている。

つまり、本書は、「理論」と「データ」を橋渡しする「概念・方法論」の厳密な適用や発展としての活動理論的研究、とりわけ拡張的学習理論にもとづく実証的研究の一連の成果を明らかにしたものなのである。エンゲストロームは、そのような研究のデザインを次のように図式化している（Engeström, Y. (2016). Foreword: Making use of activity theory in educational research. In S. Dilani, P. Gedera & P. John Williams (Eds.), *Activity theory in education: Research and practice* (pp.vii-ix). Rotterdam: Sense Publishers, p.viii.)。

「現実の活動」において「質的に新しい何かを創造していく挑戦」(p.75) や「思い描かれた未来に向かう道を切り開き、検証する」(p.75) ことを進めようとする活動理論的研究は、具体的な実践のレベルでは、図の右側にあるように、拡張的学習と「変革力のあるエージェンシー」を高めるための介入を通して実施される。拡張的学習の実践レベルでの中心問題であり、最も重要な成果となるものは、このように、「主体のエージェンシー、すなわち彼や彼女の世界と自分自身の行動を変えていく能力」(p.44)、あるいは「自分たち自身の活動システムを形成しようとする参加者たちの能力と意志」(p.75) にあるといえる。この意味で拡張的学習のプロセスは、「エージェンシーの形成プロセス」(p.16) と見られるのである。学習者のエージェンシーは、先に言及したように、教授者や研究者、介入者の意図や計画、あるいは指示に完全に一致するものではなく、むしろ「両者のギャップ、葛藤、交渉、時折の融合」(p.16)、あるいは「多様な動機間の矛盾」(p.220) や「学習の対象、すなわち転換される活動に固有の矛盾」(p.27) を鍵となる資源として形成される。本書の各章で取り組まれている、多様な魅力に富みつつ、一貫性と生産的な力をもつ仲介的な理論的概念の適用と発展は、主体の変革力のある「エージェンシーの形成プロセスとしての拡張的学習プロセス」(p.145) について、次のような具体の姿を明らかにしている。

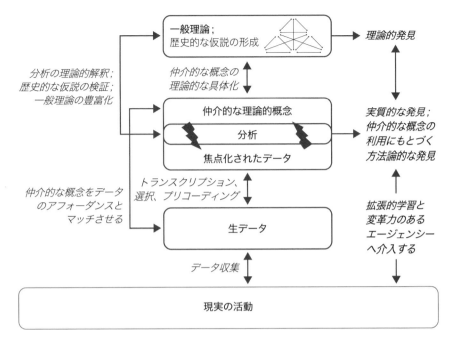

活動理論的研究の理念的 – 典型的なデザイン

　拡張的学習理論は、学習のまさに主体が孤立した個人から集団やネットワークへと転換していく学習プロセスに焦点を合わせている。最初、個人が自分たちの活動について、そこにある既存の秩序や論理に疑問を抱き始める。より多くの当事者たちが参加するにつれ、協働による分析と最近接発達領域のモデル化が開始され、実行される。そしてついには、こうした活動の新しいモデルを実行していく学習の努力は、集団的活動システムのすべてのメンバーと要素を包含するのである。(p.45)

　拡張的学習は、活動システムにおいて歴史的に進化する矛盾が、撹乱、葛藤、ダブルバインドをもたらし、それらが行為者たちの中で新しい種類の行為のきっかけになるから生み出されるのである。(p.71)

　… チェンジラボラトリーで参加者たちが一緒に自分たちの未来に対するビジョン、あるいは「どこへ向かうのか」に関する人工物を構築するとき、彼らは、自分自身の主体的な経験や熱望や意志に根ざした、仮説的な、想像力に富んだシ

ステムの見方を生成するのである。(p.73)

　今日、「手工業から大量生産、マス・カスタマイゼーション、協働構成」といった「一連の歴史的に優勢な仕事の様式」の変遷の中で、「社会的生産やピア・プロダクション」(p.191) に代表される仕事の歴史的な転換が起こっている。そこでは、次のような「流動性」を特質とした新しい「活動のモデル」(p.192) が模索されている。「社会的生産やピア・プロダクション … では、境界や構造は消えていくようである。流動性は、横への移行と境界横断に重点を置いて、拡張的な群がりや多方向の脈動というかたちで現れる。プロセスは同時的、多方向的で、しばしば相互的になる。その密度と交差は、プロセスと構造との区分をいくぶん陳腐化する」(p.191)。こうした流動的な活動は、新しい学習の可能性としての拡張的学習の社会的・歴史的な必要性と必然性をますます高めている。

　他方、現在の学習理論と学習研究をめぐる状況は、エンゲストロームが「徹底して、臆面もなくイデオロギー的である」(p.104) と批判するように、「学習環境というやわらかい概念」にさまざまな形容表現を付けて、「肯定的で、楽観的で、将来を約束し、宣伝的」な「人間のあらゆる良質の相互作用が現実のものになる未来の学習を約束する願望イメージを売り込むのに役立つようデザインされている」(p.104) といったものになっているだろう。エンゲストロームはそうした状況の根本的な問題点を次のように鋭く指摘している。

　　　肯定的かつ宣伝的な形容表現が急増していることは、学習環境という概念に関する本質的モデルや批判的な理論的検証が不足していることを論理的に例証している。研究者が実行可能な理論を見失っているとき、それを肯定的なキャッチフレーズによって置き換えたいという誘惑にかられるのである。(p.104)

　本書は、日本においても、学習理論と学習研究のこうした現状を乗り越え、「理論的には野心的で、実証的には厳格であり、実践的には重要な、学習科学のための介入者の方法論を樹立する共同的な努力」(p.12) の扉を開く大きな手がかりになることを信じるとともに、願いたい。

　　　　　　　　　＊　　　＊　　　＊

本書の翻訳・編集上の注意点は次の通りである。

　1. 原著本文中のイタリック体による強調句には、傍点を付した。

2. 訳注は〔訳注〕のように示し、本文中の該当箇所に挿入して置いた。
3. 引用されている文献のうち日本語訳のあるものについても、本書の文脈や訳語の点から原則として新たに訳出した。

本書の翻訳にあたっては、次の通りに分担した（敬称略、担当順）。

山住勝広（まえがき、第1章、第3章）、松本雄一（第2章、第4章）、山口武志（第5章）、吉澤剛（第6章、第8章）、長津十（第7章）、山住勝利（第9章）、田原敬一郎（第10章）

共訳者の方々には、まったく異なる専門分野から境界横断的にご結集いただき、人文・社会科学の幅広い範囲を視野に収めた共同作業として、本書の翻訳を実現することができた。人間の多種多様な仕事と組織の現場を越境する本書を翻訳するのにまさにふさわしい、多士済々の素晴らしい翻訳チームを組ませていただけた幸運によって、本書を生み出すことができた。このような領域横断的な協働に一緒に取り組ませていただいた共訳者の方々に、深く感謝申し上げたい。

著者のユーリア・エンゲストローム先生には、私が2014年の夏にヘルシンキ大学活動・発達・学習研究センターの客員研究員としてフィンランドに滞在した折に、完成したばかりの原著のワード原稿をお見せいただき、その場で翻訳出版のお願いをしたところ、ご快諾いただき、以来、暖かい励ましをいただいてきたことに、心から感謝申し上げたい。おかげで、本書翻訳の機会と幸せに恵まれることができた。同時代にエンゲストローム先生がおられ、先生から人間の学習の可能性を最大限に切り開きうる理論と研究を直接学ぶことのできるご恩に少しでも報いられるよう、本書が、提起から30年が経過した拡張的学習理論と、日本の研究者、介入者、実践者との間の橋渡しの一助になるならば、これに勝る喜びはない。

最後に（最小という意味ではなく）、新曜社の塩浦暲社長に心から厚く御礼申し上げたい。このたびも、エンゲストローム先生の新しい著書の翻訳に対し、その意義をお認めいただき、出版を快くお引き受けいただくことができた。また、卓越した編集作業を通して、訳語の選定や統一、訳文の一貫した調整など、絶大なご尽力と暖かいご支援をいただいた。本書がこのように現実のものとなったのは、ひとえに塩浦社長のお力添えのおかげである。

山住 勝広

注

第2章

[1] 学習のプロセス理論の再発見に向かう慎重なステップと解されうる実証的な新提案もいくつかある。たとえば、サロヴァーラとヤルヴェラ（Salovaara & Uärvelä, 2003）、マーティン、マクローン、バウアー、ディンダイオール（Martin, McCrone, Bower & Dindyal, 2005）はそれぞれ、「生徒の戦略的行為」と「教師と生徒の行為」の特定と特徴づけを探索している。学習の特定文脈での行為の描写は、学習プロセスの一般的な継起の理論からはまだかけ離れているが、生徒が学習をしているとされるとき、何が実際に行われるのかを系統的に把握しようとする関心は、そこに確実に示されている。

[2] 本章で「私たち」とは、本章のもととなったオリジナル論文の著者であるユーリア・エンゲストローム（Yrjö Engeström）とアナリサ・サニーノ（Annalisa Sannino）を指す。

[3] 他の重要なポスト行動主義的な学習プロセス理論としては、ブルーナー（Bruner, 1964; 1966）の試みがある。彼は、学習を、表象の動作的な形態から図像的、象徴的形態への進展として概念化した。近年の文献では、オールソン（Ohlsson, 2011, p.377）が、学習のプロセス理論化を活性化する試みを行っている。組織学習の研究では、ディクソン（Dixon, 1994）の「組織学習サイクル」と、より最近ではクロッサンの「4I フレームワーク」（Crossan, Lane & White, 1999; Crossan & Berdrow, 2003）がプロセス理論の注目すべき例である。

[4] 文化・歴史的アプローチの創設者であるヴィゴツキーは、学習のプロセス理論を明示的には提案しなかった。ハレ（Harré, 1984）は、ヴィゴツキーの仕事を「ヴィゴツキー空間」として解釈した。そこでは、学習と発達が、個人と集団の間、私的なものと公的なものとの間の運動として表される。「ヴィゴツキー空間」は、4つの学習ステップ、すなわち占有、変革、公表、慣習化を特定している。このモデルは、マクヴィー、ダンスモア、ガヴェレク（McVee, Dunsmore & Gavelek, 2005）と、ペック、ガルーチ、スローン、リッピンコット（Peck, Gallucci, Sloan & Lippincott, 2009）によって、学習のプロセス理論として提起されてきた。こうした試みは、ヴィゴツキーから間接的に着想を得たものであって、彼が実際に定式化したものではない。

第3章

[1] 本章で、「拡張的学習」、「学習活動」、「拡張的学習活動」と言うとき、それらは同じ意味で用いている。これらの用語が同義語であるのは、拡張的学習理論の最初の定式化（Engeström, 1987）に見られる通りである。

[2] 本章で「私たち」とは、本章のもととなったオリジナル論文の著者であるユーリア・エンゲストロームとアナリサ・サニーノを指す。

第4章

[1] この章で報告した研究は、フィンランド・アカデミー（Academy of Finland）の研究プログラム「学習としての生活」内の「仕事における拡張的学習の新しいかたち：協働構成の展望」プロジェクトにおいて実施された。このプロジェクトに貢献してくれた、ヴァウラ・ハーヴィスト（Vaula Haavisto）、メルヤ・ヘレ（Merja Helle）、アンナ- リーサ・ニエメイラ（Anna-Liisa Niemelä）、ア

ウリ・パサネン（Auli Pasanen）、オスモ・サーレルマ（Osmo Saarelma）、タルヤ・サレン - セッパラ（Tarja Saaren-Seppälä）、ハンナ・トイヴィアイネン（Hanna Toiviainen）、そしてリーサ・ヴァルヨカリオ（Liisa Varjokallio）に感謝する。

［2］本章の統合的特徴は、私がここでは精緻化することなく数多くの理論的概念に頼らざるをえなかったことを意味している。これらの理論的概念については既刊の著書で提示し議論しており、それらについては本文内で適宜引用している。また、この章で提示したデータは、理論的主張の明確化と具体化に役立つ例示事例と引用からなる。

［3］促進にあたって、私たちはチェンジラボラトリーと呼ばれる介入方法を用いたが、それはエンゲストロームたち（Engeström, Virkkunen, Helle, Pihlaja & Poikela, 1996）とエンゲストローム（Engeström, 2007）に紹介され議論されている。介入方法それ自体はこの章の焦点外である。

第6章

＊本章で「私たち」とは、本章のもととなったオリジナル論文の著者であるユーリア・エンゲストローム、アヌ・カヤマ（Anu Kajamaa）、ハンネレ・ケロスオ（Hannele Kerosuo）、パイヴィ・ラウリラ（Päivi Laurila）を指す。

第7章

＊本章で「私たち」とは、本章のもととなったオリジナル論文の著者であるユーリア・エンゲストローム、ユハナ・ランタヴオリ（Juhana Rantavuori）、ハンネレ・ケロスオを指す。

第8章

＊本章で「私たち」とは、本章のもととなったオリジナル論文の著者であるユーリア・エンゲストローム、ハンネレ・ケロスオ、アヌ・カヤマを指す。

第10章

［1］この強迫観念はもちろん介入研究におけるすべての分野の核となっており、「実行の忠実度（fidelity of implementation）」と呼ばれている。

［2］なかには、比較の4つのポイントで描いた限界を1つ以上克服しているデザイン実験研究もあるかもしれない。本章は、デザイン実験のパラダイムにおいてなされる研究の包括的な評価を行うものではない。ここでの批判は必然的に、細部にこだわらず、全体としてのデザイン研究をいくぶん単純化して扱っている。

［3］研究グループは、ユーリア・エンゲストローム（研究代表者），ハンネレ・ケロスオ、アヌ・カヤマで構成される。フィリップ・ロリーノ（Philippe Lorino）とアナリサ・サニーノも、最初のチェンジラボラトリー・セッションの文字起こしのデータ分析に参加した。彼らの洞察に感謝したい。しかしながら、本章において提示した予備的分析に含まれる解釈の責任は筆者1人にある。

文　献

Adler, P. S. & Heckscher, C. (2006). Towards collaborative community. In P. S. Adler & C. Heckscher (Eds.), *The firm as a collaborative community: Reconstructing trust in the knowledge economy*. Oxford: Oxford University Press.

Ahonen, H. (2008). *Oppimisen kohteen ja oppijan vastavuoroinen kehitys: Teleyrityksen asiakaspalvelun työyhteisöjen oppimiskäytäntöjen uudistaminen osana teknologis-taloudellista kumousta [Reciprocal development of the object and subject of learning: The renewal of the learning practices of front-line communities in a telecommunications company as part of the technoeconomical paradigm change]*. Helsinki: University of Helsinki, Department of Education (in Finnish).

Ahonen, H. & Virkkunen, J. (2003). Shared challenge for learning: Dialogue between management and front-line workers in knowledge management. *International Journal of Information Technology and Management*, 2(1-2), 59-84.

van den Akker, J., Gravemeijer, K., McKenny, S. & Mieveen, N. (Eds.) (2006). *Educational design research*. London: Routledge.

Ally, M. (2008). Nomadicity and information access: The mobile digital library for people on the move. In G. Needham & M. Ally (Eds.), *M-libraries: Libraries on the move to provide virtual access*. London: Facet Publishing (pp. 37-46).

Argyris, C. & Schon, D. A. (1978). *Organizational learning: A theory of action perspective*. Reading: Addison-Wesley.

—— (1996). *Organizational learning 2: Theory, method, and practice*. Reading: Addison-Wesley.

Arievitch, I. (2004). An integrated view of development and learning: Galperin's contribution to sociocultural psychology. *Mind, Culture, and Activity*, 10, 278-288.

Arievitch, I. & Haenen, J. (2005). Connecting sociocultural theory and educational practice: Galperin's approach. *Educational Psychologist*, 40(3), 155-165.

Avis, J. (2007). Engeström's version of activity theory: A conservative praxis? *Journal of Education and Work*, 20(3), 161-177.

Bäckström, A. (2005). *Spår: Om brädsportkultur, informella läroprocesser och identitet*. Stockholm: HLS Förlag.

Baethge, M., Kitay, J. & Regalia, I. (1999). Managerial strategies, human resource practices, and labor relations in banks: A comparative view. In M. Regini, J. Kitay & M. Baethge (Eds.), *From tellers to sellers: Changing employment relations in banks*. Cambridge: The MIT Press.

Baker, A. C., Jensen, P. J. & Kolb, D. A. (2002). *Conversational learning: An experiential approach to knowledge creation*. Westport: Quorum Books.

Bakhtin, M. M. (1982). *The dialogic imagination: Four essays by M. M. Bakhtin*. Austin: University of Texas Press.

Bakhurst, D. (1991). *Consciousness and revolution in Soviet philosophy: From the Bolsheviks to Evald Ilyenkov*. Cambridge: Cambridge University Press.

Bannan-Ritland, B. (2003). The role of design in research: The integrative learning design framework. *Educational Researcher*, 32, 21-24.

Barab, S. A. & Kirshner, D. (2001). Guest editors' introduction: Rethinking methodology in the learning sciences. *The Journal of the Learning Sciences*, 10, 5-15.

Bateson, G. (1972). *Steps to an ecology of mind*. New York: Ballantine Books.〔佐藤良明（訳）(2000).『精神の生態学』改訂第2版, 新思索社.〕

Bauwens, M. (2005). *Peer to peer and human evolution: On "the P2P relational dynamic" as the premise of the next civilizational stage*. http://z.agoravox.fr/IMG/P2PandHumanEvolV2.pdf.

Beal, B. (1995). Disqualifying the official: An exploration of social resistance in the subculture of skateboarding. *Sociology of Sport Journal*, 12(5), 252-267.

Beer, M. & Nohria, N. (Eds.) (2000). *Breaking the code of change*. Boston: Harvard Business School Press.

Beers, P. J., Boshuizen, H. P. A., Kirshner, P. A. & Gijselaers, W. H. (2005). Computer support for knowledge construction in collaborative learning environments. *Computers in Human Behavior*, 21, 623-643.

Benkler, Y. (2006). *The wealth of networks: How social production transforms markets and freedom*. New Haven, CT: Yale University Press.

Bereiter, C. (2002). *Education and mind in the knowledge age*. Hillsdale: Lawrence Erlbaum.

Bodrozic, Z. (2008). *Post-industrial intervention: An activity-theoretical expedition tracing the proximal development of forms of conducting interventions*. Helsinki: University of Helsinki, Department of Education.

Boedker, S. & Andersen, P. B. (2005). Complex mediation. *Human-Computer Interaction*, 20, 353-402.

Borden, I. (2001). *Skateboarding, space and the city: Architecture and the body*. Oxford: Berg.〔齋藤雅子・中川美穂・矢部恒彦（訳）(2006).『スケートボーディング、空間、都市 ── 身体と建築』新曜社.〕

Bransford, J. D., Brown, A. L. & Cocking, R. R. (Eds.) (2003). *How people learn: Brain, mind, experience, and school*. Washington, DC: National Research Council.〔21世紀の認知心理学を創る会（訳）(2002).『授業を変える ── 認知心理学のさらなる挑戦』北大路書房.〕

Bronfenbrenner, U. (1979). *The ecology of human development*. Cambridge: Harvard University Press.〔磯貝芳郎・福富護（訳）(1996).『人間発達の生態学(エコロジー) ── 発達心理学への挑戦』川島書店.〕

Brown, A. L. (1992). Design experiments: Theoretical, and methodological challenges in creating complex interventions in classroom settings. *The Journal of the Learning Sciences*, 2, 141-168.

Brown, S. L. & Eisenhardt, K. M. (1998). *Competing on the edge: Strategy as structured chaos*. Boston: Harvard Business School Press.

Bruner, J. S. (1964). The course of cognitive growth. *American Psychologist*, 19, 1-15.

──── (1966). *Toward a theory of instruction*. Cambridge: Harvard University Press.〔田浦武雄・水越敏行（訳）(1983).『教授理論の建設』黎明書房.〕

──── (1974). *Beyond the information given: Studies in the psychology of knowing*. London: George Allen & Unwin.〔平光昭久・大沢正子（訳）(1978).『認識の心理学 ── 与えられる情報をのりこえる』明治図書出版.〕

──── (1986). *Actual minds, possible worlds*. Cambridge, MA: Harvard University Press.〔田中一彦（訳）(1998).『可能世界の心理』みすず書房.〕

Burke, G. & Peppard, J. (Eds.) (1995). *Examining business process re-engineering: Current perspectives and research directions*. London: Kogan Page.

Carroll, J. S. & Edmondson, A. C. (2002). Leading organizational learning in health care. *Quality and Safety in Health Care*, 11(2), 51-55.

de Castell, S., Bryson, M. & Jenson, J. (2002). Object lessons: Towards an educational theory of technology. *First Monday*, 7(1). http://ojs-prod-lib.cc.uic.edu/ojs/index.php/fm/article/view/923.

Cendan, J. & Good, M. (2006). Interdisciplinary work flow assessment and redesign decreases operating room turnover time and allows for additional caseload. *Archives of Surgery*, 141(1), 65-69.

Ciborra, C. (2000). *From control to drift: The dynamics of corporate information infrastructures*. Oxford: Oxford University Press.

Cobb, P., Confrey, J., diSessa, A., Lehrer, R. & Schauble, L. (2003a). Design experiments in educational research. *Educational Researcher*, 32, 9-13.

Cobb, P., McClain, K., de Silva Lamberg, T. & Dean, C. (2003b). Situating teachers' instructional practices in the institutional setting of the school and district. *Educational Researcher*, 32(6), 13-24.

Cole, M. (1996). *Cultural psychology: A once and future discipline*. Cambridge: Harvard University Press.〔天野清（訳）(2002).『文化心理学 —— 発達・認知・活動への文化-歴史的アプローチ』新曜社.〕

Cole, M. & Engeström, Y. (2007). Cultural-historical approaches to designing for development. In J. Valsiner & A. Rosa (Eds.), *The Cambridge handbook of sociocultural psychology*. Cambridge: Cambridge University Press (pp. 484-507).

Collins, A. (1992). Toward a design science of education. In E. Scanlon & T. O'Shea (Eds.), *New directions in educational technology*. Berlin: Springer.

Collins, A., Joseph, D. & Bielaczyc, K. (2004). Design research: Theoretical and methodological issues. *The Journal of the Learning Sciences*, 13, 15-42.

Collins, H. (2010). *Tacit and explicit knowledge*. Chicago: The University of Chicago Press.

Cooper, M. (2008). *Life as surplus: Biotechnology and capitalism in the neoliberal era*. Seattle: University of Washington Press.

Cooper, P. (2004). The gift of education: An anthropological perspective on the commoditization of learning. *Anthropology Today*, 20(6), 5-9.

Crossan, M. M. & Berdrow, I. (2003). Organizational learning and strategic renewal. *Strategic Management Journal*, 24, 1087-1105.

Crossan, M. M., Lane, H. W. & White, R. E. (1999). An organizational learning framework: From intuition to institution. *Academy of Management Review*, 24(3), 522-537.

Cuban, L. (1986). *Teachers and machines: The classroom use of technology since 1920*. New York: Teachers College Press.

—— (2001). *Oversold and underused: Computers in the classroom*. Cambridge: Harvard University Press.〔小田勝己・小田玲子・白鳥信義（訳）(2004).『学校にコンピュータは必要か —— 教室のIT投資への疑問』ミネルヴァ書房.〕

Cummings, S. & Angwin, D. (2004). The future shape of strategy: Lemmings or chimeiras. *Academy of Management Executive*, 18(2), 21-36.

Cussins, A. (1992). Content, embodiment and objectivity: The theory of cognitive trails. *Mind*, 101, 651-688.

—— (1993). Nonconceptual content and the elimination of misconceived composites! *Mind & Language*, 8, 234-252.

Czarniawska, B. (1998). *A narrative approach to organization studies*. Thousand Oaks, CA: Sage publications.

—— (2004). *Narratives in social science research*. London: Sage Publications.

Daly, J. (2005). *Evidence-based medicine and the search for a science of clinical care*. Berkeley: University of California Press.

Daniels, H. (2004). Cultural historical activity theory and professional learning. *International Journal of Disability, Development and Education*, 51(2), 185-200.

Davenport, T. H. & Short, J. E. (1990). The new industrial engineering: Information technology and business process redesign. *Sloan Management Review*, 31(4), 11-27.

Davydov, V. V. (1988). Problems of developmental teaching: The experience of theoretical and experimental psychological research. Excerpts (Part II). *Soviet Education*, 30(9), 3-83.

—— (1990). *Types of generalization in instruction: Logical and psychological problems in the structuring of school curricula*. Reston: National Council of Teachers of Mathematics.

—— (2008). *Problems of developmental instruction: A theoretical and experimental psychological study*. New York: Nova Science Publishers.

De Corte, E., Verschaffel, L., Entwistle, N. & van Merrienboer, J. (Eds.) (2003). *Powerful learning environments: Unravelling basic components and dimensions*. Amsterdam: Pergamon.

Deeg, R. (2006). Change from within: German and Italian finance in the 1990s. In W. Streeck & K. Thelen (Eds.), *Beyond continuity: Institutional change in advanced political economies*. Oxford: Oxford University Press.

Des Chene, M. (1997). Locating the past. In A. Gupta & J. Ferguson (Eds.), *Anthropological locations: Boundaries and grounds of a field science*. Berkeley: University of California Press (pp. 66-85).

Dewey, J. (1934). *Art as experience*. New York: Capricorn Books.〔栗田修（訳）(2010).『経験としての芸術』晃洋書房.〕

Dierkes, M., Antal, A. B., Child, J. & Nonaka, I. (Eds.) (2001). *Handbook of organizational learning and knowledge*. Oxford. Oxford University Press.

Dixon, N. (1994). *The organizational learning cycle: How we can learn collectively*. London: McGraw-Hill.

Dochy, F., Engeström, Y., Sannino, A. & van Meeuwen, N. (2011). Interorganisational expansive learning at work. In F. Dochy, D. Gijbels, M. Segers & P. Van den Bossche (Eds.), *Theories of learning for the workplace: Buiding blocks for training and professional development programs*. London: Routledge (pp. 125-147).

Dodds, P. & Fletcher, J. D. (2004). Opportunities for new "smart" learning environments enabled by next-generation web capabilities. *Journal of Educational Multimedia and Hypermedia*, 13, 391-404.

Dodgson, M. (1991). *The management of technological learning: Lessons from a biotechnology company*. Berlin: de Gruyter.

Edmondson, A. (2004). Leaning from mistakes is easier said than done: Group and organizational influences on the detection and correction of human error. *The Journal of Applied Behavioral Sciences*, 40(1), 66-90.

Edwards, A. (2005). Let's get beyond community and practice: The many meanings of learning by participating. *The Curriculum Journal*, 16(1), 49-65.

—— (2009). From the systemic to the relational: Relational agency and activity theory. In A. Sannino, H. Daniels & K. Gutiérrez (Eds.), *Learning and expanding with activity theory*. Cambridge: Cambridge University Press (pp. 197-211).

Edwards, K. Nielsen Paarup, A. & Jacobsen, P. (2009). Implementing lean in surgery: Lessons and implications. Paper presented at the Nordic Summer Symposium 2009: Does size matter? Benefits and Consequences of Centralizing in Health Care. May 25-29, Nordic School of Public Health, Gothenburg, Sweden.

Edwards, P. N. (1997). *The closed world: Computers and the politics of discourse in cold war America*. Cambridge: The MIT Press.

Eisenhardt, K. M. (2000). Paradox, spirals, ambivalence: The new language of change and pluralism. *The Academy of Management Review*, 25, 703-706.

Elliott, M. (2006). Stigmergic collaboration: The evolution of groupwork. *M/C Journal* 9.2. 02 Jan. 2009 <http://

journal.media-culture.org.au/0605/03-elliott.php>.

Engeström, Y. (1987). *Learning by expanding: An activity-theoretical approach to developmental research*. Helsinki: Orienta-Konsultit.〔山住勝広（訳）(2020).『拡張による学習 —— 活動理論からのアプローチ 完訳増補版』新曜社.〕

―― (1989). The cultural-historical theory of activity and the study of political repression. *International Journal of Mental Health*, 17(4), 29-41.

―― (1990). *Learning, working and imagining: Twelve studies in activity theory*. Helsinki: Orienta-Konsultit.

―― (1991). Non scolae sed vitae discimus: Toward overcoming the encapsulation of school learning. *Learning and Instruction*, 1, 243-259.

―― (1995). Innovative organizational learning in medical and legal settings. In L.M.W.Martin, K. Nelson & E. Tobach (Eds.), *Sociocultural psychology: Theory and practice of doing and knowing*. Cambridge: Cambridge University Press.

―― (1996). Development as breaking away and opening up: A challenge to Vygotsky and Piaget. *Swiss Journal of Psychology*, 55, 126-132.

―― (1998). Reorganizing the motivational sphere of classroom culture: An activitytheoretical analysis of planning in a teacher team. In F. Seeger, J. Voigt & U. Waschescio (Eds.), *The culture of the mathematics classroom*. Cambridge: Cambridge University Press (pp. 76-103).

―― (1999a). Expansive visibilization of work: An activity-theoretical perspective. *Computer Supported Cooperative Work*, 8, 63-93.

―― (1999b). Innovative learning in work teams: Analyzing cycles of knowledge creation in practice. In Y. Engeström, R. Miettinen & R-L. Punamaki (Eds.), *Perspectives on activity theory*. Cambridge: Cambridge University Press.

―― (2000). From individual action to collective activity and back: Developmental work research as an interventionist methodology. In P. Luff, J. Hindmarsh & C. Heath (Eds.), *Workplace studies*. Cambridge: Cambridge University Press.

―― (2001a). Expansive learning at work: Toward an activity theoretical reconceptualization. *Journal of Education and Work*, 14(1), 133-156.

―― (2001b). Making expansive decisions: An activity-theoretical study of practitioners building collaborative medical care for children. In C. M. Allwood & M. Selart (Eds.), *Decision making: Social and creative dimensions*. Dordrecht: Kluwer.

―― (2003). The horizontal dimension of expansive learning: Weaving a texture of cognitive trails in the terrain of health care in Helsinki. In F. Achtenhagen & E. G. John (Eds.), *Milestones of vocational and occupational education and Training. Volume 1: The teaching-learning perspective*. Bielefeld: Bertelsmann.

―― (2004a). Managing as argumentative history-making. In R. J. Boland Jr. & F. Collopy (Eds.), *Managing as designing*. Stanford: Stanford Business Books.

―― (2004b). New forms of learning in co-configuration work. *The Journal of Workplace Learning*, 16, 11-21.

―― (2005). *Developmental work research: Expanding activity theory in practice*. Berlin: Lehmanns Media.

―― (2007a). Enriching the theory of expansive learning: Lessons from journeys toward coconfiguration. *Mind, Culture, and Activity*, 14(1-2), 23-39.

―― (2007b). From communities of practice to mycorrhizae. In J. Hughes, N. Jewson & L. Unwin (Eds.), *Communities of practice: Critical perspectives*. London: Routledge (pp. 41-54).

—— (2007c). From stabilization knowledge to possibility knowledge in organizational learning. *Management Learning*, 38, 271-275.

—— (2007d). Putting Vygotsky to work: The Change Laboratory as an application of double stimulation. In H. Daniels, M. Cole & J. V. Wertsch (Eds.), *The Cambridge companion to Vygotsky*. Cambridge: Cambridge University Press (pp. 363-382).

—— (2008a). Enriching activity theory without shortcuts. *Interacting with Computers*, 20, 256-259.

—— (2008b). *From teams to knots: Activity-theoretical studies of collaboration and learning at work*. Cambridge: Cambridge University Press.〔山住勝広・山住勝利・蓮見二郎（訳）(2013).『ノットワークする活動理論 —— チームから結び目へ』新曜社.〕

—— (2009a). From learning environments and implementation to activity systems and expansive learning. *Actio: An International Journal of Human Activity Theory*, 2, 17-33.

—— (2009b). The future of activity theory: A rough draft. In A. Sannino, H. Daniels & K. Gutiérrez (Eds.), *Learning and expanding with activity theory*. Cambridge: Cambridge University Press (pp. 3003-328).

—— (2009c). Wildfire activities: New patterns of mobility and learning. *International Journal of Mobile and Blended Learning*, 1(2), 1-18.

—— (2011). From design experiments to formative interventions. *Theory & Psychology*, 21(5), 598-628.

Engeström, Y. & Ahonen, H. (2001). On the materiality of social capital: An activity-theoretical exploration. In H. Hasan, E. Gould, P. Larkin & L. Vrazalic (Eds.), *Information systems and activity theory: Volume 2. Theory and practice*. Wollongong: University of Wollongong Press (pp. 55-73).

Engeström, Y. & Blackler, F. (2005). On the life of the object. *Organizaton*, 12(3), 307-330.

Engeström, Y. Brown, K. Engeström, R. & Koistinen, K. (1990). Organizational forgetting: An activity theoretical perspective. In D. Middleton & D. Edwards (Eds.), *Collective remembering*. London: Sage.

Engeström, Y. & Engeström, R. (1986). Developmental work research: The approach and an application in cleaning work. *Nordisk Pedagogik*, 6(1), 2-15.

Engeström, Y., Engeström, R. & Kärkkäinen, M. (1995). Polycontextuality and boundary crossing in expert cognition: Learning and problem solving in complex work activities. *Learning and Instruction*, 5, 319-336.

Engeström, Y., Engeström, R. & Kerosuo, H. (2003). The discursive construction of collaborative care. *Applied Linguistics*, 24, 286-315.

Engeström, Y., Engeström, R. & Suntio, A. (2002a). Can a school community learn to master its own future? An activity-theoretical study of expansive learning among middle school teachers. In G. Wells & G. Claxton (Eds.) *Learning for life in the 21st century: Sociocultural perspectives on the future of education*. London: Blackwell (pp. 211-224).

—— (2002b). From paralyzing myths to expansive action: Building computer-supported knowledge work into the curriculum from below. In G. Stahl (Ed.), *Computer support for collaborative learning: Foundations for a CSCL community*. Hillsdale: Lawrence Erlbaum (pp. 318-324).

Engeström, Y., Engeström, R. & Vähäaho, T. (1999). When the center does not hold: The importance of knotworking. In S. Chaiklin, M. Hedegaard & U. J. Jensen (Eds.), *Activity theory and social practice*. Aarhus: Aarhus University Press (pp. 345-374).

Engeström, Y. & Escalante, V. (1996). Mundane tool or object of affection? The rise and fall of the Postal Buddy. In B. A. Nardi (Ed.), *Context and consciousness: Activity theory and human-computer interaction*. Cambridge: The MIT Press (pp. 325-374).

Engeström, Y., Kaatrakoski, H., Kaiponen, P., Lahikainen, J., Myllys, H., Rantavuori, J. & Sinikara, K. (2012). Knotworking in academic libraries: Two case studies from the University of Helsinki. *Liber Quarterly*, 21(3/4), 387-405.

Engeström, Y., Kajamaa, A., Kerosuo, H. & Laurila, P. (2010). Process enhancement versus community building: Transcending the dichotomy through expansive learning. In K. Yamazumi (Ed.), *Activity theory and fostering learning: Developmental interventions in education and work*. Osaka: Center for Human Activity Theory, Kansai University (pp. 1-28).

Engeström, Y. & Kerosuo, H. (2007). From workplace learning to interorganizational learning and back: The contribution of activity theory. *Journal of Workplace Learning*, 19, 336-342.

Engeström, Y., Kerosuo, H. & Kajamaa, A. (2007). Beyond discontinuity: Expansive organizational learning remembered. *Management Learning*, 38(3), 319-336.

Engeström, Y., Lompscher, J. & Rückriem, G. (Eds.) (2005). *Putting activity theory to work: Contributions from developmental work research*. Berlin: Lehmanns Media.

Engeström, Y., Miettinen, R. & Punamäki,, R-L. (Eds.) (1999). *Perspectives on activity theory*. Cambridge: Cambridge University Press.

Engeström, Y., Nummijoki, J. & Sannino, A. (2012). Embodied germ cell at work: Building an expansive concept of physical mobility in home care. *Mind, Culture, and Activity*, 19(3), 287-309.

Engeström, Y., Pasanen, A., Toiviainen, H. & Haavisto, V. (2005). Expansive learning as collaborative concept formation at work. In K. Yamazumi, Y. Engeström & H. Daniels (Eds.), *New learning challenges: Going beyond the industrial age system of school and work*. Osaka: Kansai University Press (pp. 47-78).

Engeström, Y., Puonti, A. & Seppänen, L. (2003). Spatial and temporal expansion of the object as a challenge for reorganizing work. In D. Nicolini, S. Gherardi & D. Yanow (Eds.), *Knowing in organizations: A practice-based approach*. Armonk: Sharpe (pp. 151-186).

Engeström, Y., Rantavuori, J. & Kerosuo, H. (2013). Expansive learning in a library: Actions, cycles and deviations from instructional intentions. *Vocations and Learning*, 6(1), 81-106.

Engeström, Y. & Sannino, A. (2010). Studies of expansive learning: Foundations, findings and future challenges. *Educational Research Review*, 5(1), 1-24.

—— (2011). Discursive manifestations of contradictions in organizational change efforts: A methodological framework. *Journal of Organizational Change Management*, 24(3), 368-387.

—— (2012). Whatever happened to process theories of learning? *Learning, Culture and Social Interaction*, 1, 45-56.

Engeström, Y., Sannino, A. & Virkkunen, J. (2014). On the methodological demands of formative interventions. *Mind, Culture, and Activity*, 21(2), 118-128.

Engeström, Y., Virkkunen, J., Helle, M., Pihlaja, J. & Poikela, R. (1996). The Change Laboratory as a tool for transforming work. *Lifelong Learning in Europe*, 1(2), 10-17.

Eskola, A. (1999). Laws, logics, and human activity. In Y. Engeström, R. Miettinen & R-L. Punamaki (Eds.), *Perspectives on activity theory*. Cambridge: Cambridge University Press.

Falmagne, R. J. (1995). The abstract and the concrete. In L. M. W. Martin, K. Nelson & E. Tobach (Eds.), *Sociocultural psychology: Theory and practice of doing and knowing*. Cambridge: Cambridge University Press.

Feenberg, A. (1999). *Questioning technology*. New York: Routledge.〔直江清隆（訳）(2004).『技術への問い』岩波書店.〕

Felstead, A., Fuller, A., Unwin, L., Ashton, D., Butler, P. & Lee, T. (2005). Surveying the scene: Learning metaphors, survey design and the workplace context. *Journal of Education and Work*, 18(4), 359-383.

Fenwick, T. J. (2004). Learning in portfolio work: Anchored innovation and mobile identity. *Studies in Continuing Education*, 26(2), 229-245.

──── (2006a). Organisational learning in the "knots": Discursive capacities emerging in a school-university collaboration. *Journal of Educational Administration*, 45(2), 138-153.

──── (2006b). Toward enriched conceptions of work learning: Participation, expansion, and translation among individuals with/in activity. *Human Resource Development Review*, 5(3), 285-302.

FitzSimons, G. E. (2003). Using Engeström's expansive learning framework to analyse a case study in adult mathematics education. *Literacy & Numeracy Studies*, 12(2), 47-63.

Fleck, J. (1994). Learning by trying: The implementation of configurational technology. *Research Policy*, 23, 637-652.

Foot, K. (2001). Cultural-historical activity theory as practice theory: Illuminating the development of a conflict-monitoring network. *Communication Theory*, 11 (1), 56-83.

Galer, G. S. & van der Heijden, K. (2001). Scenarios and their contribution to organizational learning: From practice to theory. In M. Dierkes, A. B. Antal, J. Child & I. Nonaka (Eds.), *Handbook of organizational learning and knowledge*. Oxford: Oxford University Press (pp. 849-864).

Gal'perin. P. Y. (1957). An experimental study in the formation of mental actions. In B. Simon (Ed.), *Psychology in the Soviet Union*. Stanford: Stanford University Press (pp. 213-232).

──── (1967). On the notion of internalization. *Soviet Psychology*, 5(3), 28-33.

──── (1969). Stages in the development of mental acts. In M. Cole & I. Maltzman (Eds.), *A handbook of contemporary Soviet psychology*. New York: Basic Books (pp. 249-273).

Garud, R. & Karnoe, P. (Eds.) (2001). *Path dependence and creation*. Mahwah: Lawrence Erlbaum.

Gee, J. P. (2003). *What video games have to teach us about learning and literacy*. New York: Palgrave Macmillan.

Gersick, C. J. G. (1991). Revolutionary change theories: A multilevel exploration of the punctuated equilibrium paradigm. *Academy of Management Review*, 16, 10-36.

Gould, S. J. (1987). *Time's arrow, time's cycle*. Cambridge: Harvard University Press.〔渡辺政隆（訳）(1990).『時間の矢・時間の環 ── 地質学的時間をめぐる神話と隠喩』工作舎.〕

Gourlay, S. (2006). Conceptualizing knowledge creation: A critique of Nonaka's theory. *Journal of Management Studies*, 43(7), 1415-1436.

Gozdz, K. (Ed.) (1995). *Community building: Renewing spirit and learning in business*. San Francisco: Sterling & Stone.

Greeno, J. G. & Engeström, Y. (2014). Learning in activity. In R. K. Sawyer (Ed.), *The Cambridge handbook of the learning sciences*. Second edition. Cambridge: Cambridge University Press.

Greenstein, D. (2010). Strategies for sustaining the university library. *Portal: Libraries and the Academy*, 10 (2), 121-125.

Gulikers, J. T. M., Bastiaens, T. J.&Martens, R. L. (2005). The surplus value of an authentic learning environment. *Computers in Human Behavior*, 21, 509-521.

Gutiérrez, K. D. (2008). Developing a sociocritical literacy in the third space. *Reading Research Quarterly*, 43(2),

148-164.

Gutiérrez, K., Baguedano-Lopez, P. & Tejeda, C. (1999). Rethinking diversity: Hybridity and hybrid language practices in the third space. *Mind, Culture, and Activity*, 6(4), 286-303.

Gutiérrez, K. & Larson, J. (2007). Discussing expanded spaces for learning. *Language Arts*, 85(1), 69-77.

Gutiérrez, K. D., Rymes, B. & Larson, J. (1995). Script, counterscript, and underlife in the classroom - Brown, James versus Brown v. Board of Education. *Harvard Educational Review*, 65, 445-471.

Gutiérrez, K. & Vossoughi, S. (2010). Lifting off the ground to return anew: Mediated praxis, transformative learning, and social design experiments. *Journal of Teacher Education*, 61(1-2), 100-117.

Haavisto, V. (2002). *Court work in transition: An activity-theoretical study of changing work practices in a Finnish district court*. Helsinki: University of Helsinki, Department of Education.

Haenen, J. (2001). Outlining the teaching-learning process: Piotr Gal'perin's contribution. *Learning and Istruction*, 11, 157-170.

Haigh, J. (2007). Expansive learning in the university setting: The case for simulated clinical experience. *Nurse Education in Practice*, 7, 95-102.

Hall, R. & Greeno, J. G. (2008). Conceptual learning. In T. Good (Ed.), *21st Century Education: A Reference Handbook*. London: Sage (pp.212-221).

Hammer, M. (1990), Reengineering work: Don't automate, obliterate! *Harvard Business Review*, 68(4), 104-112.

Hammer, M. & Champy, J. (1993), *Reengineering the corporation: A manifesto for business revolution*. London: Nicholas Brealey Publishing.〔野中郁次郎（監訳）(2002).『リエンジニアリング革命 —— 企業を根本から変える業務革新』日本経済新聞社.〕

Harders, M., Malangoni, M., Weight, S. & Sidhu, T. (2006). Improving operating room efficiency through process redesign. *Surgery*, 140(4), 509-516.

Harre, R. (1984). *Personal being: A theory of individual psychology*. Cambridge: Harvard University Press.

Harrington, B., McLoughlin, K. & Riddel, D. (1997). Business process reengineering in the public sector: A case study of the contributions agency. *New Technology, Work and Employment*, 13(1), 43-50.

Hasu, M. (2000). Blind men and the elephant: Implementation of a new artifact as an expansive possibility. *Outlines*, 2, 5-41.

Hasu, M. & Engeström, Y. (2000). Measurement in action: An activity-theoretical perspective on producer-user interaction. *International Journal of Human-Computer Studies*, 53, 61-89.

Herrington, J. & Oliver, R. (2000). An instructional design framework for authentic learning environments. *Educational Technology, Research and Development*, 48(3), 23-48.

Heylighen F. (2007). Why is open access development so successful? Stigmergic organization and the economics of information. In B. Lutterbeck, M. Baerwolff & R. A. Gehring (Eds.), *Open Source Jahrbuch 2007*. Berlin: Lehmanns Media.

Hill, R., Capper, P., Wilson, K., Whatman, R. & Wong, K. (2007). Workplace learning in the New Zealand apple industry network: A new co-design method for government "practice making". *Journal of Workplace Learning*, 19(6), 359-376.

von Hippel, E. (2005). *Democratizing innovation*. Cambridge: The MIT Press.〔サイコム・インターナショナル（監訳）(2006).『民主化するイノベーションの時代 —— メーカー主導からの脱皮』ファーストプレス.〕

von Hippel, E. & Tyre, M. J. (1995). How learning by doing is done: Problem identification in novel process equipment. *Research Policy*, 24, 1-12.

Hobsbawm, E. J. (1964). The tramping artisan. In E. Hobsbawm (Ed.), *Labouring men: Studies in the history of labour*. London: Weidenfeld and Nicolson (pp. 5-22). 〔鈴木幹久・永井義雄（訳）(1968).『イギリス労働史研究』ミネルヴァ書房.〕

Hodkinson, P., Biesta, G. & James, D. (2007). Understanding learning culturally: Overcoming the dualism between social and individual views of learning. *Vocations and Learning*, 1(1), 27-47.

Holstein, J. A. & Gubrium, J. F. (1998). Active interviewing. In D. Silverman (Ed.), *Qualitative research: Theory, method and practice*. London: Sage Publications (pp. 113-129).

Holzkamp, K. (1993). *Lernen: Subjektwissenschaftliche Grundlegung [Learning: A subject-scientific foundation]*. Frankfurt am Main: Campus (in German).

Hubbard, L., Mehan, H. & Stein, M. K. (2006). *Reform as learning: School reform, organizational culture, and community politics in San Diego*. New York: Routledge.

Hutchins, E. (2005). Material anchors for conceptual blends. *Journal of Pragmatics*, 37, 1555-1577.

Hyrkkänen, U. (2007). *Käsityksistä ajatuksen poluille: Ammattikorkeakoulun tutkimus-ja kehitystoiminnan konseptin kehittäminen [From conceptions to cognitive trails: Developing the concept of research and development activity for the university of applied sciences]*. Helsinki: University of Helsinki, Department of Education (in Finnish).

Hyysalo, S. (2004). *Uses of innovation: Wristcare in the practices of engineers and elderly*. Helsinki: University of Helsinki, Department of Education.

Il'enkov, E. V. (1977). *Dialectical logic: Essays in its history and theory*. Moscow: Progress.

—— (1982). *The dialectics of the abstract and the concrete in Marx's Capital*. Moscow: Progress. 〔花崎皋平（訳）(1972).『資本論の弁証法』合同出版.（ロシア語原著からの翻訳）〕

Ingold, T. (2007). *Lines: A brief history*. London: Routledge. 〔工藤晋（訳）(2014).『ラインズ ―― 線の文化史』左右社.〕

Järvelä, S. & Volet, S. (2004). Motivation in real-life, dynamic, and interactive learning environments: Stretching constructs and methodologies. *European Psychologist*, 9, 193-197.

Jonassen, D. H. & Land, S. M. (2000). *Theoretical foundations of learning environments*. Mahwah: Lawrence Erlbaum.

Kafai, Y. & Hmelo-Silver, C. E. (2009). Notes from the new editors-in-chief. *The n Journal of the Learning Sciences*, 18(1), 4-6.

Kanigel, R. (1997). *The one best way: Frederick Winslow Taylor and the enigma of efficiency*. New York: Viking.

Kärkkäinen, M. (1999). *Teams as breakers of traditional work practices: A longitudinal study of planning and implementing curriculum units in elementary school teacher teams*. Helsinki: University of Helsinki, Department of Education.

Karvonen, S., Rämö, J., Leijala, M. & Holmstrom, J. (2004). Productivity improvement in heart surgery: A case study on care process development. *Production Planning and Control*, 15(3), 238-246.

Kazlauskas, A. & Crawford, K. (2007). Learning what is not yet there: Knowledge mobilization in a communal activity. In I. Verenikina, P. Kell & G. Vogl (Eds.), *Learning and socio-cultural theory: Exploring modern Vygotskian perspectives. Workshop proceedings*. Wollongong: University of Wollongong. ISBN 978-1-74128-138-5. E-version: http://ro.uow.edu.au/llrg

Keller, C. (2005). Virtual learning environments: Three implementation perspectives. *Learning, Media & Technology*, 30, 299-311.

Keller, C. M. & Keller, J. D. (1996). *Cognition and tool use: The blacksmith at work*. Cambridge: Cambridge University Press.

Kelly, A. E. (2004). Design research in education: Yes, but is it methodological? *The Journal of the Learning Sciences*, 13, 115-128.

Kelly, A. E., Lesh, R. A. & Baek, J. Y. (Eds.) (2008). *Handbook of design research methods in education: Innovations in science, technology, engineering, and mathematics learning and teaching*. New York: Routledge.

Kerosuo, H. (2001). "Boundary encounters" as a place for learning and development at work. *Outlines - Critical Social Studies*, 3(1), 53-65.

―― (2006). *Boundaries in action: An activity-theoretical study of development, learning and change in health care for patients with multiple and chronic illnesses*. Helsinki: University of Helsinki, Department of Education.

Kerosuo, H. & Engeström, Y. (2003). Boundary crossing and learning in creation of new work practice. *Journal of Workplace Learning*, 15, 345-351.

Kerosuo, H. Kajamaa, A. & Engeström, Y. (2005). Building bridges between the past, present and future: Narrative and emotional remembering of organizational change efforts. In S. Gherardi & D. Nicolini (Eds.), *The passion for learning and knowing. Proceedings of the 6th International Conference on Organizational Learning and Knowledge*. Trento: University of Trento.

Kindred, J. B. (1999). "8/18/97 Bite Me": Resistance in learning and work. *Mind, Culture, and Activity*, 6, 196-221.

Kirshner, P. A. (2005). Learning in innovative learning environments. *Computers in Human Behavior*, 21, 547-554.

Kivi, A. (1929). *Seven brothers*. New York: Coward.McCann.〔森本ヤス子（訳）(1942).『七人兄弟』起山房.（フィンランド語原著からの翻訳）〕

Klein, N. (2007). *The shock doctrine: The rise of disaster capitalism*. London:AllenLane.〔幾島幸子・村上由見子（訳）(2011).『ショック・ドクトリン ―― 惨事便乗型資本主義の正体を暴く』岩波書店.〕

Knights, D. & Willmott, H. (Eds.) (2000). *The reengineering revolution: Critical studies of corporate change*. London: Sage.

Knorr-Cetina, K. D. (1997). Sociality with objects: Social relations in postsocial knowledge societies. *Theory, Culture & Society*, 14(4), 1-30.

(2005). From pipes to scopes: The flow architecture of financial markets. In A. Barry (Ed.), *The technological economy*. London: Routledge.

de Kock, A., Sleegers, P. & Voeten, M. J. M. (2004). New learning and the classification of learning environments in secondary education. *Review of Educational Research*, 74, 141-170.

Kolb, A. Y. & Kolb, D. A. (2005). Learning styles and learning spaces: Enhancing experiential learning in higher education. *Academy of Management Learning & Education*, 4(2), 192-212.

Kolb, D. A. (1984). *Experiential learning*. Englewood Cliffs: Prentice Hall.

Kolb, D. A., Rubin, I. & McIntyre, J. (1971). *Organizational psychology: An experiential approach*. Englewood Cliffs: Prentice Hall.

Kolodner, J. L. (1991). The Journal of the Learning Sciences: Effecting changes in education. *The Journal of the Learning Sciences*, 1(1), 1-6.

―― (2000). Entering our tenth year: We've come a long way, and thank you to all. *The Journal of the Learning Sciences*, 9(1), 1-4.

—— (2009). Note from the outgoing editor-in-chief. *The Journal of the Learning Sciences*, 18(1), 1-3.

Konkola, R., Tuomi-Grohn, T., Lambert, P. & Ludvigsen, S. (2007). Promoting learning and transfer between school and workplace. *Journal of Education and Work*, 20(3), 211-228.

Kosik, K. (1976). *Dialectics of the concrete: A study on problems of man and world*. Dordrecht: Reidel.

Kruger, A. C. & Tomasello, M. (1998). Cultural learning and learning culture. In D. R. Olson & N. Torrance (Eds.), *The handbook of education and human development*. Malden: Blackwell (pp. 369-387).

Lambert, P. (1999). *Rajaviiva katoaa: Innovatiivista oppimista ammatillisen opettajankoulutuksen, oppilaitosten ja tyoelaman organisaatioiden yhteistyona [Boundaries fade away: Innovative learning through collaboration between vocational teacher education, training institutes, and work organizations]*. Helsinki: Helsingin ammattikorkeakoulu (in Finnish).

Langemeyer, I. (2006). Contradictions in expansive learning: Towards a critical analysis of self-dependent forms of learning in relation to contemporary socio-technological change. *Forum Qualitative Sozialforschung*, 7(1), Article 12 (www.qualitative-research.net/fqs/).

Lave, J. & Wenger, E. (1991). *Situated learning: Legitimate peripheral participation*. Cambridge: Cambridge University Press. 〔佐伯胖（訳）(1993).『状況に埋め込まれた学習 —— 正統的周辺参加』産業図書.〕

Law, J. & Lynch, M. (1988). Lists, field guides, and the descriptive organization of seeing: Birdwatching as an exemplary observational activity. *Human Studies*, 11(2/3), 271-304.

Lee, G. K. & Cole, R. E. (2003). From a firm-based to a community-based model of knowledge creation: The case of the Linux kernel development. *Organization Science*, 14(6), 633-649.

Leont'ev, A. N. (1932). The development of voluntary attention in the child. *Journal of Genetic Psychology*, 40, 52-81.

—— (1978). *Activity, consciousness, and personality*. Englewood Cliffs: Prentice-Hall.〔西村学・黒田直実（訳）(1980).『活動と意識と人格』明治図書出版.（ロシア語原著からの翻訳）〕

—— (1981). *Problems of the development of the mind*. Moscow: Progress.

Leppilahti, J. & Malmqvist, S. (2006), *Tekonivelpotilaan hoitoprosessin kehittamisanalyysi*. Unpublished final report of the process study on knee and hip surgery at Oulu University Hospital, August 31, 2006 (in Finnish).

Levinthal, D. A. & March, J. G. (1993). The myopia of learning. *Strategic Management Journal*, 14, 95-112.

Lewin, K. (1947). Frontiers in group dynamics: Concept, method and reality in social science; social equilibria and social change. *Human Relations*, 1(1), 5-41.

Lillrank, P. & Parvinen, P. (2004). Omistaja, prosessi, potilas [Owner, process, patient]. *Suomen Laakarilehti*, 59(10), 1052-1055 (in Finnish).

Loch, C. H. & Huberman, B. A. (1999). A punctuated-equilibrium model of technology diffusion. *Management Science*, 45, 160-177.

Lompscher. J. (2004). *Lernkultur und Kompetenzentwicklung aus kulturhistoricher Sicht: Lernen Erwachsener im Arbeitsprozess [Learning culture and competence development in a cultural-historical perspective: Adult learning in the process of work]*. Berlin: Lehmanns Media (in German).

Long, N. (2001). *Development sociology: Actor perspectives*. London: Routledge.

Maccoby, M. (2006). Health care organizations as collaborative learning communities. In C. Heckscher & P. S. Adler (Eds.), *The firm as a collaborative community: Reconstructing trust in the knowledge economy*. Oxford: Oxford University Press.

Macpherson, I., Robertson, S. & Walford, G. (2014). *Education, privatisation and social justice: Case studies from*

Africa, South Asia and South East Asia. Oxford: Symposium Books.

Majchrzak, A., Jarvenpaa, S. L. & Hollingshead, A. B. (2007). Coordinating expertise among emergent groups responding to disasters. *Organization Science*, 18 (1), 147-161.

Makino, Y. (2007). The third generation of e-learning: Expansive learning mediated by a weblog. *International Journal of Web Based Communities*, 3 (1), 16-31.

Makitalo, J. (2005). *Work-related well-being in the transformation of nursing home work*. Oulu: Oulu University Press.

Malloch, M., Cairns, L., Evans, K. & O'Connor, B. N. (Eds.) (2011). *The SAGE handbook of workplace learning*. Los Angeles: Sage.

Marcus, G. E. (1995). Ethnography in/of the world system: The emergence of multi-sited ethnography, *Annual Review of Ethnography*, 24, 95-117.

Martin, D. (2008). A new paradigm to inform inter-professional learning for integrating speech and language provision into secondary schools: A sociocultural activity theory approach. *Child Language Teaching and Therapy*, 24(2), 173-192.

Martin, T. S., McCrone, S. M., Bower, M. L. & Dindyal, J. (2005). The interplay of teacher and student actions in the teaching and learning of geometric proof. *Educational Studies in Mathematics*, 60, 95-124.

Marton, F. (2006). Sameness and difference in transfer. *Journal of the Learning Sciences*, 15(4), 499-535.

Marton, F. & Trigwell, K. (2000). Variatio est mater studiorum. *Higher Education Research & Development*, 19(3), 381-395.

Maxwell, J. A. (2004). Causal explanation, qualitative research, and scientific inquiry in education. *Educational Researcher*, 33, 3-11.

McNeil, L. M. (1999). *Contradictions of control: School structure and school knowledge*. New York: Routledge.

McNulty, T. & Ferlie, E. (2004). Process transformations: Limitations to radical organizational change within public service organizations. *Organization Studies*, 28(8), 1389-1412.

McVee, M. B., Dunsmore, K. & Gavelek, J. R. (2005). Schema theory revisited. *Review of Educational Research*, 75(4), 531-566.

Melucci, A. (1996). *Challenging codes: Collective action in the information age*. Cambridge: Cambridge University Press.

Mercer, N. & Littleton, K. (2007). *Dialogue and the development of children's thinking: A sociocultural approach*. London: Routledge.

Meyers, E. M. (2007). From activity to learning: Using cultural historical activity theory to model school library programmes and practices. *Information Research*, 12(3), 5.

Middleton, D. & Edwards, D. (1990). Conversational remembering: A social psychological approach. In D. Middleton & D. Edwards (Eds.), *Collective remembering*. London: Sage Publication.

Middleton, J., Gorard, S., Taylor, C. & Bannan-Ritland, B. (2008). The "compleat" design experiment: From soup to nuts. In A. E. Kelly, R. A. Lesh & J. Y. Baek (Eds.), *Handbook of design research methods in education: Innovations in science, technology, engineering, and mathematics learning and teaching*. New York: Routledge.

Midgley, G. (2000). *Systemic intervention: Philosophy, methodology, and practice*. New York: Kluwer.

Miettinen, R. (2000). The concept of experiential learning and John Dewey's theory of reflective thought and action. *International Journal of Lifelong Education*, 19(1), 54-72.

Mishler, E. (1986). *Research interviewing: Context and narrative*. Cambridge, MA: Harvard University Press.

Morton, T. (2013). *Hyperobjects: Philosophy and ecology after the end of the world*. Minneapolis: University of Minnesota Press.

Mukute, M. (2010). Exploring and expanding learning processes in sustainable agriculture workplace contexts. PhD thesis. Grahamstown, South Africa: Rhodes University.

Nadler, D. A., Shaw, R. B. & Walton, A. E. (1995). *Discontinuous change: Leading organizational transformation*. San Francisco: Jossey-Bass.〔平野和子（訳）(1997).『不連続の組織変革 —— ゼロベースから競争優位を創造するノウハウ』ダイヤモンド社.〕

Needham, G. & Ally, M. (Eds.) (2008). *Mlibraries: Libraries on the move to provide virtual access*. London: Facet Publishing.

Nilsson, M. (2003). *Transformation through integration: An activity theoretical analysis of school development as integration of child care institutions and elementary school*. Karlskrona: Blekinge Institute of Technology.

Nonaka, I. & Takeuchi, H. (1995). *The knowledge-creating company: How Japanese companies create the dynamics of innovation*. New York: Oxford University Press.

Nonaka, I., Toyama, R. & Byosiere, P. (2001). A theory of organizational knowledge creation: Understanding the dynamic process of creating knowledge. In M. Dierkes, A. B. Antal, J. Child & I. Nonaka (Eds.), *Handbook of organizational learning and knowledge*. Oxford: Oxford University Press (pp. 491-517).

Norman, D. A. (1978). Notes toward a theory of complex learning. In A. Lesgold, J. W. Pellegrino, S. D. Fokkema & R. Glaser (Eds.), *Cognitive psychology and instruction*. New York: Plenum (pp. 39-48).

—— (1982). *Learning and memory*. New York: W. H. Freeman.〔富田達彦（訳）(1984).『認知心理学入門 —— 学習と記憶』誠信書房.〕

Nummijoki, J. & Engeström, Y. (2009). Towards co-configuration in home care of the elderly: Cultivating agency by designing and implementing the mobility agreement. In H. Daniels, A. Edwards, Y. Engeström, T. Gallagher & S. Ludvigsen (Eds.), *Activity theory in practice: Promoting learning across boundaries and agencies*. London: Routledge.

O'Donnell, C. L. (2008). Defining, conceptualizing, and measuring fidelity of implementation and its relationship to outcomes in K.12 curriculum intervention research. *Review of Educational Research*, 78, 33-84.

O'Dowd, T. C. (1988). Five years of heartsink patients in general practice. *British Medical Journal*, 97, 528-530.

Ohlsson, S. (2011). *Deep learning: How the mind overrides experience*. Cambridge: Cambridge University Press.

Olson, D. R. (2004). The triumph of hope over experience in the search for "what works": A response to Slavin. *Educational Researcher*, 33, 24-26.

Olson, D. R. & Torrance, N. (Eds.) (1998). *The handbook of education and human development*. Oxford: Blackwell.

O'Neill, P. & Sohal, A. S. (1999). Business process reengineering: A review of recent literature. *Technovation*, 19(9), 571-581.

Orlikowski, W. (1996). Improvising organizational transformation over time: A situated change perspective. *Information Systems Research*, 7, 63-92.

Oser, F. K. & Baeriswyl, F. J. (2001). Choreographies of teaching: Bridging instruction to learning. In V. Richardson (Ed.), *Handbook of research on teaching*. Fourth edition. Washington, D.C.: American Educational Research Association (pp. 1031-1065).

Paavola, S., Lipponen, L. & Hakkarainen, K. (2004). Models of innovative knowledge communities and three metaphors of learning. *Review of Educational Research*, 74, 557-576.

Palen, L., Hiltz, S. R. & Liu, S. B. (2007). Online forums supporting grassroots participation in emergency preparedness and response. *Communications of the ACM*, 50(3), 54-58.

Peck, C. A., Gallucci, C., Sloan, T. & Lippincott, A. (2009). Organizational learning and program renewal in teacher education: A sociocultural theory of learning, innovation and change. *Educational Research Review*, 4, 16-25.

Peltokorpi, A. & Kujala, J. (2006). Time-based analysis of total cost of patient episodes: A case study of hip replacement. *International Journal of Health Care Quality Assurance*, 19(2), 136-145.

Pereira-Querol, M. & Seppänen, L. (2009). Learning as changes in activity systems: The emergence of on-farm biogas production for carbon credits. *Outlook on Agriculture*, 38(2), 147-155.

Perez, C. (2002). *Technological revolutions and financial capital: The dynamics of bubbles and golden ages*. Cheltenham: Edward Elgar.

Pettigrew, A. (1995). Longitudinal field research on change: Theory and practice. In G. Huber & A. Van de Ven (Eds.), *Longitudinal field research methods: Studying processes of organizational change*. Thousand Oaks: Sage.

Petryna, A., Lakoff, A. & Kleinman, A. (Eds.) (2006). *Global pharmaceuticals: Ethics, markets, practices*. Durham: Duke University Press.

Pihlaja, J. (2005). *Learning in and for production: An activity-theoretical study of the historical development of distributed systems of generalizing*. Helsinki: University of Helsinki, Department of Education.

Pine, B. J. II (1993). *Mass customization: The new frontier in business competition*. Boston: Harvard Business School Press.

Pippin, R. B. (1995). On the notion of technology as ideology. In A. Feenberg & A. Hannay (Eds.), *Technology and the politics of knowledge*. Bloomington: Indiana University Press.

Polanyi, M., (1966). *The tacit dimension*. London: Routledge & Kegan Paul. 〔高橋勇夫（訳）(2003).『暗黙知の次元』筑摩書房.〕

Poole, M. S., Van de Ven, A. H., Dooley, K. & Holmes, M. E. (2000). *Organizational change and innovation processes: Theory and methods for research*. Oxford: Oxford University Press.

Popper, K. (1972). *Objective knowledge: An evolutionary approach*. Oxford: Oxford University Press. 〔森博（訳）(2004).『客観的知識――進化論的アプローチ』木鐸社.（オンデマンド版）〕

Prensky, M. (2008). Students as designers and creators of educational computer games: Who else? *British Journal of Educational Technology*, 39(6), 1004-1019.

Pressman, J. L. & Wildavsky, A. (1984). *Implementation*. Third edition. Berkeley: University of California Press.

Prusak, L. (1997). *Knowledge in organizations*. Oxford: Butterworth-Heinemann.

Puonti, A. (2004). *Learning to work together: Collaboration between authorities in economic-crime investigation*. Vantaa: National Bureau of Investigation.

Quinn, R. E. & Cameron, K. S. (Eds.) (1988). *Paradox and transformation: Towards a theory of change in organization and management*. Cambridge: Ballinger.

Radley, A. & Taylor, D. (2003). Remembering one's stay in hospital: A study in photography, recovery and forgetting. *Health*, 7(2), 129-159.

Rao, H., Morrill, C. & Zald, M. N. (2000). Power plays: How social movements and collective action create new organizational forms. *Research in Organizational Behavior*, 22, 239-282.

Rasmussen, I. & Ludvigsen, S. (2009). The hedgehog and the fox: A discussion of the approaches to the analysis of ICT reforms in teacher education of Larry Cuban and Yrjo Engeström. *Mind, Culture, and Activity*, 16(1),

83-104.

Ravitch, D. (2014). *Reign of error: The hoax of the privatization movement and the danger to America's public schools*. New York: Knopf.〔末藤美津子（訳）(2015).『アメリカ　間違いがまかり通っている時代 ── 公立学校の企業型改革への批判と解決法』東信堂.〕

Rheingold, H. (2002). *Smart mobs: The next social revolution*. Cambridge: Perseus.〔公文俊平・会津泉（監訳）(2003).『スマートモブズ ──「群がる」モバイル族の挑戦』NTT出版.〕

Romanelli, E. & Tushman, M. (1994). Organizational transformation as punctuated equilibrium: An empirical test. *Academy of Management Journal*, 37, 1141-1166.

Rorabaugh, W. J. (1986). *The craft apprectice: From Franklin to the machine age in America*. Oxford: Oxford University Press.

Rose, N. (2007). *The politics of life itself: Biomedicine, power, and subjectivity in the twenty-first century*. Princeton: Princeton University Press.〔小倉拓也・佐古仁志・山崎吾郎（訳）(2014).『生そのものの政治学 ── 二十一世紀の生物医学, 権力, 主体性』法政大学出版局.〕

Roth, W-M. & Lee, Y-J. (2007). Vygotsky's neglected legacy: Cultural-historical activity theory. *Review of Educational Research*, 77(2), 186-232.

Rubtsov, V. V. (1991). *Learning in children: Organization and development of cooperative actions*. New York: Nova Science Publishers.

Rückriem, G. (2009). Digital technology and mediation: A challenge to activity theory. In A. Sannino, H. Daniels & K. Gutiérrez (Eds.), *Learning and expanding with activity theory*. Cambridge: Cambridge University Press.

Rumelhart, D. E. & Norman, D. A. (1978). Accretion, tuning and restructuring: Three modes of learning. In J. W. Cotton & R. Klatzky (Eds.), *Semantic factors in cognition*. Hillsdale: Lawrence Erlbaum.

Saaren-Seppälä, T. (2004). *Yhteisen potilaan hoito: Tutkimus organisaatiorajat ylittavasta yhteistoiminnasta sairaalan, terveyskeskuksen ja lapsipotilaiden vanhempien suhteissa [The care of a shared patient: A study of collaboration across organizational boundaries between hospital, health center and parents of child patients]*. Tampere: University of Tampere.

Sackett, D.L. & Rosenberg, M.C. (1995). On the need for evidence-based medicine. *Journal of Public Health Medicine*, 17(3), 330-334.

Salovaara, H. & Järvelä, S. (2003). Students' strategic actions in computersupported collaborative learning. *Learning Environments Research*, 6, 267-285.

Sannino, A. (2005). Cultural-historical and discursive tools for analyzing critical conflicts in students' development. In K. Yamazumi, Y. Engeström & H. Daniels (Eds.), *New learning challenges: Going beyond the industrial age system of school and work*. Osaka: Kansai University Press.

—— (2008a). Experiencing conversations: Bridging the gap between discourse and activity. *Journal for the Theory of Social Behaviour*, 38(3), 267-291.

—— (2008b). From talk to action: Experiencing interlocution in developmental interventions. *Mind, Culture, and Activity*, 15, 234-257.

—— (2010a). Breaking out of a professional abstraction: The pupil as materialized object for teacher trainees. In V. Ellis, A. Edwards & P. Smagorinsky (Eds.), *Culturalhistorical perspectives on teacher education and development: Learning teaching*. London: Routlege.

—— (2010b). Teachers' talk of experiencing: Conflict, resistance and agency. *Teaching and Teacher Education*,

26(4), 838-844.

Sannino, A., Daniels, H. & Gutiérrez, K. D. (2009a). Activity theory between historical engagement and future-making practice. In A. Sannino, H. Daniels & K. D. Gutiérrez (Eds.), *Learning and expanding with activity theory*. Cambridge: Cambridge University Press.

Sannino, A., Daniels, H. & Gutiérrez, K. D. (Eds.) (2009b) *Learning and expanding with activity theory*. Cambridge: Cambridge University Press.

Sannino, A. & Nocon, H. (2008). Introduction: Activity theory and school innovation. *Journal of Educational Change*, 9(4), 325-328.

Sawchuck, P. H. (2011). Researching workplace learning: An overview and critique. In M. Malloch, L. Cairns, K. Evans & B. N. O'Connor (Eds.), *The SAGE handbook of workplace learning*. Los Angeles: Sage (pp. 165-180).

Sawyer, R. K. (2006a). Introduction: The new science of learning. In R. K. Sawyer (Ed.), *The Cambridge handbook of the learning sciences*. Cambridge: Cambridge University Press (pp. 1-16).

Sawyer, R. K. (Ed.) (2006b). *The Cambridge handbook of the learning sciences*. Cambridge: Cambridge University Press. 〔森敏昭・秋田喜代美（監訳）(2009).『学習科学ハンドブック』培風館.〕

── (Ed.) (2014). *The Cambridge handbook of the learning sciences*. Second edition. Cambridge: Cambridge University Press. 〔秋田喜代美・森敏昭・大島純・白水始（監訳）(2016-2017).『学習科学ハンドブック　第二版』第2巻, 第3巻, 北大路書房.〕

Scarbrough, H., Bresnen, M., Edelman, L. F., Laurent, S., Newell, S. & Swan, J. (2004). The processes of project-based learning. *Management Learning*, 35(4), 491-506.

Schaupp, M. (2011). From function-based development practices to collaborative capability building: An intervention to extend practitioners' ideas. In R. F. Poell & M. van Woerkom (Eds.), *Supporting workplace learning: Towards evidence-based practice*. New York: Springer (pp. 205-224).

Schwartz, D. L., Chang, J. & Martin, L. (2008). Instrumentation and innovation in design experiments: Taking the turn towards efficiency. In A. E. Kelly, R. A. Lesh & J. Y. Baek (Eds.), *Handbook of design research methods in education: Innovations in science, technology, engineering, and mathematics learning and teaching*. New York: Routledge.

Senge, P. (1990). *The fifth discipline: The art and practice of the learning organization*. New York: Doubleday. 〔枝廣淳子・小田理一郎・中小路佳代子（訳）(2011).『学習する組織 ── システム思考で未来を創造する』英治出版.〕

Seppänen, L. (2004). *Learning challenges in organic vegetable farming: An activitytheoretical study of on-farm practices*. Helsinki: University of Helsinki, Institute for Rural Research and Training.

Sfard, A. (1998). On two metaphors of learning and the dangers of choosing just one. *Educational Researcher*, 27(2), 4-13.

Shuell, T. J. (1990). Phases of meaningful learning. *Review of Educational Research*, 60(4), 531-547.

Shumar, W. (2013). *College for sale: A critique of the commodification of higher education*. New York: Routledge.

Siltala, J., Freeman, S. & Miettinen, R. (2007). *Exploring the tensions between volunteers and firms in hybrid projects*. Helsinki: Center for Activity Theory and Developmental Work Research (Working Paper 36).

Silva, M. J. (2007). Children as creators of multisensory geographic information. Volunteered Geographic Information Workshop: Supplementary Papers, University of California, Santa Barbara, National Center for Geographic Information & Analysis. Available at www.ncgia.ucsb.edu/projects/vgi/supp.html.

Soule, S. A. (2012). Social movements and markets, industries and firms. *Organization Studies*, 33(12), 1715-

1733.

Spasser, M. (2002). Realist activity theory for digital library evaluation: Conceptual framework and case study. *Computer Supported Cooperative Work*, 11, 81-110.

Star, S. L. & Griesemer, J. R. (1989). Institutional ecology, "translations" and boundary objects: Amateurs and professionals in Berkeley's Museum of Vertebrate Zoology, 1907-39. *Social Studies of Science*, 9, 387-420.

Streeck, W. & Thelen, K. (Eds.) (2005). *Beyond continuity: Institutional change in advanced political economies*. Oxford: Oxford University Press.

Sutter, B. (2001). *Instruction at heart: Activity-theoretical studies of learning and development in coronary clinical work*. Karlskrona: Blekinge Institute of Technology.

Tabak, I. & Radinsky, J. (2013). Note from the incoming editors. *The Journal of the Learning Sciences*, 22(1), 4-6.

Talyzina, N. F. (1981). *The pscyhology of learning: Theories of learning and programmed instruction*. Moscow: Progress.

Tapscott, D. & Williams, A. (2007). *Wikinomics: How mass collaboration changes everything*. London: Atlantic Books.〔井口耕二（訳）(2007).『ウィキノミクス ―― マスコラボレーションによる開発・生産の世紀へ』日経BP社.〕

Teras, M. (2007). *Intercultural learning and hybridity in the Culture Laboratory*. Helsinki: University of Helsinki, Department of Education.

Tilak, J. B. G. (2008). Higher education: A public good or a commodity for trade? *Prospects*, 38, 449-466.

Toikka, K., Hyotylainen. R. & Norros, L. (1986). Development of work in flexible manufacturing. *Nordisk Pedagogik*, 6(1), 16-24.

Toiviainen, H. (2003). *Learning across levels: Challenges of collaboration in a smallfirm network*. Helsinki: University of Helsinki, Department of Education.

—— (2007). Inter-organizational learning across levels: An object-oriented approach. *Journal of Workplace Learning*, 19(6), 343-358.

Toiviainen, H. & Engeström, Y. (2009) Expansive learning in and for work. In H. Daniels, H. Lauder & J. Porter (Eds.), *Knowledge, values and educational policy*. London: Routledge (pp. 95-109).

Tomasello, M. (1999). *The cultural origins of human cognition*. Cambridge: Harvard University Press.〔大堀壽夫ほか（訳）(2006).『心とことばの起源を探る ―― 文化と認知』勁草書房.〕

Tsoukas, H. (2005). *Complex knowledge*. Oxford: Oxford University Press.

Tsui, A. B. M. & Law, D. Y. K. (2007). Learning as boundary-crossing in school-university partnership. *Teaching and Teacher Education*, 23, 1289-1301.

Tuomi-Grohn, T. & Engeström, Y. (Eds.) (2003). *Between school and work: New perspectives on transfer and boundary-crossing*. Amsterdam: Pergamon.

Turkle, S. (1995). *Life on the screen*. Cambridge: The MIT Press.〔日暮雅通（訳）(1998).『接続された心 ―― インターネット時代のアイデンティティ』早川書房.〕

Tyre, M. J. & von Hippel, E. (1997). The situated nature of adaptive learning in organizations. *Organization Science*, 8(1), 71-83.

Vakola, M. & Rezgui, Y. (2000). Critique of existing business process re-engineering methodologies: The development and implementation of a new methodology. *Business Process Management Journal*, 6(3), 238-250.

Van de Ven, A. H. & Poole, M. S. (1988). Paradoxical requirements for a theory of organizational change. In R.

E. Quinn & K. S. Cameron (Eds.), *Paradox and transformation: Towards a theory of change in organization and management*. Cambridge: Ballinger.

Van der Veer, R. & Valsiner, J. (1991). *Understanding Vygotsky: A quest for synthesis*. Oxford: Blackwell.

Vasilyuk, F. (1988). *The psychology of experiencing*. Moscow: Progress.

Vayda, A. P., McCay, B. J. & Eghenter, C. (1991). Concepts of process in social science explanations. *Philosophy of the Social Sciences*, 21(3), 318-331.

Victor, B. & Boynton, A. C. (1998). *Invented here: Maximizing your organization's internal growth and profitability*. Boston: Harvard Business School Press.

Vince, R. (1998). Behind and beyond Kolb's learning cycle. *Journal of Management Education*, 22(3), 304-319.

Virkkunen, J. (2004). Developmental interventions in work activities: An activity theoretical interpretation. In T. Kontinen (Ed.), *Development intervention: Actor and activity perspectives*. Helsinki: Center for Activity Theory and Developmental Work Research and Institute for Development Studies, University of Helsinki.

―― (2006a). Dilemmas in building shared transformative agency. *ctivités revue électronique*, 3 (1), 43-66.

―― (2006b). Hybrid agency in co-configuration work. *Outlines*, 8(1), 61-75.

―― (2009). Two theories of organizational knowledge creation. In A. Sannino, H. Daniels & K. D. Gutiérrez (Eds.), *Learning and expanding with activity theory*. Cambridge: Cambridge University Press (pp. 144-159).

Virkkunen, J., & Ahonen, H. (2004). Transforming learning and knowledge creation on the shop floor. *International Journal of Human Resources Development and Management*, 4(1), 57-72.

―― (2011). Supporting expansive learning through theoretical-genetic reflection in the Change Laboratory. *Journal of Organizational Change Management*, 24(2), 229-243.

Vygotsky, L. S. (1978). *Mind in society: The development of higher psychological processes*. Cambridge: Harvard University Press.

―― (1987a). Lectures on psychology. In *The collected works of L. S. Vygotsky. Vol. 1. Problems of general psychology*. New York: Plenum.

―― (1987b). Thinking and speech. In *The collected works of L. S. Vygotsky. Vol. 1: Problems of general psychology*. New York: Plenum.

―― (1997a). The historical meaning of the crisis in psychology: A methodological investigation. In *The collected works of L. S. Vygotsky. Vol. 3. Problems of the theory and history of psychology*. New York: Plenum.

―― (1997b). The history of the development of higher mental functions. In *The collected works of L. S. Vygotsky. Vol. 4. The history of the development of higher mental functions*. New York: Plenum.

―― (1997c). The instrumental method in psychology. In *The collected works of L. S. Vygotsky. Vol. 3. Problems of the theory and history of psychology*. New York: Plenum.

―― (1998). The problem of age. In *The collected works of L. S. Vygotsky, Vol. 5. Child psychology*. New York: Kluwer/Plenum.

―― (1999). Tool and sign in the development of the child. In *The collected works of L. S. Vygotsky. Vol. 6. Scientific legacy*. New York: Kluwer/Plenum.

Walker, C. R. & Guest, R. H. (1952). *The man on the assembly line*. Cambridge: Harvard University Press.〔竹井和夫（訳）(1958).『マス・プロと労働条件』鳳映社．〕

Warmington, P. (2008). From "activity" to "labour": Commodification, labourpower and contradiction in Engeström's activity theory. *Outlines*, 10(2), 4-19.

Wasson, B., Ludvigsen, S. & Hoppe, U. (Eds.) (2003). *Designing for change in networked learning environments*.

Dordrecht: Kluwer.

Wenger, E. (1998). *Communities of practice: Learning, meaning and identity*. Cambridge: Cambridge University Press.

Wertsch, J. V. (1985). *Vygotsky and the social formation of mind*. Cambridge: Harvard University Press.

Williams, R., Stewart, J. & Slack, R. (2005). *Social learning in technological innovation: Experimenting with information and communication technologies*. Cheltenham: Edward Elgar.

Womack, J. P., Jones, D. T. & Roos, D. (1990). *The machine that changed the world*. New York: HarperCollins. 〔沢田博(訳)(1990).『リーン生産方式が、世界の自動車産業をこう変える。── 最強の日本車メーカーを欧米が追い越す日』経済界.〕

Wright, W. & Middendorf, G. (Eds.) (2008). *The fight over food: Producers, consumers, and activists challenge the global food system*. University Park: The Pennsylvania State University Press.

Yamazumi, K. (2008). A hybrid activity system as educational innovation. *Journal of Educational Change*, 9(4), 365-373.

──── (2009). Expansive agency in multi-activity collaboration. In A. Sannino, H. Daniels & K. Gutiérrez (Eds.), *Learning and expanding with activity theory*. Cambridge: Cambridge University Press.

Young, M. (2001). Contextualising a new approach to learning: Some comments on Yrjo Engeström's theory of expansive learning. *Journal of Education and Work*, 14(1), 157-161.

Zinchenko, V. P. (1985). Vygotsky's ideas about units for the analysis of mind. In J. V. Wertsch (Ed.), *Culture, communication, and cognition: Vygotskian perspectives*. Cambridge: Cambridge University Press.

索　引

■あ行

アイデンティティ　79, 94, 98, 99, 121, 124, 125, 130, 131, 203, 212, 217
異種混交　44, 67, 144, 195, 202
意味付与　27, 45, 47, 79, 109, 124
イリエンコフ　Il'enkov, E. V.　40, 42, 72
インゴルド　Ingold, T.　190-192, 200, 201
インタビュー　87, 126, 128, 174
ヴァシリューク　Vasilyuk, F.　77, 99, 100
ヴィゴツキー　Vygotsky, L. S.　40, 41, 43, 44, 64, 78, 109, 206, 212-215, 217, 220, 221, 228, 230, 231, 234, 239
ウェンガー　Wenger, E.　15, 36, 121, 191
エージェンシー　11, 16, 44, 73, 75, 141, 145, 206, 212, 214, 220
　因果の階層としての——　217, 219, 221
　分散型の——　47
　変革力のある——　11
エージェント　11, 60, 61, 132, 221
　——としての行為　221, 237
エンゲストローム　Engeström, Y.　16, 24, 26, 32, 33, 50, 51, 58, 61, 72, 126, 217
オルソン　Olson, D. R.　212

■か行

概念形成　59, 76, 98, 197, 198, 217, 222, 235, 236, 239
学習：
　——科学　3, 9, 14, 32
　——のプロセス理論　10, 11, 14, 16, 22, 32
　——のレベル　44
　——への活動理論的アプローチ　23
　——活動　24, 26, 27, 28, 43, 140, 142
　——環境　10, 11, 14, 65, 97, 98, 103-105, 107, 108, 118, 207
　真正の——環境　106
拡張性　9, 10, 78

拡張的学習　8, 10, 25, 28, 36, 37, 41, 44, 47, 49, 53, 56, 58, 62, 83, 101, 142, 172, 222
　——行為　30, 140, 142, 149, 150
　——のサイクル　11, 49, 58, 64, 66, 69, 111, 140, 223
　——の不連続性　63
　——の理論　10, 25, 27-29, 33, 36-38, 40, 41, 44, 45, 72
　——への批判　67
拡張的サイクル　25, 48, 49, 56, 57, 61, 67, 71, 140, 173
カシンズ　Cussins, A.　198-201
活動システム　5, 6, 45, 57, 65, 103, 108, 124, 216, 217, 218
　——の一般モデル　5
　——の三角形モデル　66, 218, 234
活動理論　4, 6, 41, 42, 68, 71, 124, 217, 218
　文化・歴史的——　23, 32, 38, 64, 67, 72, 108, 109, 119, 123, 124, 139, 172, 217
ガリペリン　Gal'perin, P. Y.　23, 24
キューバン　Cuban, L.　98, 103
境界横断　38, 58-61, 77, 78, 84, 89, 189, 191, 201
　——ラボラトリー　65, 140, 223
協働構成　60, 69, 77, 83, 84, 94, 97, 98, 101, 146, 191, 202, 209
菌根　84, 124, 189, 194
　——的コミュニティ　195, 196, 203
　——としてのコミュニティ　194
グティエレス　Gutiérrez,　145
経験　19, 25, 28, 48, 73, 98, 100, 101, 139, 143
　——学習　16, 18-20
　——的一般化　+28, 105
　——論　37
形成的介入　11, 44, 58, 64, 65, 139, 153, 154, 163, 164, 206, 207, 215-219, 221, 222, 224, 234, 236, 237, 239

271

コミュニティ　4, 36, 63, 109, 111, 119, 122, 124, 189
　──構築　11, 119, 120, 122-125, 135
　──構築介入　126, 129, 131, 132, 136
　──・コンサルテーション　88, 89, 96
　協働的──　122, 124, 171, 181
　菌根としての──　194
　実践──　121, 122
　地域──　50
コール　Cole, M.　108
コルブ　Kolb, D. A.　16, 18-20, 22

■さ行

最近接発達領域　6, 8, 9, 25, 29, 41, 45, 47, 53, 54, 69, 78, 200, 202, 219
ジー　Gee, J. P.　99
時間的次元　8, 9, 51
志向性　201, 214, 215
自己成就的予言　15, 23, 29, 32
二重刺激法　11, 44, 64, 212, 213, 216
実行　10, 27, 48, 77, 103, 111, 118, 149, 155, 234
社会運動　8, 75
社会的-空間的次元　8
社会的生産　40, 78, 189, 191, 192, 202
集団的活動　27, 37, 41, 47, 50
　──システム　25, 45, 79, 100
人工物　29, 44, 61, 73, 77, 95, 96, 100, 101, 109, 143, 176, 214, 215, 220, 221, 231, 235
真正さ　105, 107, 108
真正の学習環境　106, 107
垂直次元　76
水平的な運動　36, 37, 61
水平次元　76
スティグマジー　124, 195-197, 203
制御不可能対象　7, 40
政治的-倫理的次元　8, 9
正統的周辺参加　37
線形的介入　64, 65, 206, 215, 216, 224

■た行

第一の刺激　44, 66, 148, 223, 234, 235
体験すること　73, 77-79, 99, 100
第三空間　32, 38, 145, 161, 162, 190
対象　6, 7, 37, 41, 42, 47, 68, 110, 124
　──の拡張　8, 50, 51, 161
　──の自己運動　51
　──の変革　49
　境界──　60
　制御不可能──　7, 40
　ハイパー──　7
第二の刺激　44, 66, 148, 213, 223, 228, 229-232, 234-236
ダヴィドフ　Davydov, V. V.　16, 24-29, 32, 33, 40, 42, 43, 48, 49, 105, 144
竹内弘高　16, 20-22, 29, 71, 72
多声性　44
ダブルバインド　5, 27, 41, 44, 71, 112, 225, 228
チェンジラボラトリー　11, 29-32, 52, 58, 65-67, 70, 71, 74, 76, 78, 126, 139, 140, 141, 143, 145, 150, 223
抽象から具体への上向　26
デジタル・テクノロジー　103, 105, 108, 111, 118
デューイ　Dewey, J.　14, 16, 100

■な行

ナラティブ　96, 175, 176, 220
認知的形跡　76, 189, 198, 199, 200, 203
ノット　60, 62, 78, 84, 101, 202
ノットワーキング　60, 61, 69, 83, 84, 94
　水平的──　98
　図書館における──　145
　リアルタイム・──・エピソード　89
野中郁次郎　16, 20-22, 29, 71, 72
野火的活動　11, 78, 189, 192-195, 197, 202, 203
ノーマン　Norman, D. A.　16-18, 22

■は行

媒介された行為　40, 109, 217
ハイブリッド　36, 37, 124, 192, 194, 201
橋渡し　11, 63, 77, 84, 98, 99, 164, 173, 176, 182-186

発達的転移　59, 60
バフチン　Bakhtin, M.　40, 44
ピア・プロダクション　40, 78, 189, 191, 192
複合道具　10, 61, 76, 94-98, 101, 113, 222
ブルーナー　Bruner, J. S.　10, 23
不連続性　11, 63, 169-173, 176, 182-186, 201, 209
プロセス効率　119-128, 135, 136
文化・歴史的活動理論　23, 32, 38, 64, 67, 72, 108, 109, 119, 123, 124, 139, 172, 217
分業　40, 66, 69, 92, 109, 124, 125, 147, 161, 180, 182, 210, 236
ベイトソン　Bateson, G.　5, 9, 28, 40, 44, 225
弁証法　16, 22, 26, 29, 32, 33, 42, 43, 58, 67, 72, 109, 119
ポスト行動主義　16, 22, 32

■ま行
矛盾　5-8, 26, 27, 39, 42, 46, 53, 73, 144, 218, 236
　――の階層　220
　第一の――　46, 73, 144
　第二の――　7, 27, 46, 73, 144, 219
　第三の――　27, 46, 144
　第四の――　27, 46, 67, 144
群がり　78, 189, 191-193, 202

■ら行
ラメルハート　Rumelhart, D. E.　16-18, 22
流動性　189, 190-194
理論的一般化　27, 28
ルール　6, 7, 66, 109, 124, 155, 219
レイヴ　Lave, J.　15, 36, 121, 191
レオンチェフ　Leont'ev, A. N.　40, 42, 109, 142, 212, 215, 217
連続性　11, 169, 172, 186
ロング　Long, N.　201, 211

著者紹介

ユーリア・エンゲストローム（Yrjö Engeström）
1948年フィンランド・ラハティ生まれ。ヘルシンキ大学教育科学部名誉教授（成人教育学），ヘルシンキ大学活動・発達・学習研究センター（CRADLE）センター長，カリフォルニア大学サンディエゴ校コミュニケーション学科名誉教授。ヘルシンキ大学にて教育学，社会心理学，政治史，倫理学を学び，1987年，ヘルシンキ大学から教育学の博士号（Ph.D）を取得。オスロ大学名誉博士。関西大学，ランカスター大学，オスロ大学，ウォーリック大学で客員の研究教授職などを歴任。
主要著書に，本書のほか，『拡張による学習』（新曜社，1999），『ノットワークする活動理論』（新曜社，2013），*Developmental Work Research*（Lehmanns Media, 2005），共編著に，『ノットワーキング』（新曜社，2008），*New Learning Challenges*（Kansai University Press, 2005）など。『拡張による学習』はドイツ語，ポルトガル語に，『ノットワークする活動理論』は韓国語に，それぞれ翻訳されている。公刊された論文数は，共著論文を含め，380を超える。

監訳者紹介

山住勝広（やまずみ　かつひろ）
1963年神戸市生まれ。関西大学文学部教授。博士（学術，神戸大学）。専門は，教育学，教育方法学，活動理論。
著書に，『教科学習の社会文化的構成』（勁草書房，1998），『拡張する学校』（東京大学出版会，2017），*Activity theory and collaborative intervention in education*（Routledge, 2021），『子どもの側に立つ学校』（編著，北大路書房，2017），『ノットワーキング』（共編著，新曜社，2008），*Learning and Expanding with Activity Theory*（分担執筆，Cambridge University Press, 2009），*Learning and Collective Creativity*（分担執筆，Routledge, 2013），*Improving Reading and Reading Engagement in the 21st Century*（分担執筆，Springer, 2017），ほか。

訳者紹介（担当順）

山住勝広（やまずみ　かつひろ）【まえがき，第1章，第3章】
監訳者紹介欄を参照。

松本雄一（まつもと　ゆういち）【第2章，第4章】
1973年愛媛県生まれ。関西学院大学商学部教授。博士（経営学，神戸大学）。専門は，経営組織論，人的資源管理論。
著書に，『組織と技能 技能伝承の組織論』（白桃書房，2003），『ケーススタディ 優良・成長企業の人事戦略』（分担執筆，税務経理協会，2015），『入門組織行動論（第2版）』（分担執筆，中央経済社，2014），『コミュニケーションの認知心理学』（分担執筆，ナカニシヤ出版，2013），『実践知』（分担執筆，有斐閣，2012），『1からの経営学（第2版）』（分担執筆，中央経済社，2012），ほか。

山口武志（やまぐち　たけし）【第5章】
1964年愛媛県生まれ。鹿児島大学教育学系教授。教育学修士（広島大学）。専門は数学教育学。
著書に，『教科教育研究ハンドブック』（分担執筆，日本教科教育学会編，教育出版，2017），『教師教育講座・第14巻　中等数学教育』（分担執筆，小山正孝編著，協同出版，2014），ほか。論文として，「算数・数学教育における社会的相互作用に関する認識論的・記号論的研究」（全国数学教育学会，『数学教育学研究』第22巻第1号，2016, pp.115-147），ほか。

吉澤剛（よしざわ　ごう）【第6章，第8章】
1974年川崎市生まれ。大阪大学大学院医学系研究科准教授。Ph.D（科学技術政策）。専門は，テクノロジーアセスメント，知識政策。
生命医科学から環境・エネルギー，ナノテクノロジー，情報技術にいたるまで科学技術と社会・政策の交錯に幅広く携わる。現在は特に研究者コミュニティの変容における課題に関心を持つ。

長津十（ながつ　みちる）【第7章】
1978年新潟県十日町市生まれ。ヘルシンキ大学社会科学部実践哲学科准教授。Ph.D（Philosophy, エクセター大学）。専門は，科学哲学，経済学の哲学，社会科学の哲学，認知科学，行動経済学。*Economics and Philosophy* (Cambridge), *Philosophy of Science* (Chicago), *Studies in History and Philosophy of Science Part A* (Elsevier), *Synthese* (Springer), *Philosophy of the Social Sciences* (Sage), *Journal of Economic Methodology* (Routledge), *Review of Philosophy and Psychology* (Springer), *Judgement and Decision Making* (Society for Judgement and Decision Making), *Phenomenology and the Cognitive Sciences* (Springer) 等に論文を発表している。ホームページは www.michirunagatsu.com

山住勝利（やまずみ　かつとし）【第9章】
1967年神戸市生まれ。NPO法人ふたば職員。博士（言語文化学，大阪大学）。担当業務は，震災学習，地域人材育成ほか。
共訳書に，ユーリア・エンゲストローム『ノットワークする活動理論』（新曜社，2013），共著書に，『ノットワーキング』（新曜社，2008），『学びあう食育』（中央公論新社，2009），ほか。

田原敬一郎（たはら　けいいちろう）【第10章】
1976年宮崎県高原町生まれ。科学コミュニケーション研究所共同代表，未来工学研究所政策調査分析センター主任研究員。修士（総合政策）。専門は，政策科学，意思決定システム科学。
科学技術が関わる公共問題を主な対象にした政策研究や対話実践に携わる。現在は社会変革のドライバーとしての中間機関の組織・ネットワーク構造やコミュニケーションのあり方に関心を持つ。

拡張的学習の挑戦と可能性
いまだここにないものを学ぶ

初版第1刷発行	2018年4月2日
初版第2刷発行	2021年12月2日

著　者　ユーリア・エンゲストローム
監訳者　山住勝広
発行者　塩浦　暲
発行所　株式会社　新曜社
　　　　101-0051　東京都千代田区神田神保町3-9
　　　　電話(03)3264-4973(代)・FAX(03)3239-2958
　　　　e-mail : info@shin-yo-sha.co.jp
　　　　URL : http://www.shin-yo-sha.co.jp
組版所　Katzen House
印　刷　新日本印刷
製　本　積信堂

Ⓒ Yrjö Engeström, Katsuhiro Yamazumi, 2018　　Printed in Japan
ISBN978-4-7885-1569-7 C3030

新曜社の本

拡張による学習 活動理論からのアプローチ	Y. エンゲストローム 著 山住勝広ほか 訳	四六判424頁 本体 3500円
ノットワーキング 結び合う人間活動の創造へ	山住勝広・ Y. エンゲストローム 編	四六判352頁 本体 3300円
ノットワークする活動理論 チームから結び目へ	Y. エンゲストローム 著 山住勝広・山住勝利・蓮見二郎 訳	四六判448頁 本体 4700円
越境する対話と学び 異質な人・組織・コミュニティをつなぐ	香川秀太・青山征彦 編	A5判400頁 本体 3600円
ワードマップ 状況と活動の心理学 コンセプト・方法・実践	茂呂雄二・有元典文・青山征彦・ 伊藤崇・香川秀太・岡部大介 編	四六判352頁 本体 2700円
文化とは何か, どこにあるのか 対立と共生をめぐる心理学	山本登志哉 著	四六判216頁 本体 2400円
人を伸ばす力 内発と自律のすすめ	E. L. デシ, R. フラスト 著 桜井茂男 監訳	四六判322頁 本体 2400円
ワードマップ 認知的個性 違いが活きる学びと支援	松村暢隆・石川裕之・佐野亮子・ 小倉正義 編	四六判324頁 本体 2700円
ワードマップ 批判的思考 21世紀を生きぬくリテラシーの基盤	楠見 孝・道田泰司 編	四六判320頁 本体 2600円
ワードマップ 学校臨床社会学 教育問題の解明と解決のために	今津孝次郎 著	四六判272頁 本体 2500円
MI：個性を生かす多重知能の理論	H. ガードナー 著 松村暢隆 訳	四六判384頁 本体 3300円
知識から理解へ 新しい「学び」と授業のために	守屋慶子 著	四六判346頁 本体 2800円
後知恵 過去を振り返ることの希望と危うさ	M. フリーマン 著 鈴木聡志 訳	四六判296頁 本体 3200円
経験のための戦い 情報の生態学から情報の社会哲学へ	E. リード 著 菅野盾樹 訳	四六判274頁 本体 2800円

表示価格は税を含みません。